帰一協会の挑戦と渋沢栄一

グローバル時代の「普遍」をめざして

渋沢栄一と「フィランソロピー」2

[責任編集]
見城悌治/飯森明子/井上 潤

見城悌治[編著]

Shibusawa Eiichi and "Philanthropy"

ミネルヴァ書房

シリーズ出版『渋沢栄一と「フィランソロピー」』（全八巻）刊行にあたって

渋沢栄一（一八四〇～一九三一）は、近代日本を代表する実業家としてよく知られている。そのため、経営史・経済史の側面からの研究はきわめて多く、渋沢の企業者活動の総合的分析がまとめられるに至っている。しかしながら、渋沢が六〇〇にも及ぶ公益慈善事業（団体）にも多大な貢献をしてきたことは、あまり知られていない。そうしたなか、東京養育院を中心とした社会福祉、現在の一橋大学などを事例とした商業教育の高等化・人材の育成、太平洋問題調査会（ＩＰＲ）を通した民間外交、明治神宮建立などから見る文化事業などをめぐる個別事例研究はおこなわれているが、渋沢の「フィランソロピー」活動の全体像は把握されていない。

そこで、多方面にわたる渋沢の「フィランソロピー」活動を、八つの視点から多角的に分析し、渋沢の思想を重層的に考察する本シリーズを発刊することとする。その際、その背景にあった論語、漢学の果たした役割の再検討、渋沢の「公」、「国」、「民」、「私」に対する認識の再考も併せて果たしていきたい。

本来、フィランソロピーは、人類愛にもとづく、個人や団体の慈善活動、奉仕活動など、自発的で利他的な活動を意味する。またこれは、アメリカでよく使われる言葉で、イギリスの場合はチャリティと呼ばれることが多い。しかし、日本社会にもこのような慈善・奉仕活動は存在した。そこで、本シリーズではキリスト教との繋がりが深いフィランソロピーとは区別する概念として明示するため、「フィランソロピー」と「　」（カギ括弧）を付けて表記する。

ところで、渋沢栄一の「フィランソロピー」に関する考え方は、アメリカからの影響が強い。彼は二〇世紀初頭に四回訪問したアメリカが、日本の将来に最も大きな影響を与えると直感した。ヨーロッパや東アジアには見られない底知れぬ若い力、多種多様な伝統や慣習を持つ移民がいかにしてアメリカ社会に溶け込み、経済社会を急速に発展させている理由をビジネスだけでなく、政治、外交、文化、教育、思想、宗教など多方面に求めようとした。とりわけ渋沢は、アメリカの実業家が、各地で公益事業に莫大な資金を投入していることに瞠目した。政府や地方自治体の手が及ばない公益事業を民間実業家が率先して行い、それが地域社会の経済・文化の振興や人材育成に大きな成果を上げていることに強い関心を示したのである。渋沢は、明治以降急速に導入されていった欧米の文明・文化と、儒教、神道、仏教などの旧来の文化とをどのように調和させるかを課題の一つと考えていた。アメリカのフィランソロピーの理念や活動についても、渋沢は欧米と日本の共通性と相違点に留意しながら慎重に公益事業を進めていったのである。

本シリーズで八つの視点から取り上げる諸テーマは、近代日本の創造に大きな足跡を残した渋沢栄一に対する理解をより深化させるだけでなく、幕末から昭和初期まで駆け抜けた渋沢の九一年の生涯を通じて、歴史の連続性と断絶性を再認識することができるだろう。このシリーズが、二一世紀の日本と世界が直面する課題解決のための助けとなることができれば幸いである。

二〇一六年一二月

責任編集者

見城悌治・飯森明子・井上　潤

はしがき

二一世紀も二十年近くが過ぎた今日、「グローバル化」という文言は、自明のごとく用いられるようになってきた。その一方で、「宗教」や「民族」をめぐる問題が台頭し、さらにまた「自国ファースト」を標榜する指導者も現れるに至っている。

翻って、百年前の二〇世紀初頭を顧れば、日本とロシアの戦争や欧州での大戦が勃発する「帝国主義」の時代であった。当時の状況と現在のそれが、質を異にしていることは言うまでもないが、「国際社会」の中で、国家と国家がどのように協調・融和していくのか、あるいは個々人がどのような道徳や宗教を核にして、それらを支え、あるいはまたそれらに対峙しようとするのか、という点においては、共通する点も少なくないと考えられる。

本書で主題とする「帰一協会（The Association Concordia）」は、今日ほとんど忘れられた存在となっている。しかし、一九一二年に誕生したこの協会は、当時の日本を代表する宗教学者、哲学者、倫理学者、教育学者、経済人、宗教人たちが集まり、積極的な議論や社会への発信を行った団体であり、米国や英国にもその主旨に賛同する人士が現れたほどであった（一九一四年春頃から使用された便箋には、「Concord and Cooperation between Classes,Nations,Races,and Religions」の文字が入っていた）。

しかし、欧州戦争の進展や移民排斥などの国際情勢の急変、さらに国内では労働運動の隆盛や関東大震災による社会不安など、多くの難題が頻出するなかで、結果として、帰一協会の挑戦は未完に終わり、その活動は累積され続ける歴史の下層に埋もれていったと考えられる。

ここで改めて想起すれば、帰一協会は、近代日本の知識人たちが、国際化が急速に進展した一九一〇～二〇年代における「普遍」を、それぞれの立場や理想の下で、模索・葛藤した「場」であったと考えられる。本書では、帰一協会の歴史的意義、成果とその限界について、十数名の論者が再検討を果たしていくが、この取り組みが、忘れられた存在と化したこの団体をめぐる議論を活性化する呼び水となれば幸いである。

なお、本書は『渋沢栄一と「フィランソロピー」』シリーズの一冊として編まれている。渋沢栄一と帰一協会との関係は本論で詳らかにしているが、ごく簡単に触れておくと、渋沢は二〇世紀に入った国内の人心安定を図っていくために、道徳や宗教がどのような役割を果たせるのか、またそうした問題をめぐり国外とどのような提携ができるのかに強い関心を持っていた。そうした課題解決をめざした団体である帰一協会の活動に、渋沢は直接かかわるとともに、運営資金の多くも拠出していた。それゆえ、本書は『渋沢栄一と「フィランソロピー」』の一冊に相応しいものとなると考えている。

本書の出版にあたっては、公益財団法人渋沢栄一記念財団より出版に際して、ご支援をいただいている。執筆者を代表して、お礼を申し上げたい。

二〇一七年一二月

見城　悌治

帰一協会の挑戦と渋沢栄一
――グローバル時代の「普遍」をめざして

目次

凡　例

・渋沢青淵記念財団竜門社編纂『渋沢栄一伝記資料』全五八巻、別巻全一〇巻（渋沢栄一伝記資料刊行会、一九五五〜一九七一年）からの引用は、「『伝記資料』第××巻、××頁」と略記する。なお、本巻においては、帰一協会関連史料が多く含まれている第四六巻から引用する場合に限り、「『伝記資料』、××頁」と更に省略することもある。

・引用史料中の旧漢字は、原則的に新漢字に変えている。

序章　帰一協会とは何か

見城悌治

一　帰一協会研究の現状

帰一協会は、一九一〇～二〇年代における国内外の諸問題を、学者・宗教者・実業家などが集い、議論し、その成果を社会に発信しようとした団体である。ところが、この帰一協会をめぐる先行研究は必ずしも豊富と言えない。そうしたなか、中嶌邦の「帰一協会小考」は、この協会の全体像を整理した先駆的かつ基礎的論考となる。[1]ここで中嶌は、「会として一番成熟していた」[2]一九一四年頃までの諸活動を、欧米との関わりを含めて論じた。一方、高橋原は、姉崎正治関係資料を用い、第一次世界大戦以降の実態を明らかにしている。[3]しかし、それ以外は、近代教育思想史の立場からの沖田行司[4]の論考、また、経営史研究者の島田昌和[5]が渋沢栄一などの実業家と協会との関係をまとめた論考、日本近代史の畔上直樹[6]が神社界との関連で論じた論考などがあるが、研究蓄積は不十分な状態にある。[7]

本書はそうした状況のなか、帰一協会を本格的に取り扱おうとする初めての論集である。まず、この「序」において、周知とは言えない帰一協会の概要、創設経緯、協会の具体的活動を紹介し、第一章以降で展開される議論の前提を提供することとする。

二　帰一協会の活動とその特色

帰一協会誕生の端緒は、成瀬仁蔵（一八五八～一九一九）（教育家）が、渋沢栄一（一八四〇～一九三一）と森村市左衛門（一八三九～一九一九）（ともに実業家）に声を掛け、同時代の宗教・道徳のあり方などについて、一九一一年夏に意見交換をしたことにあった。[8]そして、翌一二年四月一一日、正式な団体を創設する準備として、渋沢栄一の私邸に、一〇名前後の知識人が招かれた。その顔触れは、井上哲次郎（一八五六～一九四四）（哲学者）、中島力造（一八五八～一九一八）（倫理学者）、浮田和民（一八五九～一九四六）（倫理学者）、上田敏（一八七四～一九一六）（文学者）、姉崎正治（一八七三～一九四九）（宗教学者）、シドニー・ギューリック（Sidney Gulick; 一八六〇～一九二三）（宣教師）、および成瀬と渋沢で、森村はこの日欠席した。また招待状を送られながら、欠席した人士は、桑木厳翼（哲学者）、原田助（教育者：同志社）、松本亦太郎（心理学者）であった。[9]

これが第一回の準備会とされたが、さらに二回の会合を重ねた上、一九一二年六月二〇日、帰一協会が正式に発足する。会の呼称となった「帰一」の由来は、姉崎正治が王陽明の句にある「万徳帰一」からとったとされ、[10]一方、英語名は、"Association Concordia"と決められた。協会の評議員には、準備会に集っていた一二名が就いた（このうち渋沢、成瀬、姉崎、浮田、森村の五名が幹事となる）。発会式には、評議員八名（松本、原田、上田、桑田の四名は欠席）のほか、一八名が出席した。この出席者に、当日欠席した七名を加えた二五名の氏名と属性を示せば、以下の通りになる（四二八～四二九頁）。服部宇之吉（一八六七～一九三九）、片山国嘉、筧克彦、高田早苗、杉浦重剛、江原素六、澤柳政太郎（一八六五～一九二七）、手島精一（以上、学者）、大内青巒、村上専精、海老名弾正、グリーン（D. C. Greene）、釈宗演（宗教家）、服部金太郎、大橋新太郎、坪井平太郎、中野武営、和田豊治、荘田平五郎（実業家）、床次竹二郎（一八六七～一九三五）、阪谷芳郎（一八六三～一九四一）、目賀田種太郎、吉川重吉（官僚・政治家）、八代六郎、佐藤鉄太郎

（軍人）。なお、杉浦重剛は、最終的に入会しなかった。

この発会式では、協会の「趣意書」「規約」などが発表されたが、その目的は「精神界帰一の大勢に鑑み、これを研究し、これを助成し、もって堅実なる思想を作りて、一国の文明に資するにあり」（「規約」第二条、四三二頁）とされた。また、会の「趣旨」は、明治維新以降、「開国進取の形先ず成りて、その精神の確立せざるは、実に今日の難関に遭遇する所以」という現状認識の下、それを解決するために、「研究と修養とに勉め、進んで世界万国と共に、将来の文明に対する共同の精神を発揮し得んことを期す」（四三〇頁）と陳べられていた（それぞれの全文は巻末に「付録」として収録）。

一方、協会が取り組むべき案件としては、①信仰問題、②風教問題、③社会・経済・政治問題、④国際ならびに人道問題の四つが設定された（四三三〜四三四頁）。爾後、ほぼ月一回のペースで例会が開かれ、会員などによる講演と意見交換が行われた（講演者名などは「付録」を参照）。一九一四年二月二一日に行われた例会では、渋沢栄一が、「経済と道徳とは一致するや」ほか三つの研究課題を会員に提出した（四九八頁）。そのため、その後の例会では、その提題（「信念問題」と呼ばれた）に対する講演や意見発表が続いた。また、この問題にかかる委員会も設置され、継続的議論を重ねた結果、一九一五年五月一九日の例会で「被教育者ノ心裡ニ自然ニ発言スル宗教心ノ萌芽ハ、教育者ニ於テ之ヲ無視シ、若クハ蔑視シ、因テ信念ノ発達ヲ阻礙スルコトナカランコトヲ要ス」（五九二頁）との決議が社会に公表された（「付録　一」参照）。協会は、それを枢密顧問官・各大臣・貴衆両院議員・教育調査会員・各府県教育者に送付している（五九三頁）。

一方、この決議が公表される前の一九一五年一月例会では、「信念問題は大体の帰結を見た」とした上で、渋沢栄一と中島力造が、「時局に対する国民の態度」を新しい研究課題として提出した（五七八頁）。それを渋沢栄一、井上哲次郎など二七名の委員が、一〇回近く議論を重ねた上で、一九一六年二月、公開講演会の場で、「宣言」として発表された（議論の過程では、「時局問題にかかる宣言」、「（大正革新に関する）国民の覚悟宣言」などと呼ばれていた）。そのなかには、「自他の人格尊重」、「公共精神の涵養」、「世界平和の擁護」など、第一次世界大戦後の思想を汲んだ文言が盛り込まれていた（「付録　二」参照）。

このような形で、社会への発信をしてきた帰一協会は、出版活動も行っている。まず一九一五年五月から翌年五月にかけ、世界大戦期における欧米の学者の見解を翻訳紹介するパンフレット『時局論叢』を三冊発刊し、さらに、一九一六年末からは「帰一協会叢書」の出版を開始した。一〇巻のタイトルを示すと、以下の通りである。第一集『社会道徳上の共同責任』（帰一協会編、一九一六年一二月）、第二集『社会問題の建設的解釈』（エルウード（Charles A. Ellwood）原著、帰一協会訳編、一九一七年一月）、第三集『大戦と戦後の新局面』（姉崎正治編、一九一七年五月）、第四集『交戦国民の心理状態』（姉崎正治編、一九一七年八月）、第五集『社会問題と教育問題』（帰一協会編、一九一八年三月）、第六集『現代青年の宗教心』（姉崎正治編、一九一八年一二月）、第七集『社会問題の改造的解釈』（エルウード原著、帰一協会訳、一九二〇年一〇月）、第八集『社会心理学』（エルウード原著、佐野藤也訳、一九二一年一一月）、第九集『少年裁判及監視制度』（帰一協会編、一九二二年四月）、第一〇集『宗教の改造』（エルウード原著、帰一協会訳、一九二五年一〇月）。これらは、姉崎正治が編集の中心となり、欧米の思潮を日本に紹介することを目的にしたものであった。

こうした活動を、一九一〇〜二〇年代に展開した帰一協会であるが、成瀬仁蔵が、協会創設直後の一九一二年夏から半年余り、欧米歴訪をした際に、帰一協会の宣伝をしたところ、共感や賛同が広がり、同年一一月三〇日には米国帰一協会が成立している。英国でも同様の動きがあったとされる（第七・八章参照）。

帰一協会の会員数についても触れておこう。一九一二年の創設時には四〇名であった会員数は、一九一五年に一三〇人まで増えたが、一九二九年段階でも、一一九名程度にとどまっていた（七一三頁）。姉崎正治によれば、「会員を入れるときは、此会の目的をよく説明してからでないと入れなかった。根本は、思想・道徳の問題であって、広い意味の社会問題と云ふ事を考へて欲しい[11]」という方針を取っていたため、会員数は必ずしも多人数ではなかった。つまり、帰一協会は、会員たちの考えを発信しようとする意欲は高かったが、会員をいたずらに増やそうとせず、精選することを旨としていたのである。

会費については、創設時には、年会費六円とされていた（四三二頁）。また一九一二年七月から一七年一二月までの収支計算書によれば、収入総額一万三五三五円のうち、何と三分の二に当たる九一五〇円が寄附金であった。その内訳は、渋沢栄一が五〇〇〇円、森村市左衛門が四〇〇〇円、御木本幸吉一〇〇円、姉崎正治五〇円となっており、実質的には渋沢と森村がそのほとんどを担っていたのである（六三二頁）。フィランソロピーに意を払っていた両者の面目躍如と言えよう。

このような活動を展開した帰一協会であったが、国内外の多様化・複雑化が急展開するなか、その理想は現実と乖離していく。また、中心メンバーであった成瀬仁蔵が一九一九年に死去したことなどもあって、活動は徐々に停滞していく。米英で創設された帰一協会も、世界大戦以降、活動が自然消滅したとされる。関東大震災後は、姉崎正治が教授を務めていた東京大学宗教学研究室が、帰一協会の実務を引き受け、また例会も一九三〇年代初めまでは継続されていた（付録　二参照）。しかし、それ以外の具体的活動を確認できる資料は少なく、一九四二年一二月に、姉崎正治が会員に対し、「解散通知」を発したことで終焉を迎えることになる。[12]

三　本書の構成

帰一協会は、一九一〇年代以降、眼前で次々に生起する新たな問題に対し、知識人が、既存の宗教・道徳をどのように対置させていくのか、また日本と国際社会とがどのような関係を構築していくのか等について、議論を重ねたきわめてユニークな「場」であったと考えられる。

この帰一協会に焦点を当てる本書は、そこに集った知識人の歴史的役割や当該期の思想的な課題について、一〇本の論考と四本のコラムによって、検討していくことを課題とする。その概略は以下の通りである。

第Ⅰ部は「近代日本における『宗教』／『道徳』と帰一協会」という範疇とし、五本の論考を収めた。帰一協会を創設した初期メンバーたちは、日露戦後社会における「宗教」や「道徳」の役割について、関心を持つ者が多かった。彼らは、同時代の問題をどのように認識し、それをどのように克服しようとしたのだろうか。

まず、桐原健真「宗教は一に帰すか――帰一協会の挑戦とその意義」は、日本における宗教帰一問題を古代から説き起こし、二〇世紀前半における帰一協会の役割を思想史的文脈で再検討する。結論では、「知の集う場」、「民間外交の回路」、「教育と宗教の邂逅」という意味づけに加え、「宗教間協業の可能性」にまで言及し、帰一協会の意義とその広がりを的確に示している。論集の冒頭に置いた所以である。

次いで、沖田行司「宗教統一論と国民道徳――三教会同から帰一協会へ」は、協会創設の四ヶ月前に、内務省主導で行われた「三教会同」の思想史的意義をふまえた上で、『六合雑誌』等に見える帰一協会会員の「帰一思想」を分析する。そして、初期段階で見られた「研究組織」としての自由さが次第に失われるなか、帰一協会は、運動体としても停滞していかざるを得なかったとする。

姜克實「浮田和民の帰一理想――帰一協会との関わりについて」は、帰一協会創設時の幹事であった浮田和民に焦点を当て、浮田個人の思想と協会の方向性を検討する。その結果、「文明化、世界化の趨勢への順応認識」、「宗教信仰からの超越」、「人生、社会問題への視野」という諸点について、会員間の合意はあったものの、同時代の社会思想と相容れない面が多く、あまり影響力を及ぼさなかったと分析する。

また、町泉寿郎「漢学から見た帰一協会――服部宇之吉の『儒教倫理』と日露戦後の国民道徳涵養」は、日露戦後の内務省と文部省の道徳涵養政策をふまえた上で、服部と帰一協会の関わりを論ずる。そして、社会活動においては協働する場面もあった服部と渋沢栄一の儒教観、とりわけ「義利」理解に微妙な隔たりがあったことを指摘する。

見城悌治「『精神界』の統一をめざして――渋沢栄一の挑戦」は、創設メンバーであり、資金の多くも担っていた渋沢栄一の役割を再検討する。そして、渋沢が「統一的宗教」の創設を試みたという従来の見解とは異なり、「精神界の統一」により、国内のみならず、国際秩序の安定も目指すための媒体として協会を捉えていたことを明らかにする。それらの論考に加え、第Ⅰ部には、帰一協会創立や運営に大きな役割を果たしたシドニー・L・ギューリック（是澤博昭）と森村市左衛門（木村昌人）に関するコラムを配した。

第Ⅱ部は、「グローバル化のなかの帰一協会」と題し、海外との交流やグローバル化の進展に、帰一協会がどのような対処を講じようとしたのかに関わる論考を五本収めた。

酒井一臣「澤柳政太郎のアジア主義——帰一協会講演録を中心に」は、帰一協会会員であった教育学者の澤柳政太郎の思想を分析する。そして、澤柳が第一次世界大戦期に唱えたアジア主義は、「文明国標準」という考えに基づくもので、それは国家主義と国際主義を結ぶ線上にあったとする。

帰一協会が米国や英国にも賛同者を得たことを先に触れた。それについて、辻直人「成瀬仁蔵の帰一思想——その形成過程および米国への発信」は、成瀬の帰一思想形成を論ずるとともに、米国帰一協会が成立した背景に、シカゴ大学教授アーネスト・バートン（Ernest Burton: 1856〜1925）との連携があったことを初めて明らかにした。

さらに、岡本佳子「初期帰一協会の国際交流活動と宗教的自由主義——成瀬仁蔵・姉崎正治の活動と米国ユニテリアンを中心に」は、協会の創設メンバーであった成瀬仁蔵と姉崎正治が行った海外発信について、米国のユニテリアンの急進派を中心とした国際運動との交差に留意しながら、当時の宗教的自由主義の動向と絡めて論じている。

一方、陶徳民「『一等国』をめざす有識者グループの努力と限界——デューイから見た大正日本と帰一協会の人々」は、米国帰一協会会員であった教育学者デューイ（John Dewey: 1859〜1952）と日本の知識人との思想的交流を、デューイの中国認識と照らす視座などから、その営為と限界を明らかにした。

山口輝臣「『帰一』というグローバル化と「信仰問題」——姉崎正治を中心に」は、創設当初の協会が、まず「信仰問題」から取り組んだ理由をグローバル化への対応に求め、さらに世界大戦期においては「時局問題」に関心が転じていく様態を会員の思想分析を通じ、明らかにする。第二次世界大戦後との連関も示唆しており、本書全体の掉尾を飾るに相応しい論考と考える。

第Ⅱ部のコラムには、「帰一協会に賛同した欧米の人士たち」（岡本佳子）、「帰一協会例会で講演した人士たち」（見城悌治）を加え、この協会に関わった国内外の多様な知識人を紹介し、その思想的共鳴の有り様を見ようとした。

以上の諸論考から、これまで研究が十分と言えなかった帰一協会の活動の広がり、協会会員たちがそこに託そうとした思想の「多面」性が明らかになると考えている。なお帰一協会そのものが「多面」的であったため、各章の執筆者による帰一協会の捉え方、定義に多少の異なりが見える場合もある。それは、執筆者それぞれの関心に基づく課題設定の相違ゆえ、と理解いただければ幸いである。

帰一協会に集った知識人たちは、同時代の何に挑戦しようとしたのだろうか。そこに、どのような問題が立ちはだかったのだろうか。それらの外部に対し、また各々の内部に潜む諸問題に対し、どのように処していったのだろうか、あるいは処し得なかったのだろうか。各論考から、近代日本の社会、思想、国際関係の諸問題が様々な角度から新たな相貌を見せてくるであろう。

註

（1）中嶌邦「帰一協会小考」（一）（二）『日本女子大学紀要』第三五・三六号、一九八六、八七年。なお、中嶌は二〇一五年に出版した『成瀬仁蔵研究――教育の革新と平和を求めて』（ドメス出版）に、その論文を加筆修正の上、収録している。

（2）「姉崎正治談話筆記――帰一協会今昔談」一九三八年五月七日の聞き取り（渋沢青淵記念財団竜門社編『渋沢栄一伝記資料』第四六巻、一九六二年、四一六頁）。本章で用いる史料は、原則的に『渋沢栄一伝記資料』第四六巻、「帰一協会関連資料」からの引用による。また、以下の本書各章で当該書から引用する場合は、その該当頁のみを本文中に示すこともある。

（3）高橋原「帰一協会の理念とその行方――昭和初期の活動」『東京大学宗教学年報』第二〇巻、二〇〇二年。

（4）沖田行司「国際交流を推進する平和主義教育構想」渋沢研究会編『公益の追求者・渋沢栄一――新時代の創造』山川出版社、一九九九年。

（5）島田昌和「経営者における道徳と宗教――渋沢栄一と帰一協会」『経営論集』第一七巻第一号、二〇〇七年。
（6）畔上直樹「帰一協会と二〇世紀初頭の神社界」『渋沢研究』第二四号、二〇一二年。
（7）筆者も、渋沢栄一の道徳観と宗教観を考察する目的で、かつて帰一協会を扱ったことがあるが、概観するにとどまっている。Kenjō Teiji, "On Religion and Morality: Shibusawa Eiichi's Writings and the Association Concordia（Kiitsu Kyōkai）," Martin Collcutt, De-min Tao and Jenine Heaton eds., Trans-Pacific Relations: In the Late 19th and Early 20th Centuries: Culture, Commerce, and Religion, Society for Cultural Interaction in East Asia, Research Institutes, Kansai University, 2015、見城悌治「大正期における渋沢栄一の思想面での活動」『渋沢研究』第二八号、二〇一六年。
（8）「帰一協会（姉崎正治氏談）」一九二八年の聞き取り、『伝記資料』四一四頁。
（9）「現代思想界講究に関する集会」『帰一協会会報』第一号、一九一三年、『伝記資料』四〇六～四〇七頁。
（10）前掲「姉崎正治談話筆記」『伝記資料』四一五頁。
（11）前掲「姉崎正治談話筆記」『伝記資料』四一六頁。
（12）前掲、高橋、四八、五一頁。

第Ⅰ部　近代日本における「宗教」／「道徳」と帰一協会

第一章　宗教は一に帰すか

——帰一協会の挑戦とその意義——

桐原　健真

一　真理はひとつなのか

(1)　理想としての帰一

二一世紀の今日、諸宗教を帰一させようという試みに対しては、その可能性や妥当性の面から疑念を抱くものは少なくないであろう。それどころか、諸宗教間における原理主義的対立が世界各地において多発している現状を考えれば、一種夢想の感を与えるものですらあるかもしれない。

しかしながら、近代以前、より正確に言えば諸教説がおのおの自立的に自己言及を始める以前の日本において、諸宗教の帰一ということは必ずしも「夢想」ではなかった。むしろ宗教者や思想家の多くにとって、それは重要な課題のひとつであったと言ってよい。すなわち、諸々の教説は真理に到達する方法であると見なしていた彼らは、その真理が唯一にして普遍的なものである以上、諸教説は究極的に一致すると考えていた。だからこそ、古代日本においては中国に倣った「儒仏道」が、あるいは中世以降では「神儒仏」が、「三教一致」という形で説かれたのである。たとえば、応仁の乱の前後に活躍した学者で、摂政・関白をも務めた一条兼良（一四〇二～八一）は、みずから注釈を加えた『日本書紀』について次のように評している。

吾が邦開闢の事と幽明の迹と古より神聖相ひ授け、或は人に託して宣言す。而も其の説く所、自づから三教の理に符号せざること莫し。(1)

『日本書紀』に記された故事や垂訓は、「三教」すなわち「神儒仏」の道理に合致するものであり、この書はこうした真理を一身に体現しているがゆえに尊いのだと兼良は断言する。兼良のみならず、この時代の宗教者や思想家の多くは、この世界さらに言えば宇宙の存在を根拠づける唯一無二の真理が存在することを確信していた。それゆえ彼らにとって、諸々の教説は、いずれもがこの真理に接続・接近するための道であって、その相違は、たんに方法の異同でしかなかったのである。

(2) 相対化される真理

しかし近世に入ると、こうした三教一致の志向を否定する思想的な動きが現れ始める。たとえば、一七世紀に活躍した林羅山（一五八三～一六五七）や山崎闇斎（一六一八～八二）のような儒者たちは、「神儒二教」における「一致」を主張し、仏教の影響を排除しようとした。さらに時代が下り、一八世紀初頭に登場した儒者の荻生徂徠（一六六六～一七二八）は、「道」を「作為」すなわち人間――もとよりそれは「聖人」と呼ばれ得るほどの高い徳と能力を有した人物なのだが――によって作られたものであり、唯一絶対の真理なるものは存在しないことを主張したのである。

先王の道は、先王の造る所なり。天地自然の道に非ざるなり。けだし先王、聰明睿知の徳を以て、天命を受け、天下に王たり。その心は、一に、天下を安んずるを以て務めとなす。ここを以てその心力を尽くし、その知巧を極め、この道を作為して、天下後世の人をしてこれに由りてこれを行はしむ。あに天地自然にこれあらんや。(2)

いにしえの聖天子が示してくれた道は、天地自然に存在するものではない。むしろ彼らが人民の平安を図らんがために、その叡智を極めて、測りがたい自然状態に秩序を与えて作り上げたものなのだ――と徂徠は言う。それは、儒学における真理が、ア・プリオリに存在するものではないという「暴露」を意味する。そしてそれは同時に、儒学のみならずそれ以外の教説における真理もまた、絶対的で超越的な存在ではないことを示唆するものでもあった。これこそ、徂徠が儒者のみならず仏者によっても強く批判されることとなった所以でもある（反徂徠の立場で神儒仏三教の一致を唱えた浄土宗の高僧である大我〈一七〇九～八二〉の『三彝訓』〈一七五八年序〉を想起せよ）。

しかしこうした「暴露」は、一八世紀中葉以降の日本知識人に、「真理」から距離をとり、またこれを相対化する視座をもたらすこととなった。その先駆的人物として挙げられるのが、学派的には反徂徠に立った懐徳堂の富永仲基（一七一五～四六）であろう。彼は、著書『出定後語』（一七四五年刊）や『翁の文』（一七四六年刊）において、神儒仏三教における教説が絶対的真理に基づいているのではなく、地域性や時代性を背景にして発展してきたものであることを明らかにした。それは端的に言えば、真理の超越性を否定する現世主義の台頭であった。

儒学におけるこうした現世主義は、一八世紀後半に成立する蘭学がもたらした科学的自然観と混じり合うことで一箇の無神論をもたらすこととなった。仲基と同じく懐徳堂に学んだ山片蟠桃（一七四八～一八二一）が『夢の代』（一八二〇年成稿）で主張した無鬼論は、その最極限に位置するものであろう。このような知的環境のなかでは、仏教などは、「人の大疑する所に因りて、因果報応の説を作為し、愚民を駆りて善に之かしむ」ような「権教」すなわち「仮の教え」であって、決して教養ある者の信じるべきものではないと主張されたのである（帆足万里『入学新論』一八四四年刊）[3]。

（3）近代日本における宗教忌避

日本知識人におけるこうした宗教忌避の傾向は、幕末維新を経て、明治に入るといっそう強くなっていった。たとえば、明六社創設（一八七三年）に携わり、また文部官僚でもあった西村茂樹（一八二八～一九〇二）は、『日本道徳論』（一八八七年刊）において、新時代における道徳の基礎を「世外教」（宗教）ではなく、「世教」（現世主義）をもってあてるべきだと説いている。

上等社会の信ずる所を以て、下等社会に施すことを得べきも、下等社会の信ずる所を推して上等社会に及ぼし、之れをして其の信用を同ふせしむること能はず。[4]

啓蒙思想家でもあった西村のような人物にとって、宗教は「下等社会の信ずる所」でしかなく、新しい道徳の基礎にはふさわしいものとは考えられなかった。彼は、「人類以上の神異なる物」[5]を拒否したのである。渋沢栄一は、まさにこうした近世後期以降の日本知識人のうちに展開した現世主義・反宗教的態度の系譜の上において、みずからの思想形成を遂げた人物であった。それゆえに彼は、並み居る宗教者を前にしてもなお、みずからが「無宗教」であることを宣言することができたのである。

私なども無宗教の人間で、子供の時から親が仏法嫌ひであつた為めに、先入主となつて、儒教といふ程漢学を修めたのでは無いけれども、先づ孔子の教といふものが、一身の安心立命である、さういう風に幼少から修行して参つたのであるが、近頃仏教なり耶蘇教なり、幾分か知りたいと思つて、或人に就いて少しづゝ学んで居りますが、如何に勧められてもまだ宗教に這入る心にはなりませぬ。[6]

渋沢にとっての「安心立命」が、西村が言うところの「世教」としての「孔子の教」であったことはよく知られており、彼が「論語信者」[7]などと言われた所以でもある。こうした宗教から遠い人物が、やはり宗教から遠くなった近代日本という時代において、宗教の帰一を企図したという事実は、これを聞くものに大きな疑問を与えるものであろう。本章は、渋沢によって始められた帰一協会という挑戦の意味とその思想的意義について検討するものである。

二　帰一協会の出発点

(1) 大逆事件の衝撃

渋沢が帰一協会の設立を企図した直接的な理由としては、大逆事件（一九一〇年）を挙げることができるだろう。彼は、この「我が有史以来の大事件」の翌年一月に、「古来我が国にはあれ程の悪逆思想は未だ嘗て無かつた」と断じ、こうした思想を「西洋文明の輸入」の結果であったと指摘する。

併し乍ら社会の百事、利ある所には必ず何等かの弊害が件ふは数の免れざるもので、我が国が西洋文明を輸入して、大いに我が文化に貢献した一面に於ては、矢張其の弊害を免かるゝことは出来ない。即ち我が国が世界的事物を取入れて其の恩沢に浴し、其の幸福に均霑したと同時に、新しき世界的害毒の流入したことは争はれぬ事実で、彼の幸徳（秋水――筆者註、以下（　）内は同じ）一輩が懐いて居た危険思想の如きは明らかに其の一つである。[8]

「西洋文明」それ自体の「大効果」を積極的に評価する渋沢は、しかしその一方で、これがもたらした「病毒」に対しては強い対決姿勢を示す。そして彼は、この「病毒の根本的治療策」として、「国民全部をして強健なる身体機関を養はしめて、如何なる病毒に遭ふも決して侵害されることの無いやうに養生を遂げしめなくてはならぬ」[9]と主張する。

青年時代に水戸学に接したことで尊攘運動に身を投じ、その人格形成を遂げた渋沢のような人物にとって、「天子尊崇の主義」[10]は、思考以前の倫理的態度であったに違いない。しかし維新より時を経た二〇世紀初頭にあたって、彼は、こうした思考が必ずしも一般常識ではなくなってしまったことを痛感するに至った。大逆事件あるいはこれに続く裁判の真相を、渋沢が知っていたかは疑問である。しかし彼にとって、この一連の騒動が、「忠君愛国」という倫理的態度の後退を象徴する事件として認識されていたことは疑いない。彼は、「日本国民が協心一致天子に奉ずるの心を維持すること」[11]を願ったのであり、これを阻害する「病毒」の「根本的治療策」のひとつが諸宗教の「帰一」という試みであった。

(2) 国民道徳を越えて

こうした渋沢の企図を考えれば、帰一協会が国民道徳の補助機関として設立されものであると捉えることは、必ずしも的外れなことではないと言えよう。しかしながらこの組織が、独り日本国内だけではなく、米国帰一協会（一九一二年）のように海外においてもその展開をみたことは、その目的がいわゆる国民道徳論の範疇に収まるものではなかったことを示している。[12]そこには、国際的な広がりをもった思想・宗教そして道徳の帰一の志向をみることができよう。彼は、日本一国にとどまらぬ「西洋文明」そのものの「病毒」の「治療」を目指したのであり、その処方箋として「統一的宗教の出現」を次のように「希望」したのである。

平和論は政治上より行はれ、言語統一の説も学者社会に依りて考へらるゝの時代となつた。平和も其の極に達すれば互に国家を設けて相争うたりすることは無くなり、遂には全世界を打つて一団とせねばならぬ。又言語も人種の変れる如く異つて居るのは黄金世界ではない。何時かは彼の学者一輩に依つて研究されつゝあるエスペラントも、世界語となるの時代が来るかも知れぬ。斯の如く考ふれば、何時か宗教も一色となり、何人にも信仰を持ち得るの時代が来ぬとも言はれぬ。これは果して空想か、それとも実理か。斯く云ふ自分にすら論断することは出来ぬが、一の希望としては之は何処までも継続して考へて見度いと思ふ。[13]

渋沢における帰一の企図が、その初発において、国内的な思想・道徳上の対立を解消することを目的としていたことは確かである。しかし帰一協会という形態となったとき、それはたんに一国的な意識にとどまらず、むしろ世界的視野のうちに捉えられるようになっていた。こうした地球規模での「統一的大宗教」の成立という課題は、独り渋沢だけの「空想論」ではなかった。むしろその背景には、同時代の大隈重信（一八三八～一九二二）らが主張していた東西文明調和論の存在をみることができる。

東洋と西洋の文明双方を対立的ではなく融和的に捉え、両者を総合していくことが近代日本に課せられた世界史的使命であると唱える政財界人や知識人は、大隈を始めとして少なからず存在していた。それは、西洋文明の輸入を通して一定の近代化を遂げ、また日清・日露両戦役で勝利したという成功体験がもたらした近代日本の新たな自己像であっただろう。しかし同時に、あえて積極的に「調和」が主張された背景には、ドイツ皇帝ヴィルヘルム二世（一八五九～一九四一）に代表される黄禍論、あるいは米国西海岸における日本人移民排斥問題などに象徴される政治的・経済的な対日摩擦へのひとつの処方箋でもあった。

（3）東西文明調和論

渋沢の「統一的大宗教」もまた、こうした二〇世紀転換期の日本における思潮を反映したものであった。帰一協会の発足を目前にして、渋沢が、東西文明調和論の主唱者である大隈のもとを訪ねていることは、その証左のひとつであろう。

渋沢の日記（一九一二年六月一二日条）には次のように記されている。

成瀬〔仁蔵――筆者註〕氏と共に大隈伯を早稲田に訪へ、宗教統一論を為す。伯より種々の意見を述べらる。(14)

大隈邸訪問に関する渋沢の日記はここで終わっており、どのような「種々の意見」が述べられたのかは明らかではない。しかし大隈が、中国基督教青年会における「東西文明の調和」と題した講演（一九〇七年四月二日）において、「私は別に基督教の信者では無い、殆ど無宗旨である」と宣言する一方で「基督教の精神〔愛――筆者註〕と儒教の精神〔仁――筆者註〕とは一致すると云ふことを信じて居る」と断言しており、彼自身もまた宗教の帰一が可能であると考えていたことがうかがえる。

だが大隈の想定する帰一は、「愛と仁が結び付く。結び付くのでは無い、二者元と同一である」というように、現実社会での倫理的実践としての「精神」が一致するのであって、その教義や世界観という超越的な次元での一致を語るものではなかった。その意味では、彼の「一致」は、現世的な倫理としての「仁」を説く「儒教」を中心としたものであったと言えるだろう。このことは「無宗教の人間」であることをみずから公言した、「孔子の教」が「一身の安心立命」であると断言し、そこに帰一の着地点を見出そうとした渋沢と軌を一にしている。しかし、こうした渋沢の構想は、帰一協会発足後、実際には紆余曲折を経ることとなる。

三　同床異夢の「帰一」

（1）井上哲次郎と国民道徳論

「世界万国と共に、将来の文明に対する共同の精神を発揮し得んことを期す」と宣言し、「古今の東西の思想を研究し、以て相互の理会《（ママ）》を増進し、又相互の同情尊敬を深くする」（「帰一協会趣旨・意見書」一九一二年六月二〇日）ことを目的に、帰一協会は出発した。しかしその初発においては、「曩に我が内務省が企てたる所謂三教会合《（ママ）》の趣意に一歩を進めたるもの也」[15]と、『中外商業新報』（一九一二年六月二四日付）が評したように、国民道徳論の延長線上における運動というイメージがぬぐえなかった。事実、協会設立時の会員には三教会同を企画した床次竹二郎（一八六六～一九三五）や、協会発足の翌月に『国民道徳概論』の刊行をひかえていた井上哲次郎（一八五五～一九四四）もいたのであるから、『中外商業新報』のような評価も、まったく的外れなものではなかった。

「教育と宗教の衝突論争」（一八九一年）で、キリスト教を非国家的であると糾弾した井上は、しかし帰一協会の設立準備会における席上では、意外にも宗教の存在を肯定している。

本来宗教は人心に根柢深きものであるからして、全然之を除去する事は出来ない。而して、又各宗教も深く此の根抵に根ざして居るものならば、其の点に於て、世界の各宗教は、一致し得べきものと信ずる。[16]

宗教は、人間精神に根ざすものであるからこれを排することは不可能であり、むしろその点で、宗教は一致しうるのだ――と、宗教が帰一する可能性をも井上は承認したのであった。しかし彼が認めた帰一は、あくまで「国民教育」（初等教育[17]）に合致しうる新たな宗教の形態であり、それは「成立宗教」（既存宗教）を国民道徳論の下に再編成することを通して成立するものであった。

準備会での井上は、渋沢の主張を受け、「吾等が常に考慮しつゝある所と、同方向にあるを覚ゆ」などと賛意を表しながらも、帰一協会の趣旨を「国民精神の統一[18]」に集約させて理解していた。彼にとって、諸宗教の意義は、この一点に帰着するものだったのであり、そこに宗教を通した東西文明の調和という意図はほとんどみられなかった。それゆえ、太平洋戦争開戦直前に帰一協会を回顧した際にも、彼は次のように「帰一」を意味づけたのである。

今日では当時と時世が大分変つて、日本精神の勃興を来たし、仏教もキリスト教も回教もみな日本精神の下に統一されなくてはならない。帰一と云へば総べて日本精神に帰一しなければ、精神界の新体制は出来ないであらうと思はれる。[19]

「日本精神への帰一」による「精神界の新体制」――いかにも井上らしい一九四〇年代という時局を反映した総括であると言える。しかしそれは、帰一協会を企図した人々の多くにとって、夢想だにしなかったことであった。

(2)「統一的大宗教」構想とその批判

帰一協会設立の中心的人物としては、財政的な側面を担った渋沢、また対外交渉的な側面を担った女子教育に献身したキリスト者の成瀬仁蔵（一八五八～一九一九）、そして学術的な側面を担った東京帝国大学宗教学講座の初代主任で日蓮主義者でもあった姉崎正治（嘲風、一八七三～一九四九）を挙げることができよう。しかしながら、各々がこの新しい組織に対して企図していたところは必ずしも一致するものではなかった。しばしば指摘されるように、姉崎は、渋沢や成瀬が「統一的大宗教」を目標としていることに批判的であった。のちに、姉崎は次のように回顧している。

渋沢、成瀬などの考では諸々の宗教の粋を集めて、すべてに共通な基礎をつくろうというのであった。しかるに自分の考では、みなに共通な要素をひきぬいて、それで一種の日本宗教をつくるという考はよくない。この事はこの会の初会合の時、大内青嵐《ママ》〔青巒――筆者註〕氏が演説して、今まで日本で仏教が色々の宗派をつくったが、その目的はみな各宗教の粋をぬいた要素をあつめて、一種の仏教をつくるにあったが、昔のこぶとりの話のごとくに、自分にこぶがあるのを取り除こうという考でやりながら、みな各々一つずつこぶを加える様になった。これと同じ様な運命にならぬかと述べた。自分もその考であった。[20]

大内青巒（一八四五〜一九一八）は、既存の仏教教団を批判し、長年にわたり在家仏教運動を展開してきた人物である。そうした宗教活動家にとって、各宗教を集大成したような新たな宗教を打ち立てることは、明治初年から続く「汎仏教」の試みが、結局は失敗に終わっていることから考えても、不可能事であると考えられたに違いない[21]。

この大内の発言は、姉崎以外の記録からも確認することが可能であり、渋沢自身によっても繰り返し言及されたところであった。特に渋沢最晩年の回顧譚においては、「大内さんが大変反対なさつたと云ふのは、色々な宗教を研究して、一に帰すると云ふ事の不可能であると云ふ点にあったのでは御座いませんか」という問いに対して「私も其点は不可能だと思ひました[22]」と回答し、みずからが帰一の困難性を当初から認識していたと語っている。しかし、少なくとも帰一協会を企図した時点における渋沢が、「新宗教をつくり度い考[23]」であった成瀬同様、「統一的大宗教」の成立をめざしていたことは、前節で確認した通りである。彼の回顧におけるこうした発言からは、かつての事業を、みずからも積極的には評価できない複雑な内心を看取できるだろう。

（3）渋沢と成瀬のあいだ

姉崎は、大内のことばを借りて、渋沢と成瀬との壮大な企図を「帰一宗[24]」と評したが、しかしながら、この両者のあいだにおいても、その「帰一」するところの像は帰一していなかった。

すでに指摘したように、「孔子の教」に「一身の安心立命」を求める渋沢にとって、「宗教」の帰一すべきところは、現世的な「倫理」であり、超越性への接近ではなかった。それゆえ渋沢は、中国哲学研究者の服部宇之吉（一八六七〜一九三九）が、帰一協会の例会講演において、孔子の教説を倫理思想として理解すべきことを説いたことに強い共感を示した。この講演で服部は、「多くの宗教的分子を含」んでいた「従来の礼」に対して、孔子が「倫理的解釈を与えた点を高く評価し、「孔子立教の大旨、此にあると信ずる[25]」と結論している。そして、こうした服部の儒学理解に接した渋沢は、みずからの日記に「事理明晰にして、順序頗る当を得たるを覚ふ[26]」と書き記し、心からの賛意を表したのであった。

これに対して成瀬は、諸宗教の帰一という点では渋沢と同じ、あるいはそれ以上の情熱を抱いていたが、その内容は、むしろ超越性を志向するものであった。すなわち彼は、帰一協会発足の直後に、日本女子大学校での講演において次のように述べている。

『帰一協会』といふものを、私共が拵へるのではない。「吾々が発起人の名を以て案内をさしあげて、皆さんにお寄りを願つたことからすると、何やら私共が拵へあげるもののやうに聞える。名前からして帰一など、いふと、クリスト教も、仏教も、神道も総て寄せ集めて、造りあげるもの、やうに思はれるかも知れぬが、決して吾々が自分で造り出すのではない。吾々ははひるのである」と、集会の時にも申したのであるが、精神界の帰一点、即ち宇宙の実在（レアリチー）といふやうなものは、人間が勝手に作り出すことのできるものではない。唯々吾々はその生命に導かれてゐる、さうしてそこにはひるのである。自分を捧げたのである。これが吾々の道徳であり、宗教である。吾々を斯くさせうる力は。即ち生命であり、神であるに外ならぬ。その生命、神と吾々が一つになるのである。[27]

キリスト者であった成瀬にとって、真実在としての神は確信のうちに存在していた。こうした主張を隠さなかったからこそ、彼は「成瀬宗を開く積りであらう」といった「誤解[28]」を受けることともなったのである。

成瀬は、「帰一協会」を「拵へるのではない」と言う。これはみずから「守本尊[29]」を作り上げようとした渋沢の考えとは明らかに異なる。渋沢は、「道」を「作為」と捉えた徂徠以来の日本儒学の系譜を引く人物であったが、成瀬はそうではなかった。彼は、「木に竹を継いだやうに、寄せ集めて拵へ出すのではなくして、総てを融和する、社会的人格[30]」を求めた。宗教における普遍を標榜するユニテリアンに強く影響を受けた彼には、帰一を経た宗教のイメージがすでに備わっていたに違いない。もとよりそれは既存のキリスト教そのものではなかった――彼は既存のそれを「地方教」[31]と断じている――にせよ、「精神界の帰一点」あるいは「宇宙の実在」といったように、その志向は明らかに超越性へと進むものであった。

（4）姉崎による「帰一」の構想

このように「帰一宗」の内部でも、その志向するところは大きく異なっていたのであり、これら「企画者」たちに対して姉崎は、既存の宗教を「帰一」させることの困難性を指摘した。そして彼は、諸宗教を銀行に見立て、「各銀行（諸宗教）が喧嘩をするのは困る」が、「世界の各宗教が各おの店をはつて対抗してるのに意味がある」のだと、諸宗教の固有性を承認する必要性を彼らに強く説いた。そして、帰一協会の使命を、こうした銀行（諸宗教）がおのおのの意見を持ち寄り、相互理解する「精算所」とでも言うべき存在となるところに求めたのである。[32]

諸宗教がおのおの有しているところの教義や世界観あるいは神観念といったものを、その固有性と認め、互いに相寄り合って活動する――こうした提案は、「包括的と排他的の二つの傾向は宗教の特色[33]」であるという姉崎自身の信仰的態度、あるいは宗教研究の理解を背景としたものであっただろう。

諸宗教の外形的な多様性を認めながらも、結局は国民道徳に帰着した井上、諸宗教の帰一を志向しつつも、儒学的現世主義に立脚することを目指した渋沢とユニテリアン的な超越性の確信を抱き続けた成瀬、そして信仰者・宗教学者として、諸宗教における超越性の希求をおのおのの固有性として相互承認することを目指した姉崎――このように、そこには四者四様の「帰一」が存在していた。

こうしたまさに同床異夢的な認識の下に、帰一協会は始まった。だが、これらの相克する構想は、やがて「帰一」していくこととなる。すなわち帰一協会における実際の運動は、のちに姉崎が、「万法帰一という事を主にして、諸々の宗教が異った特色をもって、しかも共通の目的に向って進む事を重んじた運動であった[34]」と回顧したように、おおむね彼の構想に従って展開していったのである。

四　帰一協会の遺したもの

(1) 知の集う「場」として

姉崎の構想に従うという選択肢は、結局のところ、帰一協会自体は新たな教説を生まないということを意味した。彼自身、「帰一」は「合一」ではないことを常に力説していた以上、それは必然であったと言えよう。しかしながら帰一協会は、いかなる意義もなかったわけではない。たとえば、社会の指導的立場にある人物が、「無宗旨」(大隈)や「無宗教」(渋沢)と公言するような宗教忌避的態度を基調としていた近代日本において、あれだけの知識人が、みずからの立場の相違を越えて宗教について語り合い、『帰一協会会報』というかたちでその記録を残したことは類例をみない(本巻「付録　二」参照)。

また帰一協会が、近代日本における宗教研究の重要な活動空間であった面も見逃すことはできないだろう。すなわち一九一六年から一九二五年の足かけ一〇年におよぶ『帰一協会叢書』(全一〇巻)[35]の刊行は、帰一協会本体よりも姉崎の指導する東京帝国大学の宗教学研究室が中心となって続けられたものである。

この叢書では、前世紀における宗教学の中心的関心のひとつであった比較宗教研究ではなく、実際の社会における宗教や信念の存在形態を主題としたものが多く、また米国における草創期の社会心理学を代表するエルウッド(一八七三〜一九四六)が発表した最新の研究書が立て続けに翻訳されていることは注意すべきところであろう。すなわちそこには、社会学や心理学との学際的な連携やアンケートなどによる社会調査(フィールドワーク)に基づいた新たな宗教研究への方法的関心とその実践をみることができよう。この点で本叢書は、二〇世紀初頭の日本における宗教学のみならず人文諸科学の変容を象徴するものであると言えるだろう。

こうした基礎研究の蓄積は、やがて関東大震災後の宗教社会学的調査としての「震災に関する宗教道徳的観察」と題する報告書（『帰一協会会報』第一三号、一九二五年）[36]のような成果へとつながっていく。そしてこのような学術的活動こそ、帰一そのものを断念したのちの渋沢自身が、帰一協会という組織に対して新たに求めたところでもあった。

（2）民間外交の「回路」として

帰一協会の活動を始めたものの、渋沢自身は、次第に帰一という試み自体への関心を失っていく。その理由として彼は、「実際やって見ると仲々容易な事でない。それで私は少くとも自分一身丈でも、身を持するに過ちたくないと云ふ考に縮んで仕舞つた[37]」と回顧している。しかし彼が「帰一」という思考にその関心を失っていった理由は、たんにその困難さだけではないだろう。すなわち、ますます混迷を深める地球規模の国際問題が、喫緊の課題となったことと無関係ではあるまい。

すなわち、一九一三年の米国カリフォルニア州における事実上の排日土地法の制定、また翌一九一四年に勃発した欧州戦争が想像を絶する総力戦（第一次世界大戦）へと突き進んでいったという事実――こうした現実の諸問題が、渋沢をして世界平和到来論や東西文明調和論といった楽天的な未来予想図に疑問符を付せしめるに至ったに違いない。それゆえ彼は、その問題解決を図るべく、より具体的で直接的な民間外交へと乗り出していったのであり、そうしたものの一つに日米関係委員会（一九一六年）があったことは周知の通りである。

こうした渋沢の民間外交に関して、帰一協会がまったく没交渉だったわけではない。むしろその思想的な活動原理の確立に際して、帰一協会は諮問機関として機能した。「国際の道徳を尊重し、世界の平和を擁護し、以て立国の大義を宣揚すべし」ということばで締めくくられた一九一六年二月発表の「時局問題にかかる宣言」は、まさに帰一協会が、その本来の目的から大きく跳躍して発信したものだと言ってよいだろう。

また先にみた帰一協会叢書でも、一九一七年に、姉崎の手になる『大戦と戦後の新局面』『交戦国民の心理状態』

という二冊の編著が刊行されている。これらは宗教そのものとは直接的には関わる著作ではないが、世界大戦という未曾有の混乱における社会心理を明らかにしようと試みるものであり、大戦後のあるべき国際関係や国内体制の構築に資することを目指したものであっただろう。

また帰一協会は、しばしば外国来賓や帰国者の歓迎会、あるいは日米交換教授や洋行者の送別会を主催し、渋沢もまたこれに出席している。あるいは、渋沢自身の第三回（一九一五年）および第四回（一九二一年）の渡米に際しても送別会が催されている。それは、海外との人物交流において、宗教や文化の相互理解を目的とする帰一協会は、政治や経済の次元とは異なる民間外交の「回路」となり得ると彼が考えていたからに違いない。しかし、こうした帰一協会を媒介とした活動も、一九二〇年に発足した国際連盟協会へと軸足が移っていく。渋沢は、その活動によりふさわしい「回路」を手に入れたのである。

とは言え、帰一協会が渋沢と海外人士との交流の場でなくなったわけではない。たとえば三回にわたって訪日（一九一六年・二四年・二九年）したアジア初のノーベル文学賞受賞者のタゴール（一八六一〜一九四一）の歓迎会は、第二回を除いてすべて帰一協会を仲立ちとして実施されている。[38] 政治でも経済でもない純粋に文化的な分野における交歓に際して帰一協会という「回路」は、渋沢にとって、その最晩年まで有効に機能したのである。

（3）教育と宗教の「邂逅」

最後に、帰一協会が本来課題としていた宗教という問題に関しての遺産を確認しておきたい。近代日本における宗教のあり方についての議論のなかには、いまなお耳を傾けるに値するものがある。たとえば、一九一四年の半ば頃より始まった一連の「教育と宗教的信念との関係」に関する議論が挙げられよう。

一八九九年に発せられた文部省訓令一二号「一般の教育をして宗教外に特立せしむるの件」によって、日本の公教育は宗教から完全に切り離され、宗教系の私立学校は大きな混乱におちいる。それは他方で、教育者の側に宗教に対する全否定の態度をもたらすこととなった。こうした教育現場における反宗教的な傾向に対して、帰一協会に参加するものの多くは強い懸念を覚えていた。こうした危惧をふまえて教育と宗教との関わりについて討議した結果が、一九一五年六月に発表された「信念問題をめぐる決議」であった。

「宗教心」を既存宗教ではなく、「凡そ人類が個人を超越する偉大なる或物の存在を信じ、此に対して生ずる敬虔の念」と定義するこの「決議」は、こうした「宗教心の萌芽」を「無視」さらには「蔑視」しないことを学校現場に求めた。これに対し、教育界からは「普通の学校に於て宗教教育を行ふことは不可能」[39]であるという強い反発が示された一方で、宗教界からは「大に賛同の意」（河野省三）[40]が現れたように、その評価は立場によって大きく異なっていた。それは帰一協会の発足に対して、宗教系のみならず一般の新聞・雑誌の多くから批判的発言が続いたこととは強いコントラストをなしている。

姉崎もまた後年、この「決議」を高く評価し、「宗教々育の問題は一番効果の上った方面である」[41]と述べている。もとより彼が指摘しているように、この決議の効果はすぐには現れなかった。しかしやがて、先の文部省訓令一二号に関する解釈を変更する文部省の通牒（一九三二年、三五年）が出され、「宗教的情操の涵養」という形で、宗教教育が日本の教育現場においても許容されるようになっていく。東西文明調和論の主唱者たる大隈重信は、かつて、近代日本の教育を評して、「教育は全然凡べての宗教と分離して、宗教と教育と混淆するの弊害あることなし」[42]と、「東洋文明の代表者」たる「開国日本」にも、「西洋文明」以上に「進歩」しているところがあるのだと、楽天的に誇っていた。帰一協会による「宗教々育の問題」への取り組みは、大隈的な宗教観への反省を促すものでもあっただろう。

五　宗教間協業の可能性

以上みてきたような帰一協会による試みを、今日しばしば喧伝される宗教間対話 Interfaith dialogue とみることもあるいは可能である。しかし結局のところ、対話はどこまでいっても、彼我 dia-の関係でしかない。彼があって我があるがゆえに「対話」たり得るのだが、「対」している限り、「帰一」たり得ることはない。

帰一協会は、比較的初期の段階で、帰一の不可能性に気づいた。個々の宗教は、固有の存在として独立しているのであり、その事実を否定して新たな教説を立てることはできない。それゆえに帰一協会は、何かの「形式」を遺すのではなく、宗教者や宗教に関心を有するものたちが集う「場」を形成し、また文化的・宗教的「回路」として機能することへとシフトしていった。それはいわば、宗教間協業 Interfaith Cooperation としての場であり、帰一協会 The Association Concordia の名にふさわしい営みであったと言えよう。こうした宗教間協業の実践は、果たして今日どのような形でなし得るものなのだろうか。帰一協会の知的営為をふまえつつ、あらためて考えてみる必要があるだろう。

註

（1）一条兼良『日本書紀纂疏』早稲田大学図書館蔵本、一巻五丁表（原著漢文）。以下、引用に際しては、読者に便のあるよう、適宜、用字や句読点などの表記を改め、また送り仮名などを補った。
（2）荻生徂徠『弁道』一七一七年成稿、『日本思想大系三六　荻生徂徠』岩波書店、一九七三年、一四頁。
（3）『日本思想大系四七　近世後期儒家集』岩波書店、一九七二年、一八〇頁。
（4）西村茂樹『日本道徳論』（一八八七年刊）岩波文庫、一九三五年、二四頁。
（5）同前書二九頁。
（6）『帰一協会会報』第六号、一九一五年。『伝記資料』第四六巻、五七二頁。なおこれは、「教育と宗教的信念との関係」と題した澤柳政太郎および嘉納治五郎による講演（一九一四年一一月二〇日）を承けて、渋沢が発言したものである。
（7）穂積重遠『新訳論語』社会教育協会、一九四七年、三頁。なお、穂積は渋沢の外孫にあたる。
（8）渋沢栄一「危険思想の発生と実業家の覚悟」一九一一年一月談『青淵百話』乾巻、同文館、一九一二年、二七一頁。
（9）同前書。

(10)　渋沢栄一「統一的大宗教」一九一二年二月一三日談、同前書、五五頁。
(11)　同前書。
(12)　たとえば、フランス哲学者のベルクソン（一八五九～一九四一）は、帰一協会への賛同者を求めて欧米各国を遊歴していた成瀬仁蔵に対し、次のようなメッセージを送っている。

　或る種類の精神的会合によりて善意ある人々、内面的生活に重きを置く人々を合同せんとするは偉大にして、又高尚なる思想なり。此を以て予は帰一協会の企図を称讃しその成功を祈る。（成瀬仁蔵「帰一協会に対する欧米諸家の感想」『帰一協会会報』第三号、一九一三年）

このほかに成瀬は、ドイツのオイケン（一八九一～一九五〇）やヘッケル（一八三四～一九一九）などにも接触しており、この遊歴を通して、「感想」一六二件、また「署名」一〇筆を得ている。
(13)　前掲、渋沢「統一的大宗教」五八～五九頁。
(14)　『伝記資料』第四六巻、四二七頁。
(15)　「帰一協会の設立」『伝記資料』第四六巻、四三四頁。
(16)　議事録「現代思想界講究に関する集会」一九一二年四月一一日。『帰一協会会報』第一巻、一九一三年。『伝記資料』第四六巻、四〇八頁。
(17)　井上哲次郎「附録第二・国民教育と成立宗教」『国民道徳概論』三省堂、一九一二年。
(18)　前掲、議事録「現代思想界講究に関する集会」。
(19)　井上哲次郎『懐旧録』春秋社松柏館、一九四三年、一三六頁（初出「渋沢子爵追憶談」『竜門雑誌』第六三七号、一九四一年）。
(20)　姉崎正治『わが生涯』（一九五一年刊）大空社、一九九三年、一一五～一一六頁。
(21)　帰一協会の構想が非現実的であるという批判は、宗教界の多くから現れていた。カトリック系の雑誌である『声』（第四四一号、一九一二年八月）には、「帰一協会に対する輿論」という形で、当時刊行されていた宗教雑誌や一般の新聞・雑誌にみえる批判的発言が収載されている。そのなかには新仏教運動を展開する若き仏教者たちによる次のような声もみられる。

　金持ちと御用学者とが、寄つてたかつて見たところで、何の堅実の思潮が作られやう。堅実の思潮が、そんなに容易く作れるもの

なら、憚りながら、僕等十有余年の長日月を苦しい思ひで過しはしない。（『新仏教』一九一二年七月号）

「金持ちと御用学者」の合作――こうした認識が、一般の宗教者をして帰一協会に関わることを忌避させさせる一因となった可能性は否めない。

(22) 雨夜譚会談話筆記第二〇回「帰一協会の成立に就て（前回の続き）」一九二八年一月二四日、『伝記資料』第四六巻、四一四頁。
(23) 雨夜譚会談話筆記第一九回「帰一協会の成立に就て」一九二八年一月一七日、『伝記資料』第四六巻、四一二頁。
(24) 姉崎正治「青淵翁と宗教問題」『竜門雑誌』第五四二号、一九三三年一一月、『伝記資料』第四六巻、七二九頁。
(25) 服部宇之吉「儒教の特質（第一回）」一九一三年二月六日、『帰一協会会報』一九一三年七月、『伝記資料』第四六巻、四五七頁。
(26) 『渋沢栄一日記』一九一三年三月七日条、『伝記資料』第四六巻、四五七頁。
(27) 成瀬仁蔵「〔日本女子大学校〕桜楓会例会に於ける講話要領」一九一二年六月二三日講話、仁科節編『成瀬先生伝』（一九二八年刊）大空社、一九八九年、三八〇～三八一頁。
(28) 同前、三八一頁。
(29) 前掲、渋沢「統一的大宗教」四九頁。
(30) 前掲、成瀬「桜楓会例会に於ける講話要領」三八一頁。
(31) 同前。
(32) 「姉崎正治談話筆記」一九三八年五月七日、『伝記資料』第四六巻、四一五頁。
(33) 前掲書、姉崎『わが生涯』一〇九頁。
(34) 同前書、一一〇頁。
(35) 帰一協会叢書は刊行年順に以下の通り（いずれも博文館刊）。①帰一協会編『社会道徳上の共同責任』（一九一六年）、②エルウッド『社会問題の建設的解釈』（一九一七年）、③姉崎正治編『大戦と戦後の新局面』（一九一七年）、④姉崎正治編『交戦国民の心理状態』（一九一七年）、⑤帰一協会編『社会問題と教育問題』（一九一八年）、⑥姉崎正治編『現代青年の宗教心』（一九一八年）、⑦エルウッド『社会問題の改造的解釈』（一九二〇年）、⑧エルウッド『社会心理学』（一九二一年）、⑨姉崎正治編『少年裁判及監視制度』（一九二二年）、⑩エルウッド『宗教の改造』（一九二五年）。なおこれらは、高橋原監修により二〇〇三年にクレス出版から復刊されている。
(36) 関東大震災二周年にあわせて発表されたこの調査報告は、次のような内容によって構成されている。これは、実際に発生した災害と宗教との関わりを学術的視点から調査したものとしては、最初期のものであると言ってよい。

一、震災に関する説明（1天譴によつて震災を説明せんとするもの、2震災を恩寵なりとするもの、3震災を転禍為福の好機たらしめんとするもの）
二、精神的復興の発芽（1精神的復興の高唱、2信仰問題と連関したる覚醒、3国民教養に対する考、4教育に関する復興、5詔勅に対する感奮）
三、震災と信仰　／　四、震災と社会意識　／　五、震災と将来

(37) 前掲「帰一協会の成立に就て（前回の続き）」『伝記資料』第四六巻、四一三頁。
(38) 「インド詩人タゴール招待」『伝記資料』第三八巻参照。
(39) 法貴慶次郎「帰一協会の宣言を読みて」『東亜の光』第一〇巻第一一号、一九一五年。法貴は、東京高等師範学校や北京京師大学堂などで教鞭を執り、また東京市視学を務め、満鉄では図書館整備に関与した教育者・教育行政家である。
(40) 河野省三「帰一協会の決議」『国学院雑誌』第二一巻第八号、一九一五年。
(41) 前掲書、姉崎『わが生涯』一一七頁。
(42) 大隈重信「開国五十年史結論」『開国五十年史』下巻、開国五十年史発行所、一九〇八年、一〇三九～一〇四〇頁。

第二章　宗教統一論と国民道徳
――三教会同から帰一協会へ――

沖田　行司

一　近代化と徳育問題

(1) 知育・徳育論争

近代日本の国民道徳の系譜は、一八六九年(明治二)の大教宣布運動に遡ることができる。維新政府は王政復古に基づく明治維新の変革を広く国民に浸透させるために、全国に宣教使を派遣し「惟神之大道《かんながらのたいどう》」を宣布した。敬神愛国や天理人道を重視し、皇上を奉戴し朝旨を順守することを説いた「三条教則」に基づき、教化運動を展開したが、これとほぼ並行して一八七〇年(明治三)には教育から儒教や神道の理念を排除し、一八七二年(明治五)の「学制」の発布を迎えた。学制は周知の通り欧米先進国の制度や産業知識を学び取ろうとする主知主義の性格を強く持ったものであった。一方で文明開化の風潮や自由民権の思想が浸透していくなかで、大教宣布運動にも陰りが見え、一八七七年(明治一〇)年にはこの運動を支えてきた教部省が廃止されると衰退の一途をたどった。

西南の役が終わり武力による反政府運動が鎮静化すると、政府内部で徳育・知育論争が起った。一八七九年(明治一二)、天皇親政を補佐する侍補の職にあった元田永孚《もとだながざね》が天皇の意を受けて『教学大旨』を著し、学制以来の主知主義教育を批判して忠孝道徳を中核とする国教の樹立を提唱した。天皇はこれを、開化政策を推進していた伊藤博文に開示して意見を聞いた。伊藤はこれに対して、井上毅に命じて『教育義』を著し、元田の主張する社会混乱は道徳の乱れから生じたものではなく、大きな歴史変革の過渡的な現象に過ぎず、新たに国教を樹立するなどは賢哲聖人の出現を待たなければならず、政府の管掌すべきものではないと厳しく反論した。この論争の背景として、天皇側近派と開明官僚派の権力抗争があったといわれているが、伊藤は侍補職の制度を廃止するとともに、学制を廃止し、教育令を新たに定めた。アメリカの地方分権主義にならった教育令は自由教育令とも称され、中央の干渉を排して、地方の実情に教育を委ねるというものであった。この結果、地方でも学校教育が後退し混乱を招くこととなった。また、自由民権運動の結社が私立学校を設置するなど、混乱に拍車をかけた。そこで翌年の一八八〇年（明治一三）に、政府は教育令を改正して修身を諸科目の首位に置く政策に転じた。しかし、修身の内容に関しては明確な規定もなく、再び徳育論争が繰り広げられた。(1)

一八七五年（明治八）に創設された同志社英学校においても、創設の翌年に熊本バンドと呼ばれる一団が入学してくると智・徳論争がおこり、徳富蘇峰や大久保真次郎らが加入していた「同心交社」(2)という学内の団体で、「智は徳に勝る」と主張し、徳の優位を主張した新島襄や神学生と意見を異にした。この対立はやがて、下級生と上級生とのクラス合併に際して、これを不満とする徳富蘇峰らがストライキを起こし同盟休校するという事態に発展した。新島襄が「責任は校長の自分にある」といって自らの手を鞭打った、いわゆる「自責の鞭」で事態を収拾し、蘇峰は責任をとって同志社を離れることになった。

こうした徳育論争に一応の終止符を打ったのが一八九〇年（明治二三）の「教育ニ関スル勅語」（教育勅語）の渙発である。教育勅語は内村鑑三の不敬事件や「教育と宗教の衝突」論争にみられるように、キリスト教に代表される異端を排除するという形態をとりながら強制力を強めていったが、やがて日本が国際社会に登場し始めると、教育勅語の限界が議論の俎上に載せられるようになった。国民道徳論が歩んできたこうした過程を背景として、三教会同から帰一協会の設立へと新たな局面が登場してくる。

（2）国民道徳と世界道徳

教育勅語の官製の解説書である『勅語衍義』の著者であり、「教育と宗教の衝突」論争でキリスト教批判の中心的な役割を担った井上哲次郎は、三教会同や帰一協会の設立にも深く関わっていた。井上は明治三〇年代に入るとキリスト教関係雑誌である『六合雑誌』において宗教の統一論を展開するようになる。教育と宗教の衝突論争がひと段落した頃、井上は「宗教の将来に関する意見」[3]において日本の宗教の現状を次のように分析している。儒教に関しては「僅かに二三の衰微の老儒」を残すのみとなり、人材を欠いていて「已に其の末期に際せり」という状況にあり、「後来儒教が再び勢力を挽回して、我が邦の精神を席巻」することは不可能と断定している。また仏教については「単に残骸を留むるのみ」で「全く文明の背後に遺され、其勢力の衰退は言ふまでもなく将に残余の生命をも併せて之を亡わん」という状態であり、今後社会の中心的な勢力を占めるということは「落日を中天に返すより難し」と言い切っている。神道については「俗神道は多く迷信のみ、固より言ふに足らず」というものの、「わが民族の祖先教としては潜伏せる偉大の勢力」を保持していると評価した。しかし、「世の識者は之を宗教以外に置くの得策たるを主張」している以上、神道が宗教としての勢力を次第に消滅することが免れないと考えた。キリスト教については「社会の一隅に踞蹐し、自家撞着の疑惑中に苦悶」している状態にあり、「先の論争において一旦退歩したるは、永遠にしたるなり」という状況に追い込まれているとみた。

こうした分析に基づき、井上は日本における宗教はすべて「凋落衰微」の傾向にあり、「将来永く吾が民族の精神界を支配するに足るものは一もあるなし」と述べて、日本人の精神的な支柱の欠如に言及し、さらに現今の教育は「人をして行はしむべき徳育の基本を失へり」とも述べ、暗に教育勅語の有効性を疑問視するような内容を述べている。つまり、教育勅語は道徳的な普遍性を体現したものではないという教育勅語の限界に行き着いたのである。日露戦争の直前の一九〇三年（明治三六）に井上は「近時の倫理問題に対する意見」（『巽軒講話集』二編）で、その限界について次のように述べている。

忠君愛国は是は国家道徳でありまして、国家を経営して行く上には斯くの如き道徳が必要であります。併しながら個人の私徳を奨励して行く上には、又他の道徳がなければならぬ。個人々々は矢張り世界人類の一部分でありま す。それで世界人類の一部分としての道徳を修めることが必要であります。(4)

井上によれば、個人は国家内存在であると同時に世界内存在であるが、教育勅語は国家道徳として個人の規範を説いたに過ぎなかった。個人としての日本人は、国家道徳とともに世界人類としての世界道徳を持たなければならないと言うのである。この世界道徳を「創造」する営為が「宗教の統一」にほかならなかった。

（3）井上哲次郎の宗教統一論

井上は一九〇二年（明治三五）に「日本目下の宗教問題」という講演録を『六合雑誌』に掲載している。ここで井上は宗教を民族宗教・文明宗教・倫理教の三段階に分け、その発展過程を、非科学的な迷信とその宗教が誕生した歴史的な特殊性が払拭され、各宗教に内在する道徳的側面が明らかになる「進化」と捉えた。

井上の宗教進化論に一定の方向性を付与したのが日露戦争の勝利であった。井上によれば日清戦争は東洋間における国家の戦いで、勝利の要因は日本の西洋文明の受容によるものであったが、日露戦争は西洋の一大文明国家を相手とした戦いであり、これに勝利したことは「日本固有の長所」によるものであり、「日本従来の文明に、一の捨つべからざる原素」(5)が存在していることを証明したというのである。

日露戦争直後の一九〇五年（明治三八）に井上は二号にわたって『六合雑誌』に「我祖国本来の主義を忘るる勿れ」と題する論文を寄稿している。日露戦争は井上の思想に潜在する西洋に対する深い劣等意識(6)を一変させ、日本の伝統に傾斜していく大きな要因となった。井上は「日本固有の長所」として天孫降臨の神話、つまり日本の歴史的特殊性を援用し、それが「日本民族将来に対しての詔勅」(7)であり「予言」であると述べている。そして、外来の思想は「儒教と雖も仏教と雖も日本民族の特有の精神を発展せしむるための必要なる道具」[8]に過ぎないというのである。つまり、外来思想がその生命を維持するためには国体に同化し、日本精神と一体となることが必要であると主張した。

さらに井上は、一九〇九年（明治四二）に『六合雑誌』に「日本における宗教の統一」を投稿し、日露戦争後の資本主義の発展がもたらした物質文明と労働争議や社会主義の台頭など様々な社会問題に対応した「今日の社会に適応した宗教」[9]の必要性を説いている。井上によれば、それは「総ての古来の宗教の形態を棄てて、其の精神を採って統一して行くところの真の宗教」であった。井上は翌年には「宗教統一の基礎的観念」という論説を掲載し、各宗教の類似点を発見して、宗教の統一を図ろうとする方法には反対した。「宗教といふものは矢張り進化の法則の支配を免れぬものであります」[10]というように、井上によれば各宗教の持つ歴史的特殊性が「進化」によって払拭されて、最後に「道徳」だけが残り、すべての宗教を統一する観念はここにあると主張した。

二　三教会同とその影響

（1）三教会同の経緯

三教会同は第二次西園寺公望内閣の内務次官であった床次竹二郎が提案して、神道・仏教・キリスト教が国民道徳の振興に協力をすることを目的に、一九一二年（明治四五）二月二五日に扇町の華族会館で開催された。この会には内務大臣の原敬が出席し、教派神道が一三名、仏教各派が五一名、キリスト教からは七名が出席した。翌日の二月二六日に三教の代表者が懇談し、次のような決議案を表明した。

決議案

吾等は今回三教会同を催したる政府当局者の意思は、宗教本来の権威を尊重し、国民道徳の振興、社会風教の改善の為めに、政治、教育、宗教の三者各々其分を守り、同時に互いに相協力し、以て皇運を扶翼し時勢の進運を資けんとするに在る事を認む。是れ吾等宗教家年来の主張と相合致するものなるが故に吾等は、其意を諒とし、将来益々各自信仰の本義に立ち、奮励努力国民教化の大任を完うせん事を期し、同時に、政府当局者も亦誠心鋭意、此精神の貫徹に努められん事を望み、左の決議をなす。

一．吾等は各々其教義を発揮し、皇運を扶翼し益々国民道徳の振興を図らん事を期す。

二．吾等は当局者が宗教を尊重し政治、宗教及び教育の間を融和し、国運の伸長に資せられんことを望む[11]。

神道は、毎年三教の会合を開き、三教より委員を出して交流を進めること、三教は協力して風教の振興を図り、世界無比の国体擁護に努めること、三教は人道の尊重と世界の平和を促進することなどを提案した。仏教は、三教はその教義を通して皇運を扶翼し、益々国民道徳の振興を図ること、政府は政治・宗教および教育の阻隔を融解しその調節を図ることなどを提案し、キリスト教では三教会同の意図を信仰自由の大義に基づき宗教本来の権威を尊重し国民道徳振興、社会風教の改善の為に政治・教育・宗教の三者各々その分界を守り同時に互いに相協力して皇室の威徳を翼賛し、時勢の進運を資けんとすることなどを提案して、これらの意見を取りまとめて「決議案」が作成された。

これに先立って、床次は一九一二年一月一七日に「三教者会同に関する私見」を各新聞に発表し、各宗教が連合して国民道徳を伸長して国民教化に努める構想を明らかにした。床次は会同の目的として「宗教と国家との結合を図り宗教をして更に権威あらしめ国民一般に宗教を重んずるの気風を興さしめんことを要す[12]」というように、宗教に対する尊敬の念を国民に浸透させることを挙げている。なぜ、宗教を重んじる気風が必要かというと、床次は次のように説明する。

蓋し国民道徳の涵養は、教育と宗教と相待って始めて完きを得べきものなるに、現今は教育によりて今日の道徳を教ふるの実状なり。然れども本に遡りて神といひ、仏といひ、天といふ所に常に接触するにあらざれば、国民をして公明正大なる思想を堅実に養成せしむることを得ざるべし。故に国民道徳の基礎を作るには必ずや宗教と教育との相待って進むを要す[13]。

国民道徳の基礎として宗教と教育の相互協力が必要であるというのである。このように内務省の内務次官が宗教と教育に関する政策論を展開したことに対して、文部省は一月二〇日付で文部事務次官の福原鐐次郎が、三教会同には不干渉で協力しないという内容の声明を出した。それによれば、「我国の道徳教育の基礎は教育勅語に存す、また我国の道徳教育は宗教以外に独立するを原則」としており、「要するに我国の教育制度上において何処までも教育勅語を根本として之に依りて我国民道徳を涵養することが大主義なり[14]」と述べ、三教会同に関知しないばかりか、これを内務省の越権行為と見なす考えを明らかにした。この他にも『万朝報』では三教会同を政府の宗教利用であり、政教分離の原則に反するといった批判や、文部省の主張にみられるように、国民教化の理念はすでに教育勅語に明記されているという批判、それに堕落腐敗した宗教家に国民道徳は担うことができないという批判などが紹介[15]された。

こうした批判に対して、床次は『中外日報』に「神仏耶三教者会同の弁明[16]」と題し、三教の「合同」ではなく、あくまでも「会同」であり、その目的はそれぞれの立場において国家に貢献するのであって、社会教育の立場で宗教が持つ力を期待するものであると反論した。また、仏教や神道からのキリスト教に対する差別に対しては、キリスト教を神道と仏教と対等に扱うのは当然のことであると述べた。床次は、資本主義化に内在していた問題が表面化し、都市部では激しい労使対立が起こり、農村部においても小作争議が頻発している状況で、国民の社会秩序を維持していくに当たって、宗教が果たす精神的・道徳的な役割に期待するところが大きいと考えた。

（2）宗教各派の反応

三教会同には神社神道は招聘されなかった。明治政府は神社神道を一般の宗教から切り離して、宗教と見なさない方針をとっていた。従って、これに参加した神道は一三派であった。天理教に関しては、事前に開催された神道各派の代表者会議に出席せず、最初は三教会同に消極的な立場をとったが、結果的に同調することになった。しかし、仏教各派ではキリスト教に対する反感の立場から、三教会同に反対する声が強かった。『中外日報』は「仏教各宗は基督教の為に翻弄せられ傀儡に使はるるものなりとて大いに感情を害し、激昂しつつあり[17]」と説明している。仏教各派の反対運動のなかで、西本願寺が三教会同の「一視同仁」に理解を示し、「会同」と「合同」を区別して、反対運動から離れた[18]が、東本願寺大谷派は反対を貫いた。大谷派がこだわったのは、一八八五年（明治一八）に定められた管長制度で公認された神道と仏教を、三教合同と称してキリスト教と同等と見なすことは、この制度自身の権威を無視することであり、宗教教育に関してこのように内務省が干渉することは越権行為であると主張した[19]。

仏教界や神道界には根深いキリスト教に対する「排耶意識」があった。しかし、こうした反対論は主流とならなかった。キリスト教の立場も、必ずしももろ手を挙げて賛成という訳ではなかった。しかし、大勢は神道と仏教と対等の立場に立つことによって、国家からの猜疑心がなくなる好ましい方向と捉えた。

三教会同に賛成の立場に立った浮田和民は、これまでの内務省の方法が警察権力によって危険思想を取り締まり、社会主義を撲滅させようとして、社会主義より恐ろしい無政府主義を出現させたとして、次のように述べている。

> 今や当局者は直接警察権によって危険思想の取り締まりを為すの愚策を棄て間接宗教によって国民道徳の涵養を計らんとしつつあるは穏当なる政策である。前内閣の時には単に神社仏閣を尊敬せよという様な訓令を発したから中にはこれを誤解して基督教を排斥するものとなし、地方教育者の中には学生に向って今後基督教の会堂に参詣す可らずと警戒を加えた者もあるやに聞いたが、床次君の計画は三教を公平に認めてその会合を求むること

であるから我等は喜んでこれに賛成の意を表するものである。[20]

浮田によれば、社会秩序を維持する方法として、国家の権力を行使するよりも、宗教を通して国民道徳を浸透させることの方がより好ましい結果を招くと賛成の意思を明らかにした。浮田と同じく同志社出身で当時霊南坂教会の牧師であった小崎弘道は「官憲と宗教との握手」と題する論稿を『六合雑誌』に寄稿している。それによれば、元来宗教と政治は車の両輪の関係であり、政教一致のもとに、この両者があって初めて国家が成り立ち、家が成り立ち、一身が成り立ってきた。しかし、欧米においては様々な弊害が出たので政教分離という状態になったが、政治家は宗教に敬意を払い、米国の大統領就任の宣誓に聖書に手を置くようにあらゆる場合において宗教は大きな役割を担っている。しかし、日本においては政治のみにて国家が治められるという「大いなる誤り」を犯したというのである。そこで、内務省が三教会同を推進したことについては「我国の政治家が宗教に対して持ち来った謬見をあらたむる事」であり、「殊に基督教に対しては従来我国の政府は殆どこれを度外視して居たのであるが、今回は神仏二教と共に同等の取扱をする事にすると云ふ事もこれ又一の進歩と云はねばならぬ[21]」というように歓迎の立場をとっている。また救世軍大佐の山室軍平は、会同は国民の信念を鼓舞奨励する上に有益であり、「国民の宗教に対する一層の注意を喚起し、伝道上に便宜」となるが、その反面「宗教者が一層世の尊信を受くるべき資質を養成するに非ざれば、此等の事よりして、その宗教の俗化を招くが如き恐れなきにあらず[22]」というように、宗教者の自覚が必要と述べている。

以上のような賛成論の立場とは異なり、反対するキリスト者も少なくはなかった。東郷坂教会牧師であった赤司繁太郎は政治家が宗教を利用するときには、いつもこれを利用するとは言わず、ひたすらこれを信じているような偽善の態度をとるものであり、「三教合《ママ》同とは公の名称にして其実基督教に対する懐柔手段」であり、「基督教を他の宗教と同一に認定すると云ふ口実の下に、一方には之に種々なる束縛を及ぼすことが、政治家の方策としては、誠に策の得たるものと称せねばならぬことと存じ候[23]」と述べて反対を唱えた。また『護教』の主宰者であった高木壬太郎は、内務省が宗教の力を認め三教を会同させて国民道徳の推進に協力依頼するにとどめておけば問題はないが、キリスト教徒は次のようなことを戒めとしなければならないと述べている。

我基督教の如く是迄継子扱いにせられたるものに取ては利益少なからざることならん。然れども是れ実に危機の存する所にして、之がため御用伝道師御用信者の出来ることもあるべく、上の意を迎ふる役人などの教会に入り来ることもあるべく、教会腐敗の虞なしといふべからず。既に基督教会の中には内務省此度の計画に随喜の涙をこぼすものさへありと聞く、意気地なきの限りといふべし。元来真正の宗教は政府の勧誘や圧迫に依りて盛衰すべきものに非ずして、宗教其者の力に依りて発達すべきもの也。[24]

高木は政府の力に頼って布教を拡大しようと考えることの問題性を鋭く指摘している。この他、三教会同に賛成する宗教者を俗人と批判した内村鑑三や、宗教を「真理問題」と捉えずに、政治の道具とすることに厳しい批判を投げかけた柏木義円など、キリスト者のなかから多様な批判が展開された。

（3）三教会同と世論

帰一協会の設立に関与した人物が三教会同にどのように関わっていたのかについて見ておきたい。三教会同が幕を閉じた後の二月二八日に井上哲次郎や姉崎正治、高楠順次郎、中島力造らが呼びかけ人となって、学者や思想家、宗教者を集めた懇親会が上野精養軒で開かれた。姉崎正治が司会者となってそれぞれの立場からのメッセージが披露された。[25] 井上哲次郎は、懇親会が内務省とは関係なく自主的に集まったもので、「出来ざる筈なき此連合会同は、将来会を重ねて大々的国家に貢献せん事を望む」と述べている。神道からは柴田実行教管長が三〇名余りの神道家を代表して「三教に加ふるに教育家を以てし、思想家を以てし、所謂鬼に金棒の感あり、依りて吾人は飽迄も此会を有効にならしめ度き希望を有す」と述べ、三教会同の継続を表明している。仏教では、一〇〇名余りの仏教各宗派を代表して仁和寺門跡土宜法龍師が「三教集まりて各教義を討論するに非ず、各自其分を守り、三教会同決議の如く皇運扶翼に一致す、仏耶の教義も何れの時にか一致するを見るべし」と述べ、キリスト教に対しても極めて親和的に語った。また日本メソジスト教会を代表して、本多庸一は「此会合が珍妙と云はるるは即ち耶蘇教徒の仲間入りしたるが為なり。然れど耶蘇教主義者も敵国の人にあらず、同じく陛下の臣子なり、願くば以後弟と思ひ、或時は叱咤する可なれど、万事同情を以って願ひ度」と述べ、今後の活動に期待を寄せている。

東京帝国大学の姉崎正治は、「宗教会合に関連する問題[26]」と題して談話を発表している。それによれば、政治と宗教の関係は具体的には「政府と宗教団体との関係」となり、「相互に分界を守り、その範囲内に於いては自由であるが、或点に於いては接触し結合するといふ結論になる」と説明している。また、宗教と教育の関係については、「二者の分離と云ふ事は背反でなくて互に分界を守りつつ相補ふと云ふ点に帰着すべき」と主張している。さらに、教育勅語と宗教の関係についても言及しているが、姉崎は「先づ勅語を信ぜよ」と述べ、教育勅語の心と宗教の本義との間には必ず深い一致の根拠を得ることができるとも主張した。井上哲次郎については、一九一二年（明治四五）二月一二日に東京帝国大学で開催された東亜協会で「過日神仏耶三教徒が会し我が皇運を扶翼する事を協議したのは、我国宗教が軈て統一せらるる傾向の第一著歩で、彼が教育勅語の圏内に入って来た徴候である」という印象を述べた後、「是までの宗教が道徳化し、道徳が宗教化して、現代の宗教問題は解決されるものと思ふ[27]」という談話を述べている。すなわち、井上は三教会同を日本における宗教統一の第一歩と捉えた。

内務省のこうした宗教政策に関する意見を問われて、日本女子大学校校長の職にあった成瀬仁蔵は「今回は御免被下度候」という返事をよこし、「小生に於いても多少の管見を有し居候へ共、頃日来殊の外多忙[28]」という理由で回答を拒否している。教育関係者で、強い反対の意思を表明したのは慶應義塾の教授であった向軍治である。向は床次の意図するところには賛同しているが、「宗教と国家との結合を計ると云ふ思想は、根本的に間違っている」という立場に立って、次のような見解を明らかにした。

これまで政治的、社会的に、勢力を得なかった基督教徒は床次の企てに随喜の涙をこぼして居る抔と考ふるは浅見も亦甚しい。宗教が国家と結合すれば社会的には勢力を得る様であるが、宗教の腐敗も亦その時に萌すものであると云ふ事を考へねばならぬ。宗教は心より心に通ずる権威をもって望むべきもので、世俗的権威を以って圧迫すべきものではない。(29)

向によれば、こうした運動はむしろ国家の手を借りる前に、宗教者が率先して提唱すべきものであった。向は、青年の堕落は学校教育の徳育が確固たる主義を与えることができないところに起因すると主張した。もしそうだとするならば、文部省は自己の教育方針の破綻を認めて、内務省に依頼することになる。床次が文部省の方針を明確に批判しないところに、床次自身の曖昧な立脚点が見えるというのである。

以上のように、三教会同に関しては賛否両論であったが、否定する人々の論拠としては国家が宗教に関わろうとするところにあった。三教会同自体はこれ以上特に進展することはなかったが、帰一協会の設立に向けての大きな土壌を作り出したことは確かである。

三　『六合雑誌』と帰一協会

(1) 帰一協会の設立

早い段階から宗教の統一を唱え、三教会同の思想的な土壌を作り上げてきた人物に井上哲次郎がいたことはすでに述べた通りである。また井上は三教会同の成立から帰一協会の設立にかけても深く関わっている。井上によれば、キリスト教は当時の日本の風俗に対してよい影響を与え、様々な慈善事業も行ってきたが、日本の国体と矛盾する言動がおこり、教育と宗教の衝突事件によって、大部分のキリスト教徒は日本化するようになり、明治の末年になると「基督教徒、仏教徒、儒教徒、教育家等の融和調和を計る《ママ》ように〔な〕って、屡々会合がこころみられた[30]」と回顧している。これは三教会同以降の状況を指していると思われる。そのなかで、実業家としての渋沢と教育者としての成瀬仁蔵と、学者としての井上が帰一協会の設立に関わったと述べている。井上によれば、渋沢は日米の友好関係に尽力しており、アメリカの系統に属している日本のキリスト教徒との融和を推進したいという意向であった。また、成瀬は帰一協会に関してはしばしば井上に相談を持ち掛けていたという。井上はこの辺りの事情については、次のように回顧している。

日本女子大学を建設して見たところ、生徒の種類を考へてみると仏教の家庭から来ている生徒もあり、キリスト教の家庭から来ている者もあり、その他神道の家の者もあり、無宗教の家の者もあり、色々である。それで、キリスト教主義で生徒を教へれば範囲が狭くなって、それではとても実地にやって行けぬ事を痛切に感じた。つまりいかなる生徒に対しても効果ある宗教教育を施さなければ立ち行かぬと云ふことがはっきり分かって来たのである[31]。

回顧談の性格上、必ずしもすべてが正確な事実という訳ではないが、少なくとも井上と成瀬が帰一協会の設立に大きな役割を果たしたことは事実である。

第一回の帰一協会会合で、開会の辞の後、井上が「宗教の帰一」について論じたところ異論は出ずに、渋沢が「新しい宗教が生まれるかも知れない」といったと記されている。

帰一協会の理解を求めて姉崎正治が「帰一の大勢」という論稿を帰一協会設立直後に『六合雑誌』に寄せている。

それによれば、明治維新後の日本が「世界文明の大運動」の流れに即応して文明開化政策をとって来たのに対し、神道や仏教は「鎖国の眠り」を続けていて、日本にもたらされたプロテスタントのキリスト教も「横浜居留地のレシデント気質」にとどまっている状況にあった。しかし、科学の進歩につれて新発見や新知識が生まれ、それらを統一し、その根本に「形而上的原理、又は理想を与ふるもの」が必要となってきているというのである。姉崎によれば、国民道徳も世界の道徳運動から孤立して維持することは不可能であった。たとえば「動物虐待の問題」をとってみても「国際的政策を採らなければ完全な解決は出来ない」と、新しい時代の新しい宗教のあり方について次のように述べている。

近世文明は世界的気運の活動に於いて、歴史上未だ嘗て見ざりし世界的潮流の時代である。この間に処して割拠的気風の宗教は必然的に衰滅すべく、かの世界的新気運に乗ずべき、或いは新気運を指揮すべき統一的信仰は、益々必要を感ずる訳である。[32]

この「帰一の大勢」は日本一国にとどまらず、「世界各国に存在している、吾々の同志と共に世界的問題を世界的に研究し、世界帰一の運動に一臂の力を尽くす[33]」というように、世界に向かって開かれていくものと位置づけている。『六合雑誌』には姉崎の論稿より一ヶ月遅れて刊行された九月号に彙報として「帰一協会設立」と題した記事が出ている。それによれば「現代の混乱せる思想界を統一して、一の帰趨、即ち帰一的思想信念を探求せんとして、学者実業家及宗教家等によりて帰一協会なるもの設立せられたり[34]」と報じられている。発起人として、渋沢栄一、森村市左衛門、井上哲次郎、原田助、中島力造、成瀬仁蔵、上田敏、浮田和民、桑木厳翼、松本亦太郎、姉崎正治、シドニー・ギューリックの名前が挙げられている。これらの構成員を見てみると三教会同に関わっていた人々が中心となっていることが明らかである。ただ、三教会同がそのまま帰一協会に発展したというより、三教会同で出てきた批判を受けて、日本一国の次元から世界的視野で、しかも国家が主体となるのではなく民間主体であらたに展開されたとみることが出来る。

(2) 帰一思想の諸相

帰一協会の課題を東西文明の相互理解と融合の立場から論じたのが浮田和民である。浮田によれば、一九世紀の末に東西の文明が衝突し、東洋の文明諸国が自主独立できないような政治状況に追いやられ、西洋の文明が世界を征服して統一するかに見えたが、二〇世紀になると西洋の文明自体が不完全であることが露呈し始めた。浮田によればキリスト教のなかにも「ヘブライ人の幼稚な思想」が残されているので、「西洋の文明は一面科学的なると同時に其の宗教は非科学的である」と、新井白石の『西洋紀聞』以来の偏見が残されることになった。このように、東西文明が接触して相互理解が行われず、東西の交流が表面上におわり、東西の人間の思想や感情の次元まで入り込んで交流していないので様々な国際上の問題を引き起こす要因となっていると浮田は分析した。浮田は東西文明の歩み寄りが必要だと説く。西洋文明は東洋に学ばなければならないところが少なくなく、東洋文明を包含し、融和しながら発展していけば、世界的な文明として世界に浸透することが可能になると主張した。また、東洋人は西洋の物質文明を受容するだけでは西洋文明を理解することは出来ないので、「西洋の物質文明は西洋の精神文明の精華」であるということを知らなければならないというのである。浮田は西洋文明の根本精神と東洋の文明を融合させることが必要と主張する。浮田の言う西洋文明の根本精神とは「人格の自由なる発展」で、これはキリスト教によってもたらされたものであった。浮田は東西の宗教の差異を次のように捉えている。

西洋の宗教思想は人格を重んずるの余り宇宙の根本に偉大なる人間あることを仮定し之を神（ゴット）と称し其の神が人となって基督に化したといふ神話を生じ宇宙の根本を全く人間化して居る。これに反して東洋では之を天と称し天は則ち理なりと理解して万物皆な法則あることを認識し（儒教《ママ》）又一切の万有は統一あり帰趣あって真如の相を備えて居る事を祖述して居る（仏教《ママ》）そこで西洋の宗教は人格的一神教となり東洋の宗教は超人格的汎神論となって居る。(35)

ここから浮田は西洋の科学や哲学はむしろ東洋思想と親和性をもっていると論じる。さらに、東洋思想の欠陥は人格の概念が曖昧であり、個人の自由とその発展を疎かにしてきたために、社会の発展を阻害する大きな要因ともなったと主張した。こうした観点に立って、東西の文明が調和し融合する点を見出すことは東西文明の「一大進歩の機会」を与えることであり、ここに帰一の意義を見出している。

浮田によれば、帰一協会を創立する際に最初は「統一」という名称を使ったが、それでは「単調にして自由を欠く嫌いがある」という理由から「帰一」と改めた。浮田の理解によれば、帰一の意味は東西の宗教および文明の共通点を見出して両者の「融合調和」をはかることを意味した。したがって、「会直接の目的は研究である、少なくとも比較研究の会である」というように位置づけた。こうした理念と目的を持った帰一協会について、浮田はさらに「会として の成立は甚だ困難である。会員相互に他を認容するの寛懐と、異説に耳を傾むくるの雅量がなければ此の会は成立せぬ」と述べている。浮田のこのような危惧は三教会同以来の仏教と神道、キリスト教の確執が十分に払拭しきれていない状況を物語っている。

(3) 帰一協会の展開

『六合雑誌』において、一九一二年（大正元）一〇月に浮田和民が「帰一の理想」を掲載してから帰一協会に関する記事は登場していない。この三年半後の一九一五年（大正四）に「時評」として「帰一協会の新決議案(36)」が登場してくる。『伝記資料』では「帰一協会　信念問題をめぐる決議(37)」という見出しがつけられている。これは教育者に対して発せられた内容で、児童・生徒（被教育者）の心理に自然と発現する宗教心の萌芽を、教育者が無視ないしは蔑視しないことを求めた決議で、理由書を付帯している。それによれば、宗教心とは世界に存在する既成の宗教を指すものではなく、「凡そ人類が個人を超越する偉大なる或物の存在を信じ、此に対して生ずる敬虔の念を以って言ふものなり」と説明し、これを「信念」と置き換えてもいいと記している。宗教と教育の分離は一八七二年（明治五）以来の日本の教育政策の大方針であることを認めつつ、それは「宗教其物を一概に不必要なりと為すにあらざることは多言を須るずして明らかなり」と宗教の否定を意味していないと主張した。帰一協会ではこうした宗教心が必要とされている状況について「近時我が国青年の志操軽佻浮薄に流れ、動もすれば自己の便宜を求むるを知りて国家の利害を顧《かえり》みず、或いは危険なる思想に惑はされ易きは識者の夙に憂ふる所なり」というように、第一次世界大戦と経済膨張の時代に伴う国民意識、とりわけ青年の無秩序な傾向を指摘している。こうした状況をもたらしたのは、教育者が「物質的知識」に重きを置き、「形而上界に何等敬虔の対象を認めず、人間相互の関係以上に何等の貴き意義を認めざること」が主要な原因であると述べている。

『六合雑誌』では、三教会同や文部省の政策も「精神問題について官僚的権威は果たして何等の影響を有するや否や」というように疑問視し、帰一協会のような民間の有志者の団体がこの役割を果たそうと試みていることを高く評価している。しかし、「一片の決議書」を送付しただけでは「甚深の感動」を与えることができないので、帰一協会の有志者が全国を巡回してこの精神を普及する運動を行うことを提案している。

『六合雑誌』では帰一協会を取り上げる回数が減り、一九一六年（大正五）三月の時評で「帰一協会の宣言」を最後に途絶えてしまう。この宣言は『伝記資料』では「帰一協会　時局問題にかかる宣言[38]」と記されていて、「吾人は大正革新の精神を振起し、内は国家成立の本義を発揮し、東洋文明の代表者たる実を挙げ、外は国際主義の擁護者となり、大いに世界文化の進展に寄与せんことを要す」と基本方針を掲げている。この目的を達成するために、自他の人格の尊重と国民道徳を鞏固にすること、公共の精神を涵養し、憲政の本志を貫徹すること、自発的活動と組織的共同を発達させること、学風を刷新し各自の才能を発揮すること、科学の根本的研究と応用を推進するとともに、堅実なる信念を基礎とする精神的文化の向上を図ること、国際道徳を尊重し、世界平和を擁護して立国の大義を宣揚することの六項目を列挙している。「時評」を担当した「ＳＵ生」は帰一協会がこの宣言を公にした動機を「国際関係上、日本民族が重大なる転機に遭遇しつつあるがためであらう」[39]と記している。さらに、この宣言の意図するところは「個人主義と国体主義、国家主義と国際主義、教育と政治、科学と宗教といふが如き対立する者を統一融和」するところにあると述べている。帰一協会の意義を認めつつも、「宣言書を発するのみにて此精神が国内のあらゆる階級に普及すると思はば大なる間違いである」とも指摘している。そして「帰一協会は折々巡回講演会を開くことが必要である」と述べ、運動体として展開することを提案していたのは先に触れた通りである。

帰一協会が姉崎や浮田が述べたような研究会的な組織として考えられていた間は自由な議論の場として機能していたと考えられるが、運動体として組織する必要性に迫られたときに、自由な議論の場が却って組織自体の曖昧さを露呈することになったのではないだろうか。井上哲次郎はこの辺りの事情を次のように回顧している。

帰一協会の回数を累ぬるにしたがって参考になることも少なくなかったが、いろいろな人がいろいろな意見をかはるがはるに述べるのみで、宗教は寧ろ横にそれて行った感がある。初一念の眞精神を失って末梢的となったことは確かである。
併し、渋沢子爵が宗教帰一を問題にして居たところは、他の実業家の出来ることではなかった。[40]

井上の回顧が正鵠を射ているとするならば、渋沢栄一や成瀬仁蔵や井上哲次郎らが思い描いた宗教の帰一の課題が薄れていき、その意味においては研究組織としても運動体としても所期の役割を果たすことができなかったが、その後の国際社会への働きかけの前提となったことは確かである。

註

(1) 沖田行司編『人物で見る日本の教育』(第2版) ミネルヴァ書房、二〇一五年、参照。
(2) 青山霞村『同志社五十年裏面史』博省堂、一九三一年、七三～七四、九一～九二頁。
(3) 井上哲次郎「宗教の将来に関する意見」『巽軒論文初集』富山房、一八九九年一二月、二〇七～二一二頁。
(4) 井上哲次郎「近時の倫理問題に対する意見」『巽軒講話集』二編、博文館、一九〇三年八月、六〇四頁。
(5) 井上哲次郎『倫理と教育』弘道館、一九〇八年(明治四一)、四〇三頁。
(6) 沖田行司『新訂版　日本近代教育の思想史研究――国際化の思想系譜』学術出版会、二〇〇七年、二四〇頁。
(7) 井上哲次郎「我祖国本来の主義を忘るる勿れ」『六合雑誌』二九五号、一九〇五年(明治三八)七月、三七〇頁。
(8) 同前、三七四頁。
(9) 井上哲次郎「日本における宗教の統一」『六合雑誌』三四〇号、一九〇九年(明治四二)四月一日、二三一頁。
(10) 井上哲次郎「宗教統一の基礎的観念」『六合雑誌』三五二号、一九一〇年(明治四三)四月一日、二一三頁。
(11) 記事「三教者会同顚末」『六合雑誌』三七五号、一九一二年(明治四五)四月一日、四九一頁。
(12) 床次竹次郎「三教者会同に関する私見」『六合雑誌』三七四号、一九一二年(明治四五)三月、二八二頁。
(13) 同前。
(14) 「文部省は結局反対」『万朝報』一九一二年(明治四五)一月二一日。
(15) 同前。
(16) 「神仏耶三教者会同の弁明」『中外日報』一九一二年(明治四五)二月三日。
(17) 「各宗教代表者招集問題」『中外日報』一九一二年(明治四五)一月一九日。
(18) 「西本願寺と三教会同」『中外日報』一九一二年(明治四五)一月三〇日。
(19) 「管長招集問題に対する大谷派寺務総長の批判」『中外日報』一九一二年(明治四五)一月二一日。
(20) 浮田和民「内務省の宗教方針」『太陽』三月号、一九一二年(明治四五)三月。
(21) 小崎弘道「官憲と宗教の握手」『六合雑誌』三七四号、一九一二年(明治四五)三月、三〇二頁。
(22) 山室軍平「国民の幸福」同前、三一二頁。
(23) 赤司繁太郎「懐柔手段也」同前、三一六頁。
(24) 高木壬太郎「一歩進めたるもの」同前、三一九頁。

(25) 記事「教育家宗教家懇親会」『六合雑誌』三七五号、一九一二年(明治四五)四月、四九二頁。
(26) 姉崎正治「宗教会合に関連する問題」『六合雑誌』三七四号、一九一二年(明治四五)三月、三二四〜三二九頁。
(27) 井上哲次郎「井上哲次郎談話」『六合雑誌』三七七号、一九一二年(明治四五)六月、一九七頁。
(28) 成瀬仁蔵「今回は御免被下度候」『六合雑誌』三七四号、一九一二年(明治四五)三月、三三五頁。
(29) 向軍治「主意に賛成、形式に反対」同前、一九一二年(明治四五)三月、三三八頁。
(30) 井上哲次郎『懐旧録』春秋社松柏館、一九四三年(昭和一八)八月、一三一頁。
(31) 同前書、一三二頁。
(32) 姉崎正治「帰一の大勢」『六合雑誌』三七九号、一九一二年(大正元)八月、四七五頁。
(33) 同前書、四七七頁。
(34) 記事「彙報」『六合雑誌』三八〇号、一九一二年(大正元)九月、一三二頁。
(35) 浮田和民「帰一の理想」『六合雑誌』三八一号、一九一二年(大正元)十月、一六七〜一七五頁。
(36) 記事「帰一協会の新決議案」『六合雑誌』四一三号、一九一五年(大正四)六月、二八四〜二八六頁。
(37) 記事「帰一協会　信念問題をめぐる決議」『伝記資料』第四六巻、一九一五年(大正四)六月、五九二〜五九三頁。
(38) 記事「帰一協会　時局問題にかかる宣言」同前書、一九一六年(大正五)二月、六一三頁。
(39) 記事「『時評』帰一協会の宣言」『六合雑誌』四二三号、一九一六年(大正五)三月、五三〇頁。
(40) 前掲書、井上哲次郎『懐旧録』、一三五〜一三六頁。

第三章　浮田和民の帰一理想
――帰一協会との関わりについて――

姜　克實

一　帰一の理想

帰一協会は、一九一〇年代に日本で発祥した、国際感覚のある知識人による超宗教の、信仰、思想帰一の模索の組織であり、思想面において今日の国際化、グローバル化の先駆的活動と言える。社会に与えた実際の影響はあまりなかったが、帝国主義、軍国主義の天皇制国家の下での思想模索であるだけに、その存在の思想史的意義が大きい。時の早稲田大学教授、雑誌『太陽』の主幹浮田和民（一八五九～一九四六）もこの運動の主唱者、発起人の一人であり、運動初期の活躍者でもあった。帰一協会の運動と深く関わった理由は、学界、宗教界における成瀬仁蔵、姉崎正治らとの個人的交友関係だけではなく、浮田の特質ある宗教観、文明論にもあったと思われる。

本章は、一九〇〇年代以降の浮田の信仰、思想帰一の主張とその思想根底にある宗教観、文明観と関わらせながら、帰一の理想の特徴と発生する理由を思想史的に論じたい。

浮田は帰一協会準備会に参加し、協会の幹事も務めていたが、発言の記録は多くない。主な活動を整理すると以下の通りである。

一九一二年四月一一日、「帰一協会」第一回準備会（於渋沢栄一邸）に出席、趣旨書の起草委員に選出。

一九一二年五月一三日、「帰一協会」第二回準備会に出席。

一九一二年六月二〇日、「帰一協会」創立。評議員・幹事に就任。

一九一二年七月一日、「帰一協会の創立に就て」（『太陽』第一八巻一〇号）発表。

一九一二年一〇月一日、「帰一の理想」（『六合雑誌』第三八一号）発表。

一九一二年一一月一日、「帰一協会」例会にて「内外思想界ノ趨勢ト宗教信念」と題して講演（於上野精養軒）。

一九一七年四月、帰一協会例会にて「戦後の国際平和問題」と題して講演。[1]

一九二一年四月、帰一協会例会にて「外遊感想談」と題して講演。

一九一二年以降、浮田は幹事として例会に参加するが、積極的発言は見られない。なぜ協会と疎遠になったかについて、高橋原は、浮田は協会が「一種の社交倶楽部にとどまり、（中略）到底有効なる活動は之によりて期待せらる可くも無」いと見て、「一九一四年の時点で帰一協会の活動状況を批判」するようになった、と指摘する。特に一九二三年震災後、協会との関係は絶ったように見える。[2]人間関係のもつれか思想の対立か、内情は定かではない。


以上の記録のうち、浮田が協会に言及した文章は三つあり、ひとつは、一九一二年七月一日号の『太陽』に載せた「帰一協会の創立に就て」、二つ目は、一九一二年一〇月一日号『六合雑誌』に載せた「帰一の理想」であり、もうひとつは、一九一三年六月一日号『太陽』に載せた「日米交換教授及び帰一協会」であった。「帰一協会の創立に就て」は協会結成の直後の文章で、趣旨は次のとおりである。

一、日露戦後、労働問題、婦人問題、社会問題、人種問題、黄禍論など内外の諸問題が起こり、国民の道徳的信念が動揺している。
二、これに対して「社会の中堅たる人々」は文明の基本たる「道徳、教育、文学、宗教に関する精神的問題」を攻究し、宗教、道徳面で社会の思想を誘導する必要がある。

三、近代文明と通商交通の結果、世界化の現象が起こり、信仰、道徳など精神文明においても東西の相互理解、協力の必要が生まれた。一国のみで問題が解決できない。

四、文芸、美術、道徳、宗教など精神文明の面で、互いに各国民の特質を維持しつつ、人類協同生活の面で帰一の針路を発見し、己を世界に同化する必要がある。

五、帰一協会の目的は「我が国民性の特色を維持し国体の精華を発揮すると共に、又博く世界の思潮に接して之を包容し同化して以て開国進取の実を精神的方面にも発揚せんとすることである(3)」。

「帰一協会趣旨書」と照合すれば分かるように、協会の趣旨を詳細に説明したものであり、五の内容（協会目的）は、ほとんど協会趣旨の写しである。協会名ではなく浮田個人の名で発表した点から見れば、この「趣旨書」も、浮田が執筆したか、参画者の中心であったことが、うかがわれる。協会の趣旨を敷衍して自ら主宰した、社会的影響の大きい『太陽』誌に載せたのは、協会の理念を世間に広く宣伝するためであろう。

「帰一協会の創立に就て」が、協会構成員全体の「合意」を伝えるのに対して、『六合雑誌』一〇月号に載せた「帰一の理想」は、帰一の方法における浮田個人の主張、考えを表すものであった。

世界化の現象と思想帰一の傾向、日露戦後の社会問題の多発、精神界の思想混乱、道徳頽廃など前論と同趣旨の部分を省いて浮田の主張を見ると、その特徴は西洋文明への観察、評価に現れる。浮田の論は東西文明融合論をベースに展開するものであった。

「西洋文明は深く古今東西の両方面より集成せられたるものなる故に、比較的円満に発達してゐるが未だ東洋に学ばなければならぬ所が尠くない。一層東洋文明を味ひ、東洋文明を包含し、是を融和しつつ発展するにあらざれば、西洋文明が真に世界的となり、世界の全局に拡張せらるることは不可能のことである」（一・六二頁）。東洋人も西洋の物質文明をのみ受け入れ、「西洋文明の精神的方面を閑却する間は東洋文明は独立の発展を致すことは出来ない」（一六三頁）と。やや西洋文明の優越の論調であるが、偏愛の理由は浮田思想のバックボーンである「人格主義」の評価部分にあった。

近代西洋の物質文明を生み出したのは、西洋の精神文明であるが、その精華は、「人格の価値と、人格の自由発展とを其の根本とする所」にある。「此根本思想は基督教の示すところであるが故に、西洋文明と基督教は最も密接なる関係を有する」（一六三頁）。「此根本思想を理解し融合しない間は東洋の文明は皮相から脱することは出来ない」（一六四頁）、と浮田は言う。

一方、基督教には弱点がないわけではない。人格を重んずるあまり、宇宙の根本を人間化し、神（ゴット）まで人格化（基督）したため、超然の宇宙、世界万物を統一する力が弱くなった。これに対して、東洋の宗教は「人格の概念確実ならず、各個人の自由及び其の発展を忽諸に附し、従って社会及び国家の進歩発達を阻害する」（一六五頁）という大きな欠陥があるにもかかわらず、「天」という超然の力で宇宙の万有を統一する面において、基督教より優れる。もし「東西両洋の文明を仔細に研究し、又公平に玩味したならば、宗教美術の上のみならず社会万般の事に於て互に長短補充の機会多きことを見出し人類の生活に今よりも一層趣味と幸福とを加ふることになるであろう」、と（一六六頁）。

この精神面の融合と調和は決して一朝一夕に出来る問題ではないが、宗教および倫理面から「共通の要素及び根本真理」を抽出し、かつ各自の迷信、誤謬を互いに反省すれば、「文明の大本人道の根底において一致協力」の可能性があると浮田は見ていた（一六七頁）。

そのため、帰一協会は「宗教的団体」ではなく、「同志の研究会」でなければならない。比較研究を通じて、各宗教の神の「其の人格の偉大或は教訓の森厳なる所を推賛すると同時に、また其欠点をも考究せんとするものである」。宗教の統一、人間意識の統一なら、その実現は幻であるが、「各人自由の精神を以て真理を探求し東西文明の根本に共通の点」の模索に方法を変えれば、また異説、異主義に対する寛容な学問的姿勢があれば、帰一の目的に達することは不可能ではないと浮田は見ていた[4]（一七三頁）。ここに触れる研究方法――学問的研究、寛容の姿勢、思想、信仰の「統一」を求めない点[5]――は、協会会員の共通の認識でもあった。

学問の探求とともに、浮田はまた社会問題の解決にも目を向け、「吾人は単に宗教のみならず、一般の社会的問題に対しても公正の態度を以て之を研究」する必要を提起している。

この論から、西洋精神文明における「人格主義」の価値を強調する浮田の持論が見られ、また、浮田の帰一の理想は、一、道徳倫理面における人格主義、自由主義思想（西洋文明の精華）への帰一、および、二、信仰面における超然の存在（天、真如）による宇宙万物統一思想（東洋文明の精華）への帰一にあることが、確認できよう。

浮田の帰一論はそのほか、一九一三年、排日的なカリフォルニア州外国人土地法に触発された「日米交換教授及び帰一協会」もあり、それは『太陽』六月一日号に載せられていた。

浮田は輿論の主流と違う視点でアメリカの排日政策を取り上げ、今度のカリフォルニア州排日土地法をめぐる日米間の紛争は「人種問題」ではなく、「同化問題」とし、移民の多くは稼ぎの目的で低賃金で働き、しかもアメリカ社会に帰化しようとしない。これは日米摩擦の原因であり、責任は移民側の国の監督、教育および移住者自身にある。「今日は世界同化の時代である。世界と同化し世界を同化する能はざる国民は文明世界に雄飛することは不可能である」（九頁）[6]。「意志感情の疎通は無論、道徳上及び宗教上の信念に於ても互いに同情し又互いに同化し得る道を開くことは」（一〇頁）、移民問題と日米関係改善の要点であると、冷静、自省的に日本人自身の欠点を指摘した。まさに、帰一協会で訴えた相互理解の方法の実践である。ちなみにこの論点は新しいものではなく、一九〇五年四月丁酉倫理会での講演「帝国主義の政策と道徳」で既に述べていた対米移民問題論と重複していた[7]。

論の後半、浮田は帰一協会のメンバー成瀬仁蔵の欧米行脚、米国に帰一協会の組織をおこした事例およびその後の日米間教授交換協定の成立、新渡戸稲造の訪米に続いてハーバード大学教授の来日の事例に触れ、思想、学問面における東西の知識人の交流を喜ばしい現象とし、両国の間は「虚心坦懐益々我れ彼れを知り彼れ我れを知るの必要がある」。また「世界列国に通じて同様の必要がある」と説いた（一二頁）。

その後、文章は帰一協会に触れ、その目的は「第一、我が国内に於ける新旧思想の調和を計り、道徳上全国民の信仰及び希望に帰一の傾向を助長せしめんとするにあると同時に、第二には東西文明の融合を進め、以て世界の平和、人類の一致を促さんとする」にあるとし、帰一は決して単純な教派の融合ではなく、世界中の諸宗教全体の融合を図らなければならない。また、世界は有機体であり、一、二国の問題は列国に関連する問題でもある。社会問題も、労働問題も、女子参政権問題も世界各国に共通した課題であり、世界が協力して一緒に取り組まなければならない。日米は「国体異なりとも立憲政体に於て一致し宗教が異なるも其の根底は宇宙の大霊を崇拝するに於て一致」するので、問題が解決できない理由はないと訴えた（一三頁）。

この論は、成瀬仁蔵の外遊帰来、およびカリフォルニア州の排日土地法に際して、世界に向かって帰一の理想を訴えるもので、帰一協会の国際的性格を鮮明に打ち出す論でもあった。

浮田の帰一協会に関わる言論は、以上の三つしかない。協会での発言も、その後一九一七年四月、例会での「戦後の国際平和問題」と、一九二一年四月、「外遊感想談」と題した講演のみが確認できる。一九二二年以降、何らかの理由で浮田は帰一協会から遠ざかっていった。一方、前に遡って浮田の宗教観、文明論を見れば、協会が成立するかなり前から、浮田はすでに宗教信仰の帰一を論じていた。これは、浮田を初期の帰一協会に積極的に関わらせた理由と思われる。次に浮田の文明論と宗教論の面から彼の帰一思想の源流を探ってみよう。

二　浮田の倫理的帝国主義

日露戦争前に生まれた「倫理的帝国主義」は、浮田和民の代表的理論である。論の要点とその発生に至る理由について、筆者の詳細な研究があり、その要領を次のように再録する。

「倫理的帝国主義」は、浮田和民にとって「道徳的社会進化論」の同義語である。道徳は彼の宗教認識、理解から吸収されたものであり、進化論は彼がキリスト教を媒介に受容した、西洋の近代科学、文明など諸知識からの抽象、結晶であった。

熊本バンド(8)の一員として、浮田は早くからキリスト教の畑に足を踏み入れたが、最後まで神の神性、バイブルの教義および教会制度の価値を認めなかった。時代によって多少波動があるものの、キリスト教は、結局浮田にとって、倫理、道徳、人格などの価値しか持たなかったのである。一方、キリスト教を媒介して彼はより積極的に、より前向きに西洋の科学知識、文明の要素を吸収し、その途に横たわった難題——宗教と科学の矛盾、倫理と進化の矛盾の解決に、戸惑いながら果敢に挑戦し続けた。宗教には近代科学に反する、妄説、迷信の面があり、一方文明、進化論にも適者生存、弱肉強食の欠点があった。浮田は信者、同情者の立場で、両者の調和を図り、宗教の倫理を武器に、進化論の弱点を乗り越えようとした。格闘のすえ、浮田が到達したのは、倫理的帝国主義である。

倫理的帝国主義には次のような特徴がある。

一、浮田の倫理的帝国主義には、帝国主義の部分と倫理教育論の二つの面があり、中心は常に倫理教育論の面に置かれている。つまり帝国主義（進化論）を健全化に導く教育論が、倫理的帝国主義の中心と言える。

二、帝国主義は、浮田にとって社会進化、文明化と同一概念であり、その理論根拠は、ダーウィンの進化論にあった。進化、膨張、競争、適者生存という進化論的原理を積極的に受容しているのは浮田の文明論の特徴である。近代文明と科学の強者、強国を帝国主義の手本とし、其の国民の品格まで高く評価する浮田の論法の根底には、西洋に倣って日本の文明化、近代化を目指す彼の一貫した姿勢が窺える。

三、一方、浮田は同時に自由放任の危害、弱肉強食の野蛮も認識し、教育、宗教の倫理的要素によってそれを規制しようとした。科学と宗教の調和、進化と倫理、道徳の調和の諸主張から浮田の努力が窺われる。こうした学生時代から浮田が追い続けてきた命題はそのまま日露戦争前の帝国主義論にも集約され、「倫理的帝国主義」(＝道徳的進化)の姿で再現されたのである。

四、浮田の帝国主義教育論の骨格となったのは人格主義であり、また人格主義の基礎が個人主義に据えられていた。また、人格主義とは、国家、社会的要素を取り入れた個人主義、または修養、道徳、品格のある個人主義を意味し、この意味で彼は東洋の忠孝道徳と西洋の自由放任という両方の弊害の克服を目指し、個人の独立自尊を主張しながら、国家、社会への義務心を有し、また国際法を遵守し、国際的道徳を心得た、国際舞台で活躍できる「大国民」の創出を唱えた。

五、浮田は帝国主義(＝生存競争)を避けられない世界の現実、社会の現実と認識したため、彼の教育論には、この現実に適応しようとする実践教育の色彩があった。経済競争に打ち勝つ知識、技能教育、実業教育、国民全体の素質向上のための普通教育、また国際社会に適用するための国際倫理道徳教育の主張などから、こうした特徴が窺える(9)。

以上の諸特徴から、浮田和民は日本の文明化、西洋化の健全なる発展を目指す道徳的進化論者であり、真の宗教者、キリスト者ではなかったと言えよう。思想の帰一、文明の融合の主張は、こうした思想背景の下で形成されたのであり、西洋思想偏重、道徳倫理の偏重の特徴が指摘される。信仰心が薄いため、浮田は倫理的帝国主義論を樹立した日露戦争前において、すでに「宗教帰一」の思想が生まれていた。次に浮田の宗教観を見てみよう。

三　浮田の宗教帰一論

浮田は同志社時代(一八八六～九七)において、キリスト教の教義、教制の保守、宣教師の堕落を批判し、日本的キリスト教の樹立と日本精神の復活を主張して宣教師たちと闘ったが、同志社から離れたことを契機に、一時宗教界から遠ざかり、東京専門学校に就職した一八九八年から時事、教育、社会などの問題に目を向けるようになった。

しかし、一九〇〇年代以降、人格主義を確立し、教育勅語、日本道徳への批判を始めると、浮田は再び宗教に接近し、道徳倫理および人格主義の角度で、キリスト教を再評価するようになった。そのきっかけを作ったのは、本郷教会での活動および海老名弾正（一八五六～一九三七）牧師が主宰した雑誌『新人』の発刊である。海老名は、浮田と同じく熊本洋学校と同志社の出身で、熊本バンドの中心的存在であった。海老名からの依頼、勧誘であろう、この時期から浮田は明道会の講演のほか、本郷教会の説教活動にも参加し、また疎遠になった宗教関係雑誌への投稿も再開した。以下では一九〇〇年からの、浮田の宗教論とその特徴について見てみたい。

一九〇〇年一二月、浮田は雑誌『警世』に「社会的霊魂不滅説」を寄稿し、歴史と社会の角度から、自分の霊魂理解を展開した。

浮田は言う。宗教には等しく「霊魂」という概念があり、信仰の種類によって、その解釈も違う。キリスト教では「霊魂不滅説」を唱え、仏教の場合「霊魂消滅説」となる。両者は一見正反対のようだが、実は目的が同じく「民を救うこと」にある。霊魂の滅、不滅の教義は、救う「手段」の違いに過ぎない(10)。社会と歴史の角度で見れば、霊魂は国家と社会を支える精神伝統の一種で、「国民的精神」「社会的意識」として認識すべきだ。この場合、精神と意識に変じた霊魂は消滅することなく、「国民と共に存して永世に伝」わる。

こうして国民精神の育成の意味で浮田は「宗教は政治の方便たるのみに非ずして、実に国家成立の基礎なり（中略）宗教なき教育は生命なき教育なり」、「道徳の念は敬畏の情より発し、其根底に於ては宗教的観念と同一なるものなり」と、国民精神の形成、また国民教育に宗教心の必要を唱えた（六三一～六三二頁）。

一九〇三年三月『警世』に載せた講演記録「ダルウィニズムと基督教」において、彼は宗教の倫理観と進化論を取り上げ、「宗教的博愛主義と、ダルヴィン氏の根本主義」の両者の相補、依存関係を力説した。

浮田は言う。人類の進化は、すでに動物的進化の段階を経て「社会的、心理的の進化」の段階に入っている。この「社会的、心理的の進化」の段階も、第一期の腕力時代から、第二期の腕力、智力併用の時代を経て、第三期の道徳時代への道をたどる。今の社会は第二期の時代、すなわち腕力、智力併存の時代に位置しているが、第三の道徳の時代を目指す必然性を持っている。

キリスト教の「天国」はこの第三期の道徳時代と同じ意味であり、すなわち、「博愛的、基督教的理想」は、進化論の最後の目的でなければならない。「故に之を要言するに、其の至るの道はダルヴィニズムにして、其到達の地は、基督教的博愛なり」、と。[11]

このような解釈を通じて、浮田はダーウィンの進化論とキリスト教の理想、方法を一体化させ、信仰の要素も、倫理的帝国主義（＝道徳的進化論）に組み入れたのであった。

倫理的、道徳的意味で宗教の役割を評価する以上、浮田の目指す理想的宗教信仰は、キリスト教だけに限らないことは言うまでもない。一九〇三年一〇月、浮田は『六合雑誌』に「将来の宗教」を載せ、次のように展望する。

人類社会は優勝劣敗の競争をめぐって進化すると同じように、宗教にも優勝劣敗の原則が適用する。「畢竟仏教や基督教やも亦た今日は世界的大競争を為して生存競争場裏に於て勝利を得るの外他に其の立つべき根拠は」ない。[12]この競争に勝利を勝ち取るのは「理性」ではなく、「人生」である。「人間は万物の尺度であって人間の生存に利する事は真理である、人間の生存を害する事は誤謬である」（六二〇頁）。人生の標準で仏教とキリスト教の優劣を見る場合、浮田はキリスト教に軍配を上げる、「仏教は無を説き、基督教は有を説くのであってドチラが生存競争を資けるかは明白である」と（六二六頁）。

浮田はこのように、人生、社会生活を尺度にキリスト教の優勢も認めるが、将来の宗教について「吾人は従来の基督教がそのまま凡て他の宗教を圧倒して勝利を得ることは望まぬ」との態度を示す。

その理由は従来のキリスト教にも仏教と「共通の弊」があり、「未来の幸福の為めに現世の幸福を無視し却て社会の進歩を害するの傾向」があると浮田は指摘する。「上帝の存在説も霊魂の不滅説も現世に於ける人間の人格を高め、社会に於ける生存の刺激となる間は有益なれども之が為めに人道を無視し社会の改善を放棄せんとするに至ては確かに害悪であると言はねばならぬ」と（六三〇頁）。

浮田の目指した将来の宗教は何か。一九〇八年九月、浮田は『基督教世界』に「宗教とは何ぞや」の文章を載せ、「余は将来の宗教は（中略）先づ仏教とか儒教とか基督教とか云ふ現在の宗教が互いに接近し融合して結局統一契合せる新宗教が自然に出来るであらうと思ふ」[13]、すなわち三者が進化して矛盾しないまったく新しい宗教である、という。

なぜ宗教信仰が帰一しなければならないかについて、浮田は三つの理由を挙げる。

一、神の超然認識における一致。つまり、儒教には天、基督教には神、仏教には真如があり、それぞれ超自然の存在として崇められる点において、一致している（二八一頁）。

二、人生目的の一致。「基督の福音も釈迦の教説も究極する処は人間をして現世に安心立命を体得せしむるにあるから其根本目的に至りては同一である」（二八三頁）。

三、倫理面の到達点の一致。「今儒仏基の三教に就て見るに倫理的要素も既に其究竟のものがチャンと備わって居る（中略）仏教で慈悲と云ひ儒教で己の欲せざる所人に施すこと勿れと云ひ基督教では博愛など云ふのは最早倫理の極点である」（二八六頁）。

浮田は、教理、教義ではなく、宗教の哲学（超然による解脱）、社会学（安心立命の社会効用）、倫理道徳（慈悲、愛、人格主義）の面でその一致性および、帰一の必然性を論じたのである。

帰一の方法について、浮田は採長補短による同化と「名称や形式は異っても其信仰の内容と実際活動の目標は全く同一に帰するので実質的の統合融和」方法（二八七頁）を唱え、将来の宗教について浮田は「現今の堕落せる仏教若くは基督教又は儒教が其の偏狭なる固陋の迷信を蝉退し、真正の仏教若くは基督教又は儒教となるのであって恐らくは凡ての宗教に包含せられたる真理が発揮せらる丶のである」[14]というが、イメージされた「究極」の宗教は、キリスト教、仏教、儒教の組織的統一ではなく、倫理、道徳、原理など「真理」面の包含と取捨であった。この宗教の原理、真理面における帰一論は、後に浮田をして帰一協会の運動に共鳴させた理由であろう。

こうして浮田は特定宗教の教義と教理を排して信仰の原理を抽出し、新時代の人生と社会効用の面でその必要を論じた。このような宗教観を持つ浮田が、超教派、超宗教的立場に到達することは言うまでもない。一九一〇年七月『新仏教』に載せた「余が新仏教観」において、進歩性、科学性の面で浮田は「新仏教」の主張を礼賛する。「余の信ずる宗教上の見解は新仏教の唱導する所を以て略ぼ盡せりと云ふも不可ない、何となれば新仏教の主張する所は科学と撞着せざるのみならず新基督教或は新儒教と同一に見るを得べく新時代思想上に建設せられたる最も進歩したる宗教であるからである」。浮田が評価したのは、一、新仏教の物質と精神の解釈は近世科学の万有法則に最も近いという科学性と、二、新仏教は「現世の活動の中に所謂極楽と云い天国というものを見出す」という人生の社会効用の二点であった[15]。

日本の「新仏教」運動は、一八九九年結成された仏教清徒同志会を前身とし、一九〇三年新仏教同志会と改名し、境野哲、渡辺海旭、加藤玄智、高嶋米峰ら若手仏教指導者を中心とした仏教革新運動であった。一九〇〇年に機関誌『新仏教』を創刊した。綱領は次の内容である[16]。

一、我徒は仏教の健全なる信仰を根本義とす。
二、我徒は健全なる信仰智識及び道義を振作して、社会の根本的な改善を力む。
三、我徒は仏教及び其の他宗教の自由討究を主張す。

四、我徒は迷信の勦絶を期す。
五、我徒は従来の宗教的制度及び儀式を保持するの必要を認めず。
六、我徒は宗教に対する政治上の保護干渉を斥く。

こうした迷信、権威を排する自由の面と、社会、人生を重視する面を浮田は評価したのであろう。

四　浮田の文明融合論

前述したように、浮田は、帰一協会の発起人でありながら、二年目以降ほとんど協会に関与せず、一方、早稲田大学の重鎮として大隈重信のもとで文明融合論を鼓吹し、またその宣伝、出版機関である大日本文明協会の編集長を長く務めていた。浮田の帰一の理論は、文明の融合をベースとしている。それは果たして大隈からの影響であろうか、両者を比べてみよう。

大日本文明協会は早稲田大学総長大隈重信が主唱して、一九〇八年四月に設立した出版組織で、東西文明の調和・統一を目指し、「最近欧米の最も健全なる思想を代表せる名著を訳述・解説し、以てわが邦人をして世界文化の潮流に接触せしめんと欲する」ことを目的とした。西洋文明を積極的に取り入れ、評価する浮田和民は初代の編集長を務めた。浮田の指導の下で、大日本文明協会は実際西洋の名著、思想動向を紹介する窓口、また翻訳の場になり、洋書の選定に関しても浮田はみずから編集員を従え丸善に出かけ、「主導的役割」を演じていた、という[17]。東洋は西洋にもっと多くのことを学ばなければならない。これは、倫理的帝国主義に貫通した、浮田の基本姿勢でもあった。こうして大日本文明協会の主な仕事は、西洋文明を代表する様々な書物を翻訳し、「叢書」の形で日本に紹介することであった。一九〇八年一〇月、大隈による序論・結論を付した『欧米人の日本観』三冊の出版を皮切りに、大隈の生前だけで一九五巻もの翻訳書を出版した。実は、大隈の下では、もうひとつの東洋を紹介する出版団体がある。一九〇五年に発足し、大隈が総裁に就任した国書刊行会である。この出版組織は、主として近世以前の日本の優れた書物の復刻刊行に力を入れていた。二つの出版団体の同時存在は、大隈の東（日本）と西（西洋）文明調和論の両翼を象徴し、国粋鼓吹の前者に対して、後者は西洋文明を紹介、流布する場であった。

こうして大隈の東西文明調和の両翼のなかで、浮田が任されたのは、西洋文明の紹介であった。したがって浮田の文明融合、調和主張の内容にも、西洋文明の価値を偏重する特徴、傾向があったと指摘される。

大隈の東西文明調和論と浮田の主張を比較してみよう。

大隈の文明論を代表するものは、一九〇七年一月の『教育時論』に掲載された「日本の文明」という文章であった。大隈は言う。

「東西両洋の文明の接触」は、日本の楽土、桃園（閉鎖生活）の継続を破壊した。しかしこれは逆に日本国民の「大活動」を刺激し、新日本の文明を創出し、「東西文明の統一を得た」[18]。

西アジアは文明の発祥地であり、ここで文明が二つの流れに分かれ、「東に漸んだのはアジア文明、即ち東洋文明の種子」であり、最後に東洋の端、日本に到達した。西向した文明はルネサンスを経て現在の西洋文明に発達し全盛を極めた。一方別れた両文明はその後、互いに調和せず、「根源は殊ならぬけれども、一見全く別種の人類、別種の両文明の如き差異を生じて、人をして到底調和の道がないが如く、（中略）に至つた」（一七頁）。さらにその懸隔は、西欧文明の発達、世界支配によって、一九世紀の半ば、「互に相互離せる極点に達した」。

日本が開国後、「東西文明の結合する曙光」が生まれ、西向の欧州文明は西へ、アメリカに達し、さらに太平洋を越えて日本にたどり着く。こうして、西洋文明は「亜細亜の精華を含蓄し、久しく我国に止まつてをつた文明と、分派以来幾千年、茲に始めて相邂逅したのである」（一八頁）。「開国以来の我日本国は、東西両系統の文明が触接の境地となつて、世界に於ける一切の文明の要素が、雑然として一所に集合したからして、我が国の思想、制度、文物は大混乱、大衝突、大競争を生じたのであつたが、（中略）この東西両文明は、開国以来僅かに五十年間で、充分なる調和を得たのである、即はち真正の意味に於いて、世界的文明は、我国にて始めて成立したのである」。

こうして日本は、「東洋文明の精華を包含」しつつ、さらに「西向文明の精神、即ち自由の思想を摂取して、之を東洋文明の精神、即ち統一の精神と円満に調和したことが、即ち新日本の文明の根本至要点」であった（二一頁）。西洋の「自由思想と、我日本の発達即ち万世一系の皇室に対しては純忠、外国の圧迫に対しては、世界を相手にして競争せんとする愛国の精神とが、十分に調和して発生した新文明である」（二三頁）、という。

大隈の文明論は日本の特殊的地位を強調する文明論であり、優勢の西洋文明に、日本の万世一系の国体と忠君、愛国の精神を誇示し、対等に或は対等以上に相融合させようとする文明論であった。融合、調和の言葉を使っても、浮田の主張とだいぶ違う。

また文明調和の方法も浮田の論と異なっていた。大隈は、宗教面の調和、融合（帰一）を不可能（信仰の自由は文明の原則なので）とし、代わりに提起したのは人道面の帰一であり、「真美、独立の教育に生まれる公明正大なる人道は文明帰一の根本」と説いた。

人類の本質は同じであり、一人の善は、世界共通の善でもある。「人類に具有する権利及責任は、如何なる人種も、如何なる国家も、決して之を奪ふこと」ができない。東西文明の融合における大隈の価値観は、世界通用の権利、義務、正義、公道にあり、自由精神の主張面では浮田と一致するが、宗教の精神的役割を否定し、政治論、教育論の色彩が強かった。

大隈と違って、浮田の文明融合論は、宗教的精神の帰一を基礎とするものである。前述したように、浮田の宗教帰一論は日露戦争前すでに生まれていたが、大隈の文明調和論が誕生した後、一九〇八年一一月、本郷教会における講演で儒教復興論を批判し、「今日は世界と交はり、万国の民を友とする時代」であり、「この点に於ては、基督教と仏教とは、儒教以上の真理を発揮して居る」、キリスト教の愛と仏教の慈悲には人類全体に適用する普遍性があり、儒教に基督教の人格主義を導入して初めて、再生の前途があると主張した(19)。

人類社会、国際社会における人格の普遍性、愛と慈悲の汎用性の一致を見出した浮田は、さらに進んで東西文明融合論に到達する。

「日本の地位は東西両文明の接触し、融合する好適の地位にある。日本将来の基督教は必ず新発展をなす機会を作らむ。東洋文明の粋を咀嚼し、玩味したる精神を以て、更に西洋文明の精髄と結合すべくんば、日本はたしかに世界将来の基督教の新機運を作る発動者たることが出来る」と（一四頁）。

ここで浮田が主張したのは、西洋文明＝基督教の精華たる人格主義による、宗教と精神文明面での東西融合であったがことが分かる。

一九〇九年一二月『太陽』に載せた「東西文明融合論」において、浮田はさらにこの論旨を展開する。

文明には物質文明と精神文明の両面があり、東洋は物質的側面において、「一に西洋の文明を学ぶの外なしと雖ども其の精神的文明の中には西洋と趣味を異にして世界の進運に一大刺激を与ふ可き要素」がある(20)。西洋の文明は「東洋に学ぶに非ざれば最早や発展の道」がなく、同様に東洋も「西洋の（物質）文明を学び其の科学を採用し其の芸術を修得するに非ざれば」将来の存立が覚束ない。

浮田はこうしてまず物質文明と精神文明の角度で西洋と東洋の文明を定位するが、精神文明の内容について、「東洋は国家及び家族を尊んで君主及び家長を偏重し、西洋は個人及び其の人格を尊んで国家及び家族を軽視し、共に一長一短の利弊を醸生せり、共に全体の調和を欠き健全なる発達を遂ぐる能はざるの状態に在り」とし（四頁）、東洋は西洋の人格主義、個人主義を、西洋は東洋の「家族及び国家の制度を尊重する」観念をそれぞれ受け容れ調和する必要を訴えた（五頁）。

続いて浮田はまた宗教を取り上げ、哲理面に関して東洋が西洋（キリスト教）より優れ、人格主義の面において、西洋は東洋の追随を許さないとそれぞれの特徴を指摘し、「西洋の東洋に学ぶ可き所は儒教に在り、仏教に在り、而して東洋の西洋に学ぶ可きは即ち基督教に在る」と説き（七頁）、さらに基督教の価値について次のように強調した。

> 概して東洋文明の欠点は人格の価値を軽視し其の自由権利に対する深厚の確信なきに在り。されば人格の理想を実在となし、真神となして崇拝する基督教は哲学的に云へば仏教に劣る所ありと雖ども倫理的に云へば仏教に優れり、儒教に優れる所大なりとす。

浮田はこのように東西文明融合論における、アジア精神文明中心の尊大主義傾向を警戒し、西洋の宗教および道徳思想に学ぶ必要がないとの説を、「最も迂愚なる浅見短識なり」と批判した（八頁）。

浮田の東西文明融合論には、一、道徳、倫理の融合と、二、信仰精神の融合という二側面があるといえる。前者には西洋の精神文明とされるキリスト教が育んだ人格主義の要素が強い。人格主義の立場を堅持し、人格の形成を将来世界の進運の道徳的基礎に据えたがゆえに、浮田は人格主義を育んだ西洋の精神文明を、国家的価値に偏重した東洋文明（忠君愛国）の上に位置させたと言える。この基本姿勢は、帰一協会の理想、活動にも貫かれていく。

五　帰一理想の特徴および帰一運動の接点

最後に、浮田の主張を通じて、外因（環境）の面、方法（学問）の面で帰一協会運動の特徴、および主張者たちの思想的接点を探ることにしよう。

浮田和民の帰一の諸言論から、以下三つの方法論的特徴が抽出できる。

一、国際化という世界大勢の認識である。この国際化とは、つまり文明化がもたらした世界帰一の現象で、内容は、科学、思想、宗教、社会問題、国家関係などを広く含むものであった。文明化はまた、近代化、西洋化という西洋文明からの恩恵という性質があるゆえ、西洋の精神文明――思想、文化、宗教――への深い理解および、日本の国体、国粋とナショナリズムの超克は、担い手になるための必要な条件であった。これは西洋文明に対して理解の深い国際派の知識人、活動家が帰一協会に集まった理由である。

二、単一信仰を乗り越える学問的精神である。帰一思想はまた宗教運動ではなく、信仰対象を越えた思想、宗教哲学面の帰一、学問界で展開する超宗教の原理の模索であった。この超宗教の思想境地に至らないと、同志の結合と議論の展開はそもそも不可能である。これは、帰一協会同人たちが最初に合意した方法論的基礎であった。思想、組織、信仰の統一ではなく、その中から帰一できる要素に対する学問的模索であるゆえに、思想傾向、信仰が異なる研究者を包容し、基督教的人格主義を主張する浮田和民と、儒教道徳の優越を主張する渋沢栄一、および日本の国体、教育勅語を偏愛した姉崎正治も、井上哲次郎も同じ「帰一」の旗印のもとに、結集させたと思われる。これは一般の信仰者、宗教家が到達し得ない境地であった。

三、社会性に富み、現実の生活、社会問題に目を向けることである。帰一の目標は、理想の帰一、思想の帰一、宗教精神の帰一にあるが、実際の媒介と接点は、拡大しつつ世界に共通性のある社会問題、教育問題、国際関係にあった。言い換えれば、現実の、世界化した人生と社会問題から帰一の必要を見出し、可能性を見つけたのである。信仰は人生に還元すべき性質があるゆえに、帰一の可能性と現実性が生まれたのである。信仰の社会的効用の面に目を向けたのは、また浮田の人格主義に限らず、渋沢栄一の道徳教主張、社会事業への関心、成瀬の女子教育論、ユニテリアン思想にも同じ傾向があったと言えよう。

次に帰一協会の首唱者の一人で活動家でもある成瀬仁蔵（一八五八～一九一九）の主張を見てみよう。成瀬には一九一二年渡米中、ニューヨーク「東洋評論」の求めに応じ書いた「帰一協会に就きて」の文章があり、帰一運動の起因について次のように書いている。

一、「各種の宗教、信条、乃至道徳律」に「其の根本的要訣は同一の点に帰着して居る、即ち孰れの宗教も真理の探求、精神的生活の向上を目的として居る」。

二、「各人種は相互の特性を理解し、互ひに同情し得るといふ共通の点を有して居る」。

三、対立する各国民も、「相互の誤解を除去し、親善に努めれば、他国と抵触しないで自国の福利を増進し、国民の発展を計る方途が拓かれる」。

信仰間、人種間、国家間の帰一の可能性と必要性を説き、運動の目的は世界的にこの調和を図ることであるとし、また、違う宗教、人種、国家をして世界帰一の方向に導く共通の価値は「文明の進歩、発達」と「人類全体の幸福、利益」の増進であると解釈した[21]。

成瀬は一九一三年一〇月の講演「帰一協会の使命」において、運動の目的は、近代物質文明がもたらした弊害を、「精神的生活を高調し、其の生命を発揮する」ことで解決しようとするものであり、信仰の特徴を保存しつつ「世界各国民の精神的生命」の上進に一致点と共通目的を求めようとした[22]。

ここに言う「精神的生命」とは何か。成瀬は「歴史、社会、人心を通じて現れ」、「識界の千状万態の裡に顕現せる進歩的自発力」、「又人生に深く根ざせる神の生命である」と解釈した（一八頁）。特定の、超然な宗教的価値ではなく、人類の歴史、国際社会、人生に還元した「科学」と、共通する「道徳と信仰」の原理ではないか。この価値には個人の要求、国家の欲望を乗り越える、「各国相互の利益」、「万国」共通の道徳的価値があり、成瀬はそれを宗教の原理面、真髄面に現れる「正義、誠実、感恩、奉仕、同情、慈悲愛など、根本的道義心、また驚嘆、敬畏、敬虔、崇拝、希望、向上など、人をして霊感を覚醒せしむる要素」であると見出したのであった（二四頁）。

すなわち、一、帰一の思想は世界の趨勢であること、二、帰一運動の接点は宗教を超えた信仰の原理、人類の道徳にあること、三、その目的は人生の幸福、国際生活の調和にあるとの諸主張は、上述した浮田和民の帰一の理論、特徴と同じであることが確認できよう。

次に「帰一の大勢」という文章から姉崎正治（一八七三〜一九四九）の帰一の主張を見よう。

姉崎は言う、現今世界文明の趨勢には、進取的勢力に支配されている特徴と、「凡べての事が国際的に相関聯している」という二つの特徴がある。嘗ては宗教信仰が哲学、科学、政治、法律、社会組織の根本となって人心を統一する役割を果たしていたが、いまは「世界文明の大運動」の流れに乗れず、「別の世界に蟄伏して、隠退的の生活を営んでいる」。すなわち、今日の宗教は「無益とするのみならず、有害とするに至った」。

しかし、近世文明の発達には、決して宗教を必要としないのではなく、科学の進歩につれて「それ等の新思想や新知識を統一し、その根本に横たはれる形而上的原理、又は理想を与ふるものが必要となって来た」。科学が進歩するほど、その需要が高い。

したがって割拠的旧宗教から脱化した「快活なる精神、包括的、統一的精神を有する宗教精神」が必要であり、また世界化の趨勢に応じて世界的に普及しなければならない。

今の世界では、一国の発達は「世界全体の潮流から孤立して生存し、或は進歩し得るものではない」。労働問題の如き、道徳問題の如き、教育問題の如き「如何に国民的道徳の特色を維持する必要があっても、世界の道徳思想の運動から孤立して、国民道徳を維持することは不可能である」。「斯くの如くして（中略）一面国民的の事業が益々大切になると同時に、それに倍して世界的解釈の必要が大いに増加して来た」。この場合、世界的気運の増進には、「広闊なる気分と、雄大なる理想とを懐く、宗教的信仰の力に待たなければならない」。文明の進歩に統一の根拠、指導となるべき精神的理想を提供するのは、「宗教的なもの」でなければならない。「吾々はここに帰一の理想を社会万般の事物の中より発見」したい、と。[23]

姉崎は、世界化の趨勢のなかで、科学の進歩と文明化を肯定し、また宗教的精神をもって世界文明の発達に、統一の根拠と指導となるべき精神的理想を提供する必要を説いたのであった。世界化の趨勢の認識および、社会問題――労働問題、道徳、教育問題への視野、道徳価値の普遍化は、浮田、成瀬の論に類似するが、宗教革新、再生論と超然の宗教的精神による科学、文明の統一を説く理論が特徴であった。浮田、成瀬は、信仰面統一の要素とともに、現実的人生的問題、道徳倫理面から帰一の原理を求めようとするのに対して、姉崎は宗教的精神に帰一の原理を求めようとした。

以上のように、帰一の理想と運動組織には、一、文明化、世界化の趨勢への順応認識と、二、宗教信仰からの超越、および三、人生、社会問題への視野という三つの組織原則があり、帰一協会の同人たちはみな、これに合意し結集をみたのであるが、世間からの受容は決して芳しいものではなかったようだ。三つの原則の内、一は国内の主流となるナショナリズム、国粋主義、国民道徳と衝突し、二は、各種の宗教信仰、宗教組織と水火のように相容れないためである。これらが、帰一運動は理想にとどまり、また少数の国際感覚がある知識人、宗教哲学者の枠に局限され、教育面も政治面も、当時の日本社会にあまり影響を及ぼさなかった理由ではないか。

註

（1）松田義男「浮田和民著作目録」『浮田和民研究――自由主義政治思想の展開』非売品、早稲田大学史資料センター蔵を参照。
（2）高橋原「帰一協会の理念とその行方――昭和初期の活動」『東京大学宗教学年報』第二〇号、二〇〇二年、四三、四七頁。および四九頁。本書巻末「付録」を参照。
（3）浮田和民「帰一協会の創立に就て」『太陽』（博文館、第一八巻一〇号、一九一二年七月）、九～一二頁。
（4）浮田和民「帰一の理想」『六合雑誌』一九一二年九月号、一六二～一七一頁。

（5）協会最初の議論に会名は「統一」か、「帰一」かの二種の意見があったが、自由を表す「帰一協会」にした。
（6）浮田和民「再び日米問題に就て――附　日米交換教授及び帰一協会」（『太陽』一九―八、一九一三年六月）。
（7）浮田和民「帝国主義の政策と道徳」『丁酉倫理会倫理講演集』大日本図書、一九〇五年四月、七〇頁。
（8）日本基督教の源流の一つであり、熊本洋学校でアメリカ人教師L・L・ジェーンズに感化され、一八七六年一月花岡山で誓約し基督教に導かれた信者の一団を指す。宮川経輝、金森通倫、横井時雄、小崎弘道、海老名弾正等が代表的メンバーである。後組合教会に属し、同志社を中心に活躍した。
（9）姜克實『浮田和民の思想史的研究』不二出版、二〇〇三年、五四一頁、四六〇頁、引用時取捨あり。
（10）浮田和民『倫理的帝国主義』隆文館、一九〇九年、六二九～六三〇頁。
（11）浮田和民「ダルヴィニズムと基督教」『警世』第五二号、一九〇三年三月、一一頁。
（12）浮田和民『人格と品位』広文堂書店、一九〇八年、六一七頁。
（13）浮田和民「宗教とは何ぞや」『社会と人生』北文館、一九一五年、二七九頁。
（14）前掲書浮田『人格と品位』、六三一頁。
（15）前掲書浮田『社会と人生』、二七二頁、二七七頁。
（16）境野黄洋『新仏教十年史』巻頭、新仏教同志会、一九一〇年六月。
（17）内田満「文明協会叢書と浮田和民」『早稲田政治経済学雑誌』一九九一年一二月号、三四頁。
（18）大隈重信「日本の文明」『教育時論』一九〇七年一月、一五頁。
（19）浮田和民「基督の基督教」『新人』一九〇八年一二月号、一三頁。
（20）浮田和民「原西文明の融合」『太陽』一九〇九年一二月一日号、三頁。
（21）仁科節編『成瀬先生講演集』第八、桜楓会出版部、一九三九～一九四〇年、一四四～一四五頁。
（22）仁科節編『成瀬先生講演集』第九、桜楓会出版部、一九三九～一九四〇年、一五頁。
（23）姉崎正治「帰一の大勢」『六合雑誌』一九一二年八月号、一六～二一頁。

第四章　漢学から見た帰一協会
——服部宇之吉の「儒教倫理」と日露戦後の国民道徳涵養——

町　泉寿郎

一　内務省の国民道徳涵養に関する動向

一九一二年（明治四五）二月二五、二六日、内務省は教派神道一三派・仏教五三派・キリスト教七派の宗教界の代表者に呼び掛けて、国民道徳涵養への協力を依頼する三教会同を華族会館で開催した。これを主導した床次竹二郎内務次官は、都市部における資労間の衝突、地方における地主小作の衝突など「各階層間における温情の漸次的喪失は現今の最も慮るべきこと」との認識の下、治安維持に資する国民教導には小学校の義務教育だけでなく社会教育が不可欠であり、「国民道徳の涵養は教育と宗教と相俟つて始めて全きを得べきもの」（『床次竹二郎伝』二五八頁）であると考えた。

三教会同から四ヶ月後の同年六月二〇日、帰一協会は東京・京都両帝大と同志社・早稲田大学・日本女子大学校の大学教員と渋沢や森村市左衛門ら実業家が発企人となって結成され、一般会員には床次・江木千之・阪谷芳郎・澤柳政太郎ら官吏、軍人、宗教者、実業家が名を列ねた。したがってごく大づかみに言えば、「精神界帰一ノ大勢ニ鑑ミ之ヲ研究シ之ヲ助成シ以テ堅実ナル思潮ヲ作リテ一国ノ文明ニ資スル」ことを目的に掲げる帰一協会は、内務省が中心となって推進した国民道徳涵養の目的のもとで、教育と宗教の協力のあり方を、学者の立場から検討するとともに、その内容を普及するための団体であったと推測される。

前著「三島中洲と陽明学」（『渋沢栄一は漢学とどう関わったか』一九七頁）において筆者は、「実業界を退いた栄一が社会事業にシフトし、中洲と『義利合一』『論語と算盤』で共鳴しあう時期は、経済発展と道徳涵養を国民に求めた戊申詔書発布後にあたっており、両者の共鳴は単に個人的なレベルでとらえられるべきではない」と述べた。渋沢のフィランソロピーに関する取り組みを多角的に明らかにしようとする本シリーズでは、当然、渋沢を主語としてものごとが語られることが多くなる。しかしながら、渋沢が会長を務めた中央慈善会が内務省と民間による半官半民団体であったことが示すように、渋沢のフィランソロピー活動と内務省は不可分の関係にあるように思われ、漢学振興・女子教育・宗教問題・医療養護施設・監獄環境改善・労使協調・文化財保護など一見多岐にわたる渋沢の活動も、視点を変えれば二〇世紀初頭の内務省の内政諸策にすっぽりと嵌るようにも見える。

むろん東京養育院等への渋沢の関与は明治初年に遡るものであり、二〇世紀初頭の国家政策に追随して渋沢が実業から社会事業に転換したなどと割り切れるほど事は単純ではない。ただし、従来の渋沢研究の蓄積において、経済人としての渋沢の活動に比して、彼の政界官界、特に内務省との関係の究明が必ずしも十分でないと思われる時、渋沢のフィランソロピー活動を渋沢個人だけに還元せず、渋沢と各省庁・各局・各官吏との交渉、渋沢と各種政策・各種事業との関わりや渋沢が事業に与えた影響、といった具体的な追及はあってしかるべきであると思う。例えば、水野錬太郎や井上友一と渋沢の関係である。

水野錬太郎（一八六八〜一九四九）は、一八九二年七月に帝国大学法科大学英法科を首席で卒業後、渋沢の女婿である穂積陳重教授の薦めに従って渋沢を訪ね、第一国立銀行に入行している。当時、民法とともに公布後間もない商法も法典論争がおこってその施行が課題となっており、水野は実業界からの修正意見を纏めるために設けられた商法会議所の法典調査委員会（会長渋沢）において実業家に商法・民法を逐条講義して修正意見の提出を担任した(1)。有能を認められた水野は農商務省入省を経て内務省に転じ、東京帝国大学法科大学にも出講した。歴代内相の秘書官を長く務め、神社・土木・地方の各局長を経て、原敬内相のもとで内務次官となり、原敬に心服して政友会に入党する。水野は渋沢と内務省を結ぶ太いパイプであったと考えられる。「伊藤亡き後の信頼できる政治家」（『渋沢栄一を知る事典』東京堂出版、二〇一二年）という渋沢の原敬に対する高い評価も水野を媒介したものと考えた方が理解しやすいであろう。

井上友一（一八七一～一九一九）は、水野の一年下に当たる一八九三年七月に帝国大学法科大学英法科を卒業し、内務省入省後は地方局一筋に歩み地方自治に尽くした。井上が主導した事業としては、農村復興・富国安民の象徴である二宮尊徳の五〇年記念会を契機とした報徳会設立と雑誌『斯民』の発刊がある。高い専門性を備えた能吏で、「自治に魂を吹き込んだ人」（一木喜徳郎）とも評される。東京府知事に転出した井上が渋沢も同席した会合の途中に急逝した際、渋沢は「救済事業などの関係で屢々お会ひする」「極親しい友人」であり、「事務に熱誠で計画が緻密で誠に万事行き届いた」得難い人物であったと惜しんでいる。[2] 井上の著作『楽翁と須多因』『自治要義』などは、渋沢のフィランソロピー活動を考える上で参照すべき文献であろう。

三教会同、帰一協会の四年前、一九〇八年（明治四一）一〇月一四日、平田東助内相の強い希望によって公布された戊申詔書は、内務省の内政政策上の必要から立案された。その目的は、日露戦争後の経済的疲弊と人心の荒廃（社会主義等の危険思想の蔓延）に対して、協同一致して国富増強に当たり、国民精神に国家意識を浸透させることにあった。[3] さらにこれに先立って日露戦後すぐ、水野錬太郎・井上友一ら内務省地方局を中心に推進された地方改良運動は、「戦時の非常事態をテコにして、戦後経営として国民組織の再編成をはかろうとしたもの」（『内務省史』巻一・二五九頁）であり、戊申詔書の公布後に地方改良運動は本格化した。

内務省主催の「地方改良事業講習会」によってかく呼ばれる地方改良運動（一九〇九～一三年）では、入会地など部落共有地を町村役場や神社の所有に組み入れることによって地方組織の財政基盤を強化し、また若衆組を青年会に再編して義務教育終了後の社会人に対する教化を行った。運動は、町村長・小学校長・宗教者（神官・僧侶）・篤志家が核となって（留岡幸助のいわゆる「四角同盟」）、協同一致して国家意識涵養のための活動を推進した。

重要なことは、つとに宮地正人の研究（『日露戦後政治史の研究』東京大学出版会、一九七三年）によって知られているとおり、桂園時代から原内閣時代の内政政策の過程で、近世以来の村落共同体が解体されて近代国家のための共同体に再編され、共同体の単位である人々の意識も村落共同体の構成員から国民国家の構成員のそれへと、国民の内面世界の組織化が進行したことである。

この内面世界の組織化に当たっては、神道的世界観や儒教道徳のような伝統的価値観が利用されたが、それは単なる伝統文化・伝統思想の復興ではなく、日露戦争後の内政外交問題の変化に対応した天皇制国家を支える新秩序形成を目的とした内政充実策であり、その実現のための組織づくりが行われたのである。

渋沢のフィランソロピー活動を考える上で、地方改良運動・国民道徳涵養運動との関連は軽視し得ない。渋沢自身の『論語』への言及がいかに終始一貫しているように見えようとも、渋沢の思想的立ち位置を考える場合、近世社会から連続する伝統文化・伝統思想の保護者と見るよりは、内政外交上の新たな要請に応じて伝統的価値観を再編しつつ新時代の道徳律形成にコミットしたものと考える方が、近代日本の開拓者たる渋沢の実像に近づけるはずである。

二　文部省の国民道徳涵養に関する動向

地方改良運動は、内務省と文部省が協同一致して推進した政治構造改革であった。それまで主として学校教育制度の充実に力を尽くしてきた文部省では、日清日露戦間期における教育制度整備を受けて、日露戦争後には地方改良運動と歩調を合わせつつ、義務教育の一層の浸透とともに、社会主義・個人主義などの新思潮に対抗し国民道徳涵養を目的とする通俗教育（社会教育）を視野に入れたより広範な教育政策に取り組んだ。道徳教育の支柱としては先に教育勅語（一八九〇年一〇月三〇日発布）があるわけだが、それは渙発当初から至高・不動の地位を占めたのではなく、地方改良運動による国民道徳涵養運動を通して、その権威を高めた。

周知のように教育勅語は一般の詔勅と異なり所轄大臣の副署がなく、明治天皇が直接に日本国民に下賜するという形態をとった。起草の中心にあった井上毅は、教育勅語のこうした形態について、立憲政体では「君主ハ臣民ノ良心ノ自由ニ干渉」してはならず、教育の方針を示す教育勅語は「政事上ノ命令ト区別シ」、あくまで天皇個人の「著作広告」とすべきであると考えていた(4)。政府も教育勅語を政策として実行することに積極的ではなく、教育勅語が渙発当初から国家主義教育の中核に位置づけられたとは言い難い。小俣憲明が明らかにしたように(5)、「詔」より下位の「勅」であったことや副署なしの形態をとったことは、日露戦争以前の文部省が、「具体的措置を講じてまで一般国民に教育勅語を普及させる意志はな」かったことを示すものであり、むしろ衆議院の突き上げ等の輿論を受けて次第に教育政策に組み込まれていったのである。

教育勅語の内容そのものに関しても、その守旧性・閉鎖性に対して当初から異論があり、西園寺公望は文相在任中に世界主義に基づく新勅語（案）を天皇に内奏し内諾を得ていた(6)。日清日露両戦勝や海外領土獲得といった国際秩序の変化によって、天皇と日本国民を単位とする家族国家観は動揺を来しつつあり（『教育勅語渙発の由来』一九六頁）、新時代に適合した道徳を求める声は少なくなかった。また、国家の経済発展を遂行するためには、節倹を主とする儒教的経済思想では不十分に感じられ、より積極的な実業精神涵養を求める意見もあった。

しかしながら、天皇個人の「著作広告」として渙発された以上、その内容に異論を挟むことは官民ともに困難になり、教育勅語は起草者たちの意図を超えて神聖不可侵な不磨の大典となっていった(7)。国史教科書の記述に端を発した南北朝正閏問題が第二次桂内閣に思わぬ危機を招いた如く、天皇・皇室の問題を公の場で議論することはリスクを伴うものであり、できれば回避したいという思惑が働いたのである。ただし国際協調や経済発展の必要性が減ずることはなく、時代の要請に見合う道徳律は必要であった。こうして発布された戊申詔書は、教育現場において教育勅語と並んで修身科の教材として使用され、国民道徳の淵源としての教育勅語に対して、国際情勢・国内情勢をふまえたより現実的な道徳律として教授された(8)。

政官のこうした取り組みにもかかわらず、戊申詔書の発布後も大逆事件や南北朝正閏問題のごとき「国体」の尊厳を揺るがすような事件が続き、明治天皇崩御、第一次世界大戦へと、国内外情勢は混乱の度を深めていく。特に第一次世界大戦中の欧州における社会主義革命の衝撃は大きく、戦場にならなかった日本では、戦争末期に早くも教育改革に着手した。内閣総理大臣（寺内正毅）直属の諮問機関として臨時教育会議官制が設置され、九領域にわたる改革方針が諮問・答申された（一九一七～一九年）[9]。会議の総裁は内務官僚出身で山県有朋に近い平田東助であり、時の文部大臣は報徳運動に深く関わった岡田良平である。

答申ではほぼすべての領域において国民道徳涵養が盛り込まれ、答申を受けて全面改訂された諸学校令では、第一条に従来の趣旨に加えて国体観念の涵養が謳われた。したがって、臨時教育会議の教育改革によって初めて、教育勅語がすべての教育のなかに位置づけられ、その教育方針が教育政策として具現されたといえる。

他に注目すべき点としては、小学校教育において教員の待遇改善とそのための地方財政再建が答申された[10]。帝国大学文科大学では教育学科が設置され、将来の高等学校増設に備えて大学での教員養成に配慮した。通俗教育（社会教育）では、出版物・図書館図書・博物館陳列品・講演会・音楽会・活動写真・劇場などの取締りなどが答申された。

臨時教育会議の答申のなかで、次のような「人心ノ帰嚮統一ニ関スル建議案」が提出されたことも、帰一協会との関連で注目される[11]。

一　敬神崇祖ノ念ヲ普及セシムルコト
一　法律制度ノ我カ国俗ニ副ハサルモノハ之ヲ改正スヘキコト
一　官紀ノ振粛ヲ計リ公職ニ在ル者ヲシテ其操守ヲ慎マシムルコト
一　宗教界ヲ振刷シ国家ニ貢献セシムルコト
一　我カ国固有ノ淳風美俗ヲ維持スル為メ必要ナル施設ヲナスコト

一　奢侈ヲ禁シ質実剛健ノ気風ヲ養ハシムヘキコト
一　貧富貴賤各階級間ノ融和ヲ策シ之ヲシテ相反目嫉視スルニ至ラサラシムルコト
一　講学言論ノ自由ニハ自ラ限界アル旨ヲ世ニ明ニスルコト
一　新異ヲ競フノ弊風ヲ打破スルコト
一　良書ノ刊行ヲ奨励シ出版物ノ取締ニ付厳密ノ注意ヲ怠ラサルヘキコト

この建議案は、提出後、「教育ノ効果ヲ完カラシムヘキ一般施設ニ関スル建議」という無難な題名に改めた上で可決された。教育勅語に示された教育方針がいまだ十分な効果を上げていないのは、政令や施設が「(教育勅語に謳われた) 教育ノ方針ト相協調」していないからであり、効果が上がるように諸般の施設や社会状態を改善する必要があるとする。そして次の「要目」を掲げて具体的施策を説いている。

一　国体ノ本義ヲ明徴ニシテ之ヲ中外ニ顕彰スルコト
一　我国固有ノ淳風美俗ヲ維持シ法律制度ノ之ニ副ハサルモノヲ改正スルコト
一　各国文化ノ長ヲ採ルト共ニ徒ニ之カ模倣ニ安セス独創的精神ヲ振作セシムルコト
一　建国ノ精神ニ基キ正義公道ニ依リ世界ノ大勢ニ処スルコト
一　社会ノ協調ヲ図リ一般国民ヲシテ生活ノ安定ヲ得シムルコト

このうち「国体明徴」に関しては、「帝国大学其ノ他適当ノ学校ニ於テ皇学講明ノ方針ヲ確立」する必要性を説いている。この結果、皇典講究所を起源とする國學院が専門学校から大学に昇格した。

結局のところ、臨時教育会議による諸学校規則の改定は、地方改良運動を通して構築しようとした「人心ノ帰嚮統一」の一つの解答だったのであろう。帰一協会もまた、本来、こうした「人心ノ帰嚮統一建議案」に示されているような方針の策定に資する団体として創設されたと考えられる。帰一協会における議論では、従来の教育と宗教の分離を前提としつつ、国民道徳涵養の目的のもとに教育と宗教の協力の可能性を検討した。ところが澤柳政太郎・菊地大麓・嘉納治五郎ら文部省系の官僚・学者・教育者を中心に宗教の利用への反対が多く（一九一四年一〇～一一月例会）、間もなく第一次世界大戦勃発によって「時局に対する国民の覚悟」という方向に議論が軌道修正された影響もあって、帰一協会は当初の目的から逸れて次第に方向性を見失っていき、渋沢もこれには失望を隠さなかった[12]。

臨時教育会議とその後の教育改革の方向性も、前述の「要目」に見られたように国体思想の強調を打ち出していったので、この点においても帰一協会は次第に乖離していった。

三　服部宇之吉の事績と学績

帰一協会は、評議員等の主要メンバーに見る限り、学者では私学系はキリスト教系の人物で、官学系は哲学・倫理・宗教・文学・心理学の研究者であるがいずれも西洋のそれであり、東洋思想を専門とする人物はドイツ哲学を学んで東洋哲学を開拓した井上哲次郎くらいである。こうしたなか、結成時に参加し幹事・評議員でもあった服部宇之吉は、ただ一人の「儒教」の専門家として注目に値する。「服部先生自叙」（『服部先生古稀祝賀記念論文集』所収）からその事績の概要を抄出しておこう。

服部宇之吉は、二本松藩（現福島県二本松市）の下級武士の家に生まれ、戊辰戦争の前後に両親を失い、叔父夫婦に養育された。東北戦争における二本松藩の去就について服部は、「決して朝廷に背いたのではなく、朝廷を夾んで天下に号令するものに反対した」のだと記している。二本松落城の悲劇は幼時繰り返し聞かされ、深く印象に刻まれた。

七歳で上京し、麻布小学校、いくつかの漢学塾・英学塾・数学塾、次いで共立学校に学び、一八八三年大学予備門に入り、予備門改め第一高等中学校を卒業した（一八八七年）。次いで帝国大学文科大学に入り哲学科に進学し、ブッセ、リース、フロレンツ、神田乃武、島田重礼、南摩綱紀、外山正一、元良勇次郎らに学んだ（一八八七～九〇年）。

外山文科大学長の推薦により文部省に入省し、濱尾新専門学務局長の下で勤務した。その後、島田重礼の二女繁子と結婚し、官吏よりも教職を希望して、第三高等中学校の教授となり（一八九二年）、哲学・歴史・英語を担当した。一八九四年、第三高等学校に改組するための解散業務を終えて帰京し、高等師範学校の教授となり、嘉納治五郎校長を助けて同校の拡張案（大塚移転）を作成した。また懇請されて濱尾新・外山正一両文相（一八九七～九八年）の下で秘書官となり、一時、西園寺公望文相（一八九八年）の下で視学官となった。

高等師範学校教授に復し（一八九八年九月）、さらに東京帝国大学文科大学助教授を兼ね（一八九九年五月）、文部省より漢学研究のために四年間の清国留学（うち二年はドイツ留学）を命ぜられた。北京留学中に義和団事件に遭遇し、一時籠城を余儀なくされた（一八九九年六～九月）。一旦帰国後、漢学教授法・研究法の研究のためにドイツ留学を命ぜられ、ライプツィヒ大学とベルリン大学に学んだ（一九〇〇年九月～〇二年八月）。

次いで清国政府から日本政府へ新教育建設のための協力依頼があったのを受けて、東京帝国大学文科大学教授・文学博士（一九〇二年七月）の肩書を以て、京師大学堂（北京大学前身）の速成師範館総教習として北京に赴任し、清国学生の育英に従事した。

一九〇九年一月帰国後、あらためて東京帝国大学文科大学教授に任ぜられ、一九二八年三月三一日の定年退官まで、支那哲学支那文学講座を担任した。この間、一九一五年九月より一九一六年六月までハーバード大学日本講座の教授に任ぜられて儒教を講義した。また一九二三年一一月には斎藤實朝鮮総督から委嘱されて京城帝国大学の創設委員となり、東京帝国大学教授在職のまま京城帝国大学初代総長を兼任した（一九二六年四月～二七年七月）。同時期、外務省から委嘱されて義和団事件による賠償金を原資として着手された対支文化事業に関与し、北京に人文科学研究所を開設することに尽力した。だが第二次山東出兵によって日中関係が悪化し人文科学研究所の活動が頓挫すると、国内の中国文化研究機関として東方文化研究所を創設し、一九二九年初代所長となった。

以上やや詳しくたどった通り、服部宇之吉は中国古典学者であると同時に学務行政家の性格が色濃い。学者としては、帝国大学文科大学の哲学科を卒業し、清国・ドイツに留学し、中国での豊富な学務経験を生かして、「礼学」を基礎に従来の経学にとどまらず西洋の哲学・史学・社会学の観点を導入した新しい中国哲学（支那哲学）を開拓した。服部の前にすでに東京帝国大学の中国哲学には、井上哲次郎と島田重礼による相異なる学問が存在した。哲学科における井上哲次郎の「東洋哲学史」は、日本・中国・印度を併せた東洋地域の哲学を西洋哲学と比較対照し東西の融合統一を企図した。漢学科における島田重礼の「支那哲学史」は中国古典学の立場から説く学術史であった。それらに比して、服部の中国哲学はどのような特質を持つものであったのだろうか。

服部は一面においては岳父島田重礼の中国古典学を継承して、しばしば目録学を講じ、三礼を中心に漢籍の講読・演習を行っており、この点で西洋哲学史に対する東洋哲学史を構築しようとした井上の学問とは相違がある。しかし何といっても服部の学問を特徴づけるのは、「儒教倫理」という儒教の新しいとらえ方にあると言えよう。第三高等中学校・高等師範学校・東京帝国大学を通して服部が最も長く数多く講じたのは「倫理学」「儒教倫理概論」であった。[13]公刊した著述も「儒教倫理」「東洋倫理」、あるいは「孔子教」に関するものが多い。[14]服部によれば、その「儒教倫理概論」は次のような意義を持つものであった。

予は常に斯学（漢学―筆者註）の長短と学術の本質とに鑑み、独り経学にのみ限定するを欲せず、博く哲学的、史学的、社会学的分野に渉らしめ、以て斯学の厳正精緻なる発展と後進の支那学全体に就き普遍的且徹底的学殖を積むとに資せんことを期した。（中略）大学の使命は学術の蘊奥を究め国家文徳の宣揚を図り学徒の人格を錬磨し国家有用の人材を供給するに在り。是を以て予は又儒教倫理概論を以て必ず講義中の尤も重要なるものの一と定めて、皇道に醇化せる儒教の道の真義と其客観的普遍的価値とを説き敢て倦まざりき（『儒教倫理概論』序文）。

服部の「儒教倫理概論」は儒教の本質を国体論の視点と西洋の「普遍的客観的」学知の視点から説くものだったのである。「大学の使命」以下の一文が「大学令」第一条をふまえていることが端的に示す通り、服部の主張は常にその時の文部行政の方針に寄り添うものであった。その「儒教倫理概論」は、新たに開拓された中国哲学の分野であると同時に、中等教育における漢文教育の意義・方向性を示す性格を併せ持った。文部省官吏の経験を持つ服部は、東京帝国大学教授の本務以外に、文部省から嘱託されて教員検定委員会・国語調査委員会・教科書用図書調査委員会・臨時国語調査委員会等の委員を務め、また文部省主催の中等教員向け講習会に数多く出講している。服部は井上哲次郎と並んで帝国大学教授のなかでも教育界に強い影響力を持っていたと考えられ、服部はその著作・講演等の活動を通して、国民道徳涵養に資するような漢文および倫理の教科教育の方向づけをしていったのである。

四　服部宇之吉の「儒教倫理」

服部の「儒教倫理」の内容について、さらに具体的に見ておこう。『儒教倫理概論』や『孔子教大義』など、没後に刊行された著作もあるが、ここでは帰一協会における服部の活動時期を考慮して、明治大正期に刊行された著作を中心に見ておきたい。

（1）倫理学と教育の関係

早期の著作である『倫理学』（一八九五～九九年頃刊、金港堂）において服部は、教育の究極的な目的は道徳的品性を陶冶することにあるが、完全無欠の徳操は成人君子にのみ許される境地であり、短年月の学校教育では到達しえず、徳操は究極的努力目標であり理想であるとする。従来、修身・倫理の科目は最重要とされながら、実際には論語・中庸の講義か西洋倫理の翻訳に過ぎず、先年、教育勅語は渙発されたが、あるべき倫理教育はいまだ明確でない。倫理を中心に諸学科を結びつけて、教授の統一を図るべきである。倫理学は行為の結果ではなく行為の動機を論ずるものであり、倫理学の任務は行為規範がもつ意義を説明することであるとし、倫理学を「心術的基礎論」「事実的照準論」に分けて、仁・義・誠等の儒教的徳目について論じている。

（2）儒教に関する基本的理解

帰一協会の第六・第七例会における講演「儒教の特質」[15]において服部は、原始儒教と孔子教は相異なるものであり、従来の儒教は道（道藝）と徳（徳行）が分かれていたが、孔子は道と徳を一つにした。孔子は「従来の思想に含まれる宗教的の方面は主として倫理的に解釈した」と説く。第一講では天地人の祭礼など原始儒教を宗教的な面から説明し、第二講では性・理・義・五常などを挙げて孔子教を倫理の面から説明し、全体の趣旨としては、孔子教が原始宗教的な儒教を人類の普遍的倫理に転換した点を評価する。原始儒教と孔子教の異同は、一九一一年文部省嘱託夏季講習会等の講演原稿をまとめた『東洋倫理綱要』（大日本漢文学会、一九一六年）にも見られる服部の儒教理解の基本である。だが、孔子教の普遍的倫理を表章しつつも、服部の論述は原始儒教にむしろ紙幅が費やされることもしばしばであり、「礼学」を基盤に古代の社会制度・家族制度などを開拓した服部の中国研究の特色も現われている。

なお、帰一協会における講演「儒教の特質」は、「孔子教の特質」と改題されて、『孔子及孔子教』（明治出版社、一九一七年）本論一五章のうち最長篇の第八章として収録されている。

（3）現代中国の社会・思想への批判

服部が説く原始儒教と孔子教の相異は、孔子が「天吾に命じて天下に王たらしむ」といった政治上の天命説（易姓革命）を否定し、「天吾に命じて道を教へ道を弘めし」むといった倫理上の天命を自覚したという解釈と結びついている。したがって、漢代儒者が「孔子改制」などを説くのは誤りであり、一部の現代中国学者がそれに基づいて易姓革命を説くのも誤解であると説く（帰一協会第六例会）。さらに中華民国の民主共和政体を孔子教とは相容れないものであるとし、孔子教に民主共和思想があるとする中国学者の論拠を駁している（「思想道徳の上より観たる民国の前途」『支那研究』明治出版社、一九一六年）。また「漢代の公羊学者が漢朝の秦に代はりて興りしを先天の命数に出づと為し、其存在を天意に帰せんとするの目的を以て春秋を解釈したる学説は、即ち最近革命派が取りて以て清を滅ぼし漢を興すの根拠と為さんとせるもの也。而て如上の漢儒の解釈は公羊学者の口に出づと雖も公羊学中何れの処にも之を見ることを得ず」とも述べる（「春秋公羊学と孔子」『孔子及孔子教』明治出版社、一九一七年）。同時代中国の思想家の中に信奉者が少なくなかった公羊学を一貫して批判していることが分かる。

京師大学堂在職中の服部は、フランス留学中の清国学生から社会主義・民主主義・無政府主義等の危険思想を標榜する雑誌『新世界』が大学堂宛てに送付された際、学生の目に触れないよう没収したと自ら記している（「支那人の政治思想」『支那研究』上篇）。さらに進んで服部は、中国人が新しい制度を採用する際に一般に、新たに法を外国にとると言わず、昔から中国にあったものであると説明することが多いことから、今後、西洋の政治思想を鼓吹する者が古書を援用して説くことを予想し、警鐘を鳴らしている。服部の「儒教倫理」「孔子教」に関する言説は、前もって社会主義・民主主義・無政府主義等の危険思想と中国古代思想との関係を検討して各種運動家の論拠を駁するとともに、国体論の観点から中国古代思想がはらむ問題点をあらかじめ回避、除去しようとしたものと言える。

（4）儒教と現代思潮

『儒教と現代思潮』（明治出版社、一九一八年）(16)では、第一講「儒教と民主主義」において、儒教に「主権は人民全体に在りといふ思想」は無く、天子の権威は天与のものであるから「一種の神権説」であるとし、孟子の民本主義については、「孟子と雖も人君不徳ならば何人も得て之を伐つべしと為すにあらず」と説く。第二講「儒教と功利主義」では、「功利主義は倫理学上より言へば結果論に属するものにて、行為の善悪は専ら結果によりて判断し、動機の如きは措いて之を問はず。儒教は之に反して動機論に属し、動機の善悪を以て行為の価値を判断するもの」であり、「動機論は往往動機だに善なれば則ち可なりと為して、結果を軽んずるの弊あれども、儒教は動機論に属し、而かも結果を軽んぜず」と論ずる。第三講「儒教と主観主義」では、「儒教本と純形而上学にあらず、主として倫理・政治・教育に関する教」であるから、西洋哲学のような実在論や認識論は儒教ではあまり説かないとしつつ、心について言えば儒教は主知主義かつ主意主義であり、一方に偏せず双方を兼ねて説くところに儒教の長所があるとする。第四講「儒教と個人主義」では、「儒教が高調せる道徳仁義の教は共同生活、共同責任等の観念をこそ助長すれ、個人主義的要素を含まず、又個人主義を養長するものにあらず」とする。第五講「儒教と平和主義」では、「文化を以て周囲の民族を同化し、以て自家の発展を図るは支那民族の根本主義」であり、経書に軍国思想は説かれず、儒教は基本的に平和主義である。ただし「仁を理想と説ける孔子が兵備の廃すべからざるを説」いた如く、絶対的平和主義ではないとする。

『儒教と現代思想』（国民思想涵養叢書第三編、大燈閣、一九一九年）(17)では、西洋の人文主義・科学主義が反抗精神を内包するものであると説きおこし、西洋思想の経験主義・懐疑主義・理想主義・直観主義が儒教のなかに見出されるか否かを検討する。西洋哲学の経験主義が往々に懐疑主義に陥るのに対して、程朱学が経験主義でありながら懐疑主義に陥らず理想を捉えうる点を評価する。また自由の問題を宋学における「天理の発現」と見なし、国家を否定するような極端な個人主義を牽制する。デモクラシーを「社会的精神」と解釈し、政体や国体とは関係ないものであり、孟子の「民本主義」を「国民全体の意思によって政治を為す」ことと説く。講演全体として、一通り西洋近代の価値観との比較を通して儒教の本質を説明した上で、中国の儒教と日本の儒教の相異にも言及し、易姓革命など日本の国体に合致しない点を日本儒教は採らなかったと述べる。

五　渋沢栄一と服部宇之吉の漢学振興

近代における漢文教科の沿革を単純化して言えば、明治前期の和文・漢文並立の時代から、一九〇〇年頃の「国語」教科の形成によって「国主漢従」の時代に移り、漢文は言語教育から倫理教育へとシフトする。その後、国家主義と抵触するような新思潮が台頭するとその対抗策として、第一次世界大戦の前後に漢学復興運動が盛り上がるという経緯をたどった。

北京での育英活動を終えて一九〇九年に東京帝国大学文科大学の教授となった服部宇之吉の「儒教倫理」に関する言説は、前述のように、西洋哲学・倫理学の知識や中国を含む国際情勢の変化をふまえ、国体論にも配慮しつつ、儒教の長所を説くものであった。また孔子教が原始儒教と異なるものであり、民族宗教から普遍的倫理に転換したと主張することによって、明治初期以来積み上げてきた宗教と教育との分離の問題にも対応したものになっていた。服部の「儒教倫理」に関する主張はおおむね一貫しているが、国際情勢の変化や国体論形成の過程で、その輪郭は一層明瞭になっていったように見える。

他方、渋沢と儒教、あるいは漢学については、前著『渋沢栄一は漢学とどう関わったか』においても取り組んだが、いまだ解明されていない事実も少なくない。渋沢が一九三一年（昭和六）一一月一一日に九二歳で没した時、『斯文』の追悼号（第一三巻第一二号）に、服部宇之吉が「渋沢子爵と斯文会」という一文を寄稿している。

（前略）今の牧野内大臣が文部次官であつた当時、或場合に渋沢子爵が牧野次官に聖堂を物置同然にしておくといふことは怪しからんことであるといふ小言を云はれた。牧野次官は決して故意に棄て置く訳ではないが、何分文部省の経費が足りないので止むを得ず物置同然にしてあるのである。就いては何とか御配慮に預つて聖堂を立派に保存する途を立て、戴きたいといふ話になり、渋沢子爵が之を承諾して、何とか方法をたてようと答へられた。（中略）右の如く牧野次官に答へられて、退いて当時の斯文学会をして聖堂保存の責を負せしめよう、それには斯文学会をして相当の資金を備へしめることが必要であるといふことで、阪谷男等とも相談され、文部当局との間に文書の取交せが行はれて、斯文学会が金二十万円の資金を備へたらば、聖堂の保存を同会に委託するといふ話が纏まつたのである。当時の斯文学会から差出した文書や次官よりの書面は、大正十二年の震災で烏有に帰し、今では当時の関係者の脳裏に残つてゐるに過ぎない。（中略）当時の斯文学会は老大家の集りであつたので、資金を作るといふやうな仕事は中々早くは運ばない。又渋沢子爵も色々多忙であつた為、資金を備へることが段々遅れて、久しい間、文部省との協定が実現せられるには至らなかつた。その中斯文学会の老大家は漸次凋落され、事業は停止せられるといふ状態になつた。さればとて比較的若い学者を加へて事業の作振を謀らうとも考へられない。却つて斯文学会の所有せる若干の資金を挙げて、東京帝国大学文科大学に寄附して、儒学科を設けて貰ひ度いといふ考を以て、代表者から自分に数回交渉があつた。文科大学の方では引受けても宜しいといふ内意があつたので、斯文学会の方では公式にその事を決定する為に学会関係の人々を介して相談した所が、渋沢子爵其他から反対論が起つて其事は沙汰止みとなつた。さればとてその儘では斯文学会を振興せしむべき路はないので、更始一新の方法を考へなければならなかつた。

背景を補足しよう。一八八〇年（明治一三）創設の斯文学会は、昌平黌出身の漢学者等が中核となって和漢学による教育組織「斯文黌」を設けて卒業生を出し（一八八三～八七年）、文部省による学校制度整備にともない教育機関としての位置づけを失いつつも、明治末期まで神田錦町の所有地五〇〇坪余で聴講者を集めて漢籍の講義を継続した（一八八七～一九一〇年、『斯文六十年史』斯文会、一九二九年、「第一四章　斯文学会」参照）。

渋沢が牧野伸顕文部次官（在任一八九三～九七年）に苦情を申し立てた時期、服部は高等師範学校教授の職にあり、その「附属学校及附属東京教育博物館物品出納命令ノ件ヲ委任」（「服部先生年譜」）されていたため、こうしたやりとりを知る立場にあったと思われる。東京教育博物館はもと上野にあったが、一八八九年（明治二二）に高等師範学校に隣接した湯島聖堂構内に移転して普通教育関連の教具等を一般公開しており、聖堂も陳列場に利用された（『東京教育博物館一覧』）。陳列品は西洋製品が多く、歴史ある孔子祭祀の堂宇にふさわしくなかったことは想像に難くない。

斯文学会では谷干城が会長に就任しており（一八九五年）、この時期の谷と渋沢は東京府水道鉄管問題などで交流があったので（『谷干城遺稿』上、靖献社、一九一二年、九〇三頁）、聖堂に関しても両者間で協議された可能性がある。その後、一九〇三年（明治三六）に斯文学会が社団法人化されているが、これは渋沢が関与した聖堂管理のための組織づくりとみられよう。

だが斯文学会の組織改革はほとんど進まなかったため、東京帝国大学教授となった服部に対して斯文学会側からその資産を整理して文科大学に寄附講座のような形で「儒学科」を設置したいとの相談があり、文科大学では内々にこれを了承したという。「儒学科」設置構想の時期は明証を欠くが、服部がハーバード大学での儒教の講義を終えて帰朝し、東京帝国大学教授に復帰した一九一六年六月以降、小松原英太郎前文相を斯文学会の新会長に据えた一九一七年六月までの一年間のことではあるまいか。この推測が正しければ、前述した臨時教育会議の活動時期に当たっている。

すでに中国関係の学術領域として漢学科（一八九三年〜）から支那哲学科・支那史学科・支那文学科（一九〇五年〜）に分化していた文科大学において、さらに「儒学科」を新設する意味はどこにあったのか。やはり中国研究とは異なる国民道徳涵養に資する学術領域の設置を目指したものではないだろうか。一九一八年五月八日の広島高等師範学校の徳育専攻科設置など、高等教育・師範教育における国民道徳涵養への協力の例もあることから、東京帝国大学文科大学でも同様な意向をもったとしても不思議ではない。いずれにせよ、服部から見れば、斯文学会が非力かつ無策であり、にもかかわらずその資金を用いた東京帝国大学文科大学での「儒学科」開講計画が、渋沢その他の反対によって実現できなかったことは、不本意であったと思われる[18]。

渋沢の反対理由は明確になっていないが、放置されていた幕府遺構（聖堂）の保護に民間団体（斯文学会）を活用しようとしたものを、東京帝国大学の学科増設に使うのは筋が違うと感じたとしても不思議ではない。またちょうど同じころ、一九一七年（大正六）三月、渋沢が最晩年の三島中洲から懇請されて二松學舍の経営一切に関わることになったこととも、無関係ではないかもしれない。二松學舍でもその頃、理事の一部に漢学大学設立の希望を抱くものがあったとの風聞があったからである[19]。

渋沢にとって三島の「義利合一論」は最も意に適うものであったし、渋沢と三島の道徳・経済の適合という考え方は、内務省の地方改良運動や戊申詔書の方向性とも合致するものであったと思われる。もしもの事として言えば、三島がこの時期まだ壮健であったならば、三島の創設にかかる二松學舍が漢学復興の中核を担いえたかもしれない。しかしながら、すでに頽齢の三島が一九一九年（大正八）五月一二日に九〇歳で没すると、三島家の内紛や財政問題を抱える二松學舍にはそうした機会は遂に訪れず、「漢学振興ニ関スル建議案」が帝国議会衆議院で審議可決され、大東文化学院が設立されることになる（一九二三年）。

六　渋沢栄一と服部宇之吉の儒教観

渋沢と三島の意気投合に比べて、渋沢と服部の間に儒教観の齟齬はなかったのであろうか。国体論や国際協調に配慮した服部の「孔子教」「儒教倫理」は、儒教の非宗教性を評価する渋沢の儒教観と多くの点で重なるように見えるし、斯文会などを通してその後も両者の交流が続いた。しかしながら、やはり「義利」の問題では両者に微妙な隔たりがあったように思われる。

両者の違いは「君子喩於義、小人喩於利」（『論語』里仁第四）の解釈にも表れている。服部はこの章を「喩とは心に先づ浮び出づる観念を以ていふ」とし、「小人の動機は利にあり、君子の動機は義に在り」と解釈する。前述の通り西洋の功利主義と比較して儒教が結果論でなく動機論であり、「動機論に属し、而かも結果を軽ん」じない点が優れていると説く（『儒教と現代思潮』「儒教と功利主義」）。『論語』「義利」章の解釈に動機論を持ち出すことは、「義者無所為而然（義は為にする所無くして然り）」（南宋・張南軒の言）に典型的に見られ、心のあり方を問題にする宋学の系譜に属する。ただし儒教を国体論と西洋哲学の両睨みで説く服部の「儒教倫理」の場合、単に宋学系解釈の系譜に属すると見ただけでは足りない。動機論とは、まさに中島徳蔵講師の倫理教科における課題「動機善にして悪なる行為ありや」が焦点となった一九〇二年（明治三五）の哲学館事件[20]における問題であったから、服部の議論は当然それをふまえている。

これに対して渋沢の『論語講義』（尾立惟孝著述、二松学舎出版部、一九二五年）は、基本的に三島中洲『論語講義』（明治出版社、一九一七年）の「喩-感悟発明の意」「利-私利なり」の解釈を継承して、「喩-感得の意」、「利-私慾を謂ふ」として、「進退取捨を決する」行動原理について説いた章と解釈する。三島は「義利合一論」（一八八六年）のなかで、『易経』文言伝「利者義之和也」を引いて、「利は義の結果である」と説く。過去に遡れば、室町期の清原宣賢『論語聴塵』も「子罕言利与命与仁」章（子罕第九）の注釈において『易経』を引いて利を「万物ガ宜キニシタガウテソレヽヽノ宜シイ処ヲ得ル」と解している。江戸期には伊藤仁斎・荻生徂徠ら古学派系儒者が「私欲」ではない「公益」の方向で解釈し「利」を肯定する。三島の経書解釈は、彼が学問を修めた江戸末期までに一般化していた朱子学・陽明学・古学等を取捨した折衷学に属するものであったと言える。渋沢に三島や服部ほどの専門知識が無かったことは言うまでもないが、渋沢にとって「義と利」の問題、「道徳と経済」の問題、あるいはそれを具現した「論語と算盤」の主張は、心のあり方だけではなく「経世済民」の上での結果を問題にしたので、「利は義の結果」という解釈は納得のいくものであった。

また渋沢にとって「義利」は常に「官尊民卑の打破」という問題意識とともに立ち現れてくるテーマであった。渋沢は江戸時代における儒教（ことに朱子学）普及に一定の評価をしつつも、「富貴貨殖と仁義道徳とは相容れないものであるとの誤つた思想を蔓延させた弊」（『青淵百話』「二二 論語と算盤」）があったと指摘し、学者と商工業者の間に宋学者が築いた墻《しょう》壁を取り除く必要があると主張した。そのように考える渋沢にとって、（実態としては国民道徳涵養に関する東京帝国大学側のアリバイ作りという面を拭えなかった）斯文学会資産の東京帝国大学への寄附は、儒教のより広汎な普及に必ずしも有効かつ十分な手段とは考えられなかった、そういう意味からの反対であったのではなかったか。

その後、関東大震災で焼失した聖堂を復興する際に、渋沢は「一般国民に寄附金を出させるやうに」したいと考え、小学校の生徒に一銭づつ寄附させたとも伝えられる（宇野哲人談、『斯文』五九・六〇）。幕府以来の孔子祭祀を象徴する遺構と斯文会という民間学術団体の活用方法に関して、国民的自覚を促し民意による自発的な活動となる方向を志向したのである。

帰一協会が進むはずであった可能性を考えるとき、渋沢自身の信条でもあり、「帰一」点に関する渋沢の見解でもあった「儒教倫理」において、服部は渋沢の有力なパートナーであったと目される。しかしながら、上述した聖堂・斯文学会・東京帝国大学をめぐる齟齬や儒学観の微妙な相違もあって、「儒教倫理」に関する協力関係はさほど進展しなかったように見える。単純化して言えば、服部の儒教教育が文部省の政策と一体化したものであったのに比べ、渋沢の儒教普及に関する姿勢は内務省の政策に比較的近い傾向を持ったと言えるかもしれない。

註

（1）『内務省史』巻四、八八頁、大霞会、一九七一年。および高根義人「青淵先生と法制」『竜門雑誌』第四八一号、一九二八年一〇月。

（2）渋沢栄一「井上博士と救済事業」『斯民』第一四巻第七号所収。同「友人井上君を悼む」『向上』第一三巻第七号所収。

（3）戊申詔書が持つ思想史的な意義や教育勅語との関係については、見城悌治「日露戦後社会下の戊申詔書と勤倹貯蓄」（『近代報徳思想と日本社会』ぺりかん社、二〇〇九年）を参照。

（4）一八九〇年六月二〇日付・山県有朋宛井上毅書簡、『教育勅語渙発関係資料集』巻二所収、国民精神文化研究所、一九三八—三九年。

（5）　小俣憲明『近代日本の国民像と天皇像』大阪公立大学共同出版会、二〇〇五年、六七～六八頁。

（6）　立命館大学編『西園寺公望公伝』（第二巻）、岩波書店、一九九一年。

（7）　教育勅語や天皇制に対する論評をめぐる筆禍事件については、小俣憲明「教育勅語撤回風説事件と中島徳蔵」『人文学報』第六七号、一九九〇年、参照。「井上哲次郎『勅語衍義』自序への批判」、「尾崎行雄文相の辞任」、「江原素六演説への批判」、「中島徳蔵の修身教科書起草委員辞任」が挙例されている。

（8）　「教育に関する勅語を骨子となし、両両相待ちて我が国道徳の由来と淵源とを生徒の脳裏に徹底せしめ、且世界の大勢と国運の将来とに省み、時代に適切にして健全なる教授に努められんことを望む」、井上哲次郎・藤井健治郎『戊申詔書述義』目黒書店、一九一二年、例言。

（9）　『臨時教育会議要覧』国立国会図書館所蔵、一九一九年、参照。

（10）　小学校教諭の待遇改善は井上友一の発案によるものであった（『井上明府遺稿』近江匡男、一九二〇年）。

（11）　一九一八年一〇月九日建議。提出者は早川千吉郎・北條時敬・平沼騏一郎、賛成者は山川健次郎・澤柳政太郎・小松原英太郎・江木千之・井上友一であった。前掲『臨時教育会議要覧』一七五～一九四頁。

（12）　「実際やつて見ると仲々容易な事でない。それで私は少くとも自分一身丈でも、身を持するに過ちたくないと云ふ考に縮んで仕舞つた。然らばとて一旦組織したものを止める訳には行かない次第である。幸に姉崎正治氏が種々世話をして、今では宗教的団体でもなく、学問的研究の会でもなく、単に一種の相談会として存在してゐる始末で、私も滅多に顔を出さない。」『雨夜譚会談話筆記』（下）五五四～五六三頁、『渋沢栄一伝記資料』第四六巻、四一三頁所引。

（13）　『服部先生古稀祝賀記念論文集』所収「服部先生講義及著述目録」によれば、東京帝国大学教授時代（一九〇九～二八年）の講義題目の内訳は、多い順に「儒教倫理概論」が七回、「目録学」が四回、「経学史」が三回、「上代支那哲学史」が二回、「経子解題」が二回である。

（14）　単行された服部宇之吉の著作中、「儒教倫理」「孔子教」に関するものは各種講演会における講演原稿、または速記をもとに起稿したものが多い。東京帝国大学における「儒教倫理概論」の講義がこれらの単行著作の内容と同一であったかどうかは、なお検討の余地がある。

（15）　一九一三年（大正二）二月六日と同三月七日における講演。『帰一協会会報』第二号、一九一三年七月所収。

（16）　一九一八年八月一日～六日に東京帝国大学文科大学で開かれた公開講座を刊行したもの。

（17）　清明会は勝海舟の遺跡保存のための清明文庫設立を事業目的の一に掲げた団体で、渋沢栄一も顧問を務めた。仏教講座・儒教講座、神道国史・政道法制の講座を継続開催し、他に修養会・国民思想涵養講習会を通じて国民教化に務めた。講座は聴衆四〇〜六〇人程度の規模であったが、講習会は聴衆五〇〇人程度の大規模なものであった。服部以外の「国民思想涵養叢書」は、第一編・澤柳政太郎「亜細亜主義」、第二編・溝部洋六（海軍中佐）「国防の本義」、第四編・佐藤鐵太郎（海軍中将）「日本の国体美」、第五編・丸山鶴吉（内務省救護課長）「救護事業の現状」、第六編・箕作元八「世界の大勢」、第七編・本多日生「仏教と理想的文明」。社会人向けの国民思想涵養講習会の講演を刊行したもので、叢書巻頭に掲げられた「国民思想涵養講習会の趣意」の要旨は次の通り。欧州大戦が終息し、日本が五大国の一として今後益々人類文化に貢献しなければならない現在、国民の自覚を促し人心の帰嚮を正すことは緊要の課題である。そのために、建国以来三千年の文化の正統を体系的に発揮して従来の固陋狭隘を戒め、欧米思潮を採択するには国状に照らして軽佻を避け、固陋と軽佻を脱しつつ、戦後世界の大勢を知らしめ、国防の本義を明らかにし、亜細亜民族の覚醒を促し、労働問題の進路や救護事業の概要を説明し、儒教と仏教の現代思想との関係を解説する、とする。

(18)　ただし、東京帝国大学文科大学への寄附講座「儒学科」増設案は、文科大学関係者にしてみれば施設増強のための一案件以上の意味を持つものではなかったと思われる。『東洋文化学会会報』第二号、一九二二年九月の事業報告に、「斯文会の計画は基金集りたる上は、大学に儒学の講座を寄附して人材養成の便を開くと、将来有為の学生に補給せんとするの案は無きにあらざるも、別に大規模の研究機関教育機関の完成を期せんとする案は始より之れ無かりしなり」とあるのが参考になる。

(19)　『東洋文化学会会報』第二号、一九二二年九月。尾花清編『大東文化学院創立過程基本資料』所収、大東文化大学人文科学研究所、二〇〇五年、八一頁。

(20)　ムイアヘッド原著／桑木厳翼訳『倫理学』（冨山房、一八九七年）のテキストを用いた中島徳蔵の倫理科の授業内容に関して、文部省の隈本有尚視学官が疑義を抱き、それまで哲学館卒業生に与えられていた無試験検定の資格が剝奪された事件。文部省・中島・桑木ら事件関係者だけでなく、その他の学者・言論人を巻き込んで議論が沸騰した。

第五章　「精神界」の統一をめざして
——渋沢栄一の挑戦——

見城　悌治

一　実業界引退後の渋沢栄一の課題

一九〇九年、「古稀」を迎えた渋沢栄一（一八四〇〜一九三一）は、第一銀行頭取などの一部の職を除き、六〇余りの企業の相談役・監査役等を退いた。さらに、一九一六年、数え年七七歳の「喜寿」に当たり、第一銀行からも離れ、実業界から完全に身を引く。同年一〇月の第一銀行頭取引退披露における渋沢の挨拶は次のようなものであった。

今日隠退する私の心から申しますると、（中略）私は物質的の関係はこの際に御免を蒙るとも、精神界の事については余命短しというとも、一層微力を尽して見たいと思います。（中略）今日の実業界は、物質は大いに進んだが、精神が同じく随伴したかと申すと、あるいは疑点なきを得ざるの感があります。（中略）満堂の諸君においては、どうぞ未来の物質界を進めると同時に、精神界にも注意せられ、両者併せ進むことに御精励あらんことをくれぐれも懇願してやまぬのであります。[1]

一九〇九年の「古稀」以降、公益的な事業に力を割きつつあった渋沢は、一九一六年以降は、さらにそうした方面にシフトし、「物質的の関係」から「精神界の事」に、一層「力を尽して」いくことを宣言したのである。[2]

一九一二年六月二〇日に発足した帰一協会も、渋沢にとっては、自らのそうした発想を具現化させる存在のひとつであったと筆者は考えている。そこで、本章では、渋沢栄一がこの帰一協会に期待したものを、他の帰一協会同人との異同に触れつつ、一九一〇～二〇年代の渋沢の公益的活動、フィランソロピーのなかに位置づけし直すことを目的としたい。

二　渋沢栄一の「統一的宗教」にかかる見解

(1) 渋沢邸での会合とその波紋

一九一二年四月一一日、「現代思潮界改善之方法」[3]を講ずるため、七名の知識人（井上哲次郎、中島力造、成瀬仁蔵、浮田和民、上田敏、姉崎正治、シドニー・ギューリック）が、飛鳥山の渋沢邸に集まった。[4] 後にこれが、「帰一協会第一回準備会」と位置づけられていくのだが、その場で、渋沢は以下のような発言をしている。

> 現今の我が日本に於ける諸種の宗教信仰・道徳思想が雑然として、人心の帰着に迷ふ事が甚だ多いのであるが、吾人は此の状態に甘んずべきか、之に対して何等かの救済策はないであらうか。

渋沢がそう考えるに至ったのは、「十数年《ママ》前に、ドイツの或る学者《ママ》」から、質問を浴びせられた経験によるという。たとえば、明治維新後、国家統一が速やかに進んだ原因はなぜか、との問いかけに対し、渋沢は「皇室が国家の中心たる事と儒教の道徳が一般人心を支配して大義名分を明かにして居る」ためと答えた。しかし、将来的にはどうなるかには、大きな不安が残る。自分は儒教があれば充分だと思っているが、他の人たちはどうか。「仏耶（仏教とキリスト教─筆者註）何れも棄て難き点はあるけれども、時勢の変遷に応じて、人心に真の帰着を与ふる勢力」をどのように求めたらよいか等を、渋沢は列席者に問いかけたという。これに対し、皆がそれぞれ意見を述べた後、「現代の文明は、東西両洋の間に距離を減じたると共に、社会諸種の活動、文明の要素たる宗教道徳・経済・教育・政治等も、相接し来れるを以て、此等の趨勢に鑑みて、特に信仰理想の根本的一致を明にする必要ありとの大体の趣旨を明らかにし」て、散会したとされる[5]。

ここで渋沢がキーマンとして挙げたドイツ人は、学者ではなく、実は「抄紙事業」に関わる「尋常の工業者」であった。かつ、面談した年次も三〇年前の一八八一年であったことが、別の史料から確認できる[6]。一八八一年であれば、自由民権運動の最高揚期であった。その時期に渋沢が抱いた「一般人心」への不安が、「帰一協会準備会」で再び語られたとすれば、一九一〇年代初頭が再び思想的な危機であると渋沢が捉えていた証左とも言えよう。

渋沢邸で、「現代思潮界改善之方法」を話し合う会合が開かれた四月一一日から一ヶ月あまり前の二月二五日には、内務次官床次竹二郎の主導で、仏教、キリスト教、神道（教派神道）関係者が集められた「三教会同」が実施されていた[7]。帰一協会は、四月からの準備会を経た上、六月二〇日に正式に発足するのだが、メディアの一部は、帰一協会が「三教会同の焼き直しではないか」と批判する記事を掲載した。たとえば、新聞『二六新報』は、「三教合同《（ママ）》計画失敗に終りしに拘はらず、今又帰一協会なる者起れり。帰一は取りも直さず、合同を意味すれば、前者の変身なりとも見られざるに非ず[8]」と酷評した。『万朝報』も、「三教会同の幽霊」というタイトルの下、「三教会同の失敗に懲りざる一部の御用策士は、何がなして、会同の実を挙げ、政府の意を迎へんが為め、寄々運動を試みしが、各宗は到底一宗として之に参加するを肯んぜざるべきを以て、新たに実業家の方面を開拓せんとし、富豪中、稍や精神的事業を解する渋沢、森村の二氏を説付け（会を発足させたもの―筆者註）、其の実は一派の御用学者が、富豪、実業家、宗教者を一団とし、以って三教会同失敗の尻拭を試みん窮策なり」云々[9]。

つまり、帰一協会発足は、宗教の「合同」を再び企図せんとする無謀な試みである、との批判が存在していたことを確認できるのである。

渋沢栄一が準備会（四月）で行った発言は、確かにそう読み取れるところもあった。さらに、「三教会同」実施に先立つ二月一三日にも、「宗教」をめぐり、次のような見解を述べていたとされる。「世に所謂信仰も其の極端なるものになると、動もすれば迷信に陥りて、或は奇蹟を唱へ、或は淫祠を祀るやうになるは一般世俗の風習である。而して余は年来斯の如き愚昧の仕方を直し度いと思」っていた。「余は一般に宗教といふものに対して疑念を挟み、今日の如き宗教にて、真の信仰を繋ぐに足るものであるか、君子賢人もこれに依って安心立命を得らるるか。例へば、現在の儒教、仏教、耶蘇教等あらゆる宗教の長所を折衷綜合したる、統一的の一大宗教は出来ぬものであらうか[10]」云々。

こうした渋沢の意向の開陳が、四月一一日の準備会、六月二〇日の正式発足を経る過程で、メディアからの批判を含む様々な波紋を呼び起こしていくのである。

（2）渋沢栄一の真意

ところが、発足した帰一協会自体は、必ずしも「統一的な一大宗教」を作ることを主たる課題として、議論を進めていった訳ではなかった。たしかに創設メンバーの一人・成瀬仁蔵などは「新宗教をつくりたい」との志向を持ち、「宗教統一」を構想していたと言われる（後述）。しかし、そうした考えに対し、仏教思想家・大内青巒は、「『そんな突飛な事が出来るものでない』（中略）と嘲弄的に反駁し[11]」、「宗教統一は昔からいつも出た問題だが、之は旨く出来れば、帰一宗と云ふのが出来て了ふ。さうなると本来の意志に反する[12]」という見解を併せ述べたという。さらに、ある人士が会合で、「『帰一しないといふ事だけ帰一している』と冷やかし半分の言を弄した」ため、渋沢は「多少憤慨の御句（ママ）調で、もっと真面目に考へてほしい」との不満を漏らしたとも伝えられる[13]。

帰一協会発足時の「宗教」をめぐる議論について、渋沢は晩年にこう回顧している。「私自身は初めから宗教に頼らず、孔子の教えを以て、是れなれば足ると堅く信じて居た。（中略）森村（市左衛門―筆者註）氏は私と違って、儒教主義に拠らず、初め仏教にしようか、基督に頼ろうかと迷って居た。そして、私の説を聞いて、『貴方の説は尤もであるが、単に人道は斯うだと云ったのみでは頼りない。アーメンとか南無妙法蓮華教とかを唱へて初《(ママ)》めて信仰が堅まる』と云った。併し私は太鼓を叩いてお題目を唱へる気持ちにはどうしてもなれない。申さば、志士仁人はそんな盲目的に唯々信ずると云ふことは出来ないのである」[14]云々。また「特に成瀬（仁蔵―筆者註）氏は、新宗教をつくり度い考で、孔子教と云ふ名称までも云い出した程であったが、宗教を組織する事は仲々の事で、到底我々の仕事でない。そこで、西洋のコンコーディアをとって来て帰一協会を組織した。併し実際やってみると是亦容易な事ではない[15]」と気づいたと言うのだ。

つまり、「孔子の教えを以て、是れなれば足る」と考えていた渋沢自身の立場は、「現代思潮界」全体を改善するために、たとえば、宗教を統一するという選択が可能なのか否かを有識者で協議したいと、問い掛けてみたのが事実に近かったのではないか。

ここで、渋沢自身が有していた「宗教」観の特質について、帰一協会の中心メンバーの一人・姉崎正治の解釈を見ておこう。姉崎は、東京帝大に宗教学講座が一九〇五年に創設された際、初代教授に就いた学者であったが、渋沢の死後に、こう語っている。

人心感化についての青淵翁のお考は、やはり徳川時代の儒教風に、「上の徳は風、民の徳は草」といふ様に、先達者が良い教えを立てて、之を民に与へるといふ傾向があった様に思はれる。他方、諸宗教が異を立てるには随分非理の点はあるにしても、又特殊の主張には其々の力があるといふ点については、我々宗教を研究して、その生活力を見る者の見る所と、青淵翁の「民を率る」といふ考との間に、幾分かの距離がとれなかった。「信仰の問題は、只他人を率るといふだけでなく、他人と信を共にし、生死を共にするといふ力でなければならぬ」とは、自分が時に応じて進言した所である。[16]

ここに見るように、近代的学知に基づく「宗教学」の専門家として、人々の「生活」、「信」、「生死」に即して考えようとする姉崎と、「宗教」に惑溺しない「志士仁人」が民を導くべきと考えた渋沢との間には大きな認識の相違があったことは、確認しておくべきであろう。[17]

しかしながら、相違や懸隔があったからと言って、帰一協会自身がただちに空中分解してしまった訳ではない。帰一協会が挑戦しようとした課題は、「統一的宗教」云々に限定されず、さらに広範なものにも定められていたためである。

三　第一次世界大戦期前後における渋沢栄一の「精神界」への働きかけ

(1) 帰一協会例会における渋沢の提題

日露戦後から第一次世界大戦期にかけては、社会主義や労働運動などへの対応が、当局者にとって喫緊の課題となっていた。そのために、国民意識の統合を図ることを目的とした井上哲次郎による「国民道徳論」の鼓吹、また三教会同の実施など、道徳や宗教による人心の統一が試みられようとする状況があった。[18]

まさしくそうした渦中で、「本会の目的は、精神界帰一の大勢に鑑み、これを研究し、これを助成し、もって堅実なる思想を作りて、一国の文明に資するにあり」（規約第一条）と謳い、結成されたのが、帰一協会であった。しかし、諸メディアから「三教会同」と同様の目的を持つ良からぬ動きという視線に晒されていたことは先に触れた通りである。

ここで、改めて帰一協会の設立「趣旨」（巻末の「付録」に全文を収録）を確認すると、この団体の役割と方向性については、「先づ国内の精神的統一を図り、（中略）漸次外国の同志をも合同せんことを企図す。その事業方法に至りては、先づ会合集議の中心を作り、研鑽討論の機関を設け、出版講演の方面にも一着一歩を占め、終には国際的運動に資せむとす」との戦略が打ち出され、「要するに、此の団結は、諸の国民の間に、精神的問題に関する共同の運動を起し、以て世界文明の将来に資せんとすることを目的[19]」とすると明言されていた。そして、その目的を果たすため、①信仰問題、②風教問題、③社会・経済・政治問題（精神的方面を中心に）、④国際ならびに人道問題について、順次議論をしていくことが表明されることになる。

発起メンバーの一人であった渋沢栄一の志向もそれに重なるものであり、「統一的大宗教」に拘泥し続けた訳ではなかった。たとえば、一九一四年三月の帰一協会例会で、渋沢は、「一　経済と道徳とは一致するや。二　道徳現象のみは何故にこれ進歩遅れたるや。三　教育は果して何程迄人の性格を改善し得るや[20]」の三つの課題を列席者に示している。一点目については「（私は）仁義道徳と生産殖利とが全く一致して居るものと確信しております。（中略）全く一致するのが真理であって、其の真理に踏み迷ふのは、斯る処に過誤があるのであるとか、又さうでないとか、諸君の教に依って、十分明らかにしたい」。二点目は「道徳といふものも、世が進み文明が向上するに随って、更に良い方に進化しさうなものであるが、どうも道徳の進化は、他の動物の進化と同様に行かないのは、どういふものであるか。但し《（ママ）》は果して同様に進化して居るのか、これも私が大に疑を置て居る点であります」。三つ目は「常に疑問として居るのは、教育修養といふものが、人の性情本質に対し、どれ程の効果を及ぼすものであるかという問題であります[21]」と補足し、それぞれに十分な議論を尽くしてほしいと投げかけたのである。

この発題に対しては、井上哲次郎が、経済と道徳についての孔子の考えは「若し万一両立しない時には、道徳を取って経済を捨てるという考えであった」と補足し、また中島力造は「決して実業道徳は退歩したと思はぬ。（中略）産業の方法が変って来ただけに、それに準ずる道徳実行の方法を改めて行くならば、必ず道徳も進んで来たと思はるる様になると思ふ[22]」とそれぞれコメントを行った。さらに翌四月の例会でも、吉田静致、中島力造、江原素六が渋沢提出の問題についての見解を述べている。そして、爾後少なくとも一一月例会までは、道徳や宗教を主題とする講演会と討論が行われ続けたのである（「付録」二　帰一協会例会での講演者一覧を参照）。

次いで、渋沢は、一九一五年三月に「時局に対する国民の覚悟」と題する講演を行った際に、次のような見解を述べている。「今日の世界はまだ文明の足らない」状態にある。弱肉強食を主張するのではなく、「飽く迄も、己れの欲せざる処は、人にも施さずして、東洋流の道徳を進め、弥増しに平和を継続して、各国の幸福を進めていきたいと思う。（中略）世界各国協約して、なるべく王道によって進んで行くことが出来ようと思う。もしもこれに反して、益々覇道を進めて行くならば、常に相呑噬するの外はない。（中略）全国民の希望がかくありたいということを、この際、帰一協会より発表して、自然他を感化せしめて、いわゆる輿論を作る道を講ずることは出来まいか（中略）道徳は何処までも長く人の守るべきものであるが、ただ国際間にそれが行はれないといふのは、実に情けない話であります。何としても国際上には必ず仁義道徳は応用し得ないものであるか、それは主治者が王道を知らぬからである」云々。[23]

なお、渋沢が、世界の「平和」や「幸福」にかかる持論を展開する中で、「王道」「覇道」の語を用いたことには注目しておきたい。すなわち、一九二四年一一月に孫文（一八六六〜一九二五）が神戸で行った「大亜細亜主義演説」が、同じ文言を用いて、日本政府の動きを牽制したことはよく知られているが、その一〇年前に、渋沢は同じ比喩で、世界の「平和」について語っていたのである。つまり、渋沢にとっての帰一協会とは、日本国内にとどまらぬ、世界を視野に入れた「道徳」のあり方を模索する「場」でもあった事は記憶されて良いだろう。

さらに、一九二二年の三月の例会では、渋沢の発議により、「どうも此頃の人心状態・社会気風が、あらゆる方面で真面目でないやうに思はれるが、事実どうであらうか。仮にその通りだとすれば、その原因はどこにあり、対策をどうすべきか」という側面、すなわち「現代気風調査事項」として、①「政治・法制・組織上の問題」、②「経済問題と精神状態との聯関」、③「風俗・道徳・教育に関する問題」、④「宗教及精神生活」の四つの大項目を、それぞれ六から一〇の具体的項目を挙げ、検討をする由が提案されていたことも加えておきたい。[24]

(2) 第一次世界大戦期における渋沢栄一の課題と現実

本章冒頭で、渋沢栄一が、一九一六年に第一銀行頭取を退いた際の演説を見たが、渋沢はその二年後の一九一八年にも同種の発言をしている。すなわち、「七七歳の時を以て実業界を隠退したる後は、専心精神界のために微力を尽くさむとす。而して最後の努力として、三つの問題に就て、貢献せむと欲するものあり。即ち、第一は商業道徳、第二は資本と労働、第三は貧富の関係に就て、其の調和を期せむとする」云々。[25]

この三つの課題のうち、「商業道徳」については、「論語と算盤論」の鼓吹がそのひとつに当たるだろう。渋沢が、両者を結びつける考えを獲得したのは、古稀（一九〇九年）の際、某氏から寄贈された画幅の意味を、三島中洲が解説してくれたことが発端であったとされる。[26]『論語と算盤』の題名を冠した著作の発刊は、一九一六年であった。さらに、一九一七年『処世論語』一九二二年『実験論語処世談』、一九二五年には『論語講義』と立て続けに発刊し、論語を社会に活かすこと（処世）を提唱していく。[27]

それ以外の「道徳」鼓吹活動をめぐっては、かつての「主君」であった徳川慶喜（一八三七〜一九一三）の名誉回復を企図とした『徳川慶喜公伝』を「渋沢栄一著」として一九一八年に発刊していることも重要である。この事業は、渋沢にとって、二〇年来の宿願であったが、渋沢は「自序」において、「公が国難を一身に引受けられ、終始一貫してその生涯を終わられた偉大なる精神は、実に万世の儀表であり、また大なる犠牲的観念の権化であると思う。さすれば（略）この御伝記が百年千年の後までも、日本の人心を針砭刺戟して、国民の精神に偉大なる感化を与えるようになろうと思う」と述べ、渋沢にとっての発刊目的が、歴史書の編纂公表というより、まさに「精神界」への感化に置かれていたかの位置づけをしていた。[28]

第二、第三の課題とされた「資本と労働」および「貧富問題の調和」については、一九一九年に発足した「協調会」に関わったことが、その具現となるだろう。協調会の会長は徳川家達（貴族院議長）であったが、渋沢は大岡育造（衆議院議長）・清浦奎吾（枢密院議長）とともに副会長の要職に就いた。渋沢は、当初「とかく資本家の陥りやすい偏見は、賃金を与えれば主人であり、これを受ければ家来であるというような封建的観念であ」ると資本家側への批判をなしつつも、「労働の根本意義は社会奉仕である。社会の必要とする物資を生産して社会に貢献する。これをなすには資本と労働と協力しなければならない。（中略）この正当なる思想から十分の節制と訓練とにより労働組合を組織して（中略）資本家との協調を保って行くように努めねばならぬ[29]」と、労働者側にも「協調」を求める態度を示した。

しかし、現実としては、労働運動の側からは、こうした考えに厳しい批判が浴びせられることになる。すなわち、友愛会のリーダー鈴木文治による「協調会の基金はみな富豪資本家の醵出するところである。協調会はあくまでも公平無私の態度を以て、労資の問題に臨むというけれども、基金を資本家に仰いで、果して公平性が保持されるものかどうか。（中略）果してしからば、これ労働問題と慈善救済の問題とを混同するものである。（中略）要するに大正の今日、協調会の如きものの誕生は時代遅れの甚しいものである。今日労働問題の解決に、立法的手段を避けて道徳的説法を以てせんとするは、あまりに人を愚にした語である[30]」等が、その典型であった。

渋沢は一九二七年に、「労資問題に就ては感想どころではない。何うしてよいか、今も尚困って居る。私は意見は云へるが、是非は云へない。両者の争も今の処絶えるとは一寸考へられない」との嘆息を残しているが、それが、この問題に対する渋沢の最晩年の認識であった[31]。

以上、渋沢が、実業界引退後に取り組むことを宣言した「精神界」への尽力のうち、少なくとも、第二、第三の課題については、「解決」の糸口を見出す事は難しかった。しかし、「精神界」に尽くそうとした渋沢の一連の活動と帰一協会にかかわる活動とが、まさに同時に展開したことは、世界大戦期前後において、渋沢が挑戦しようとした課題の所在を確認することができるだろう。

四　帰一協会と渋沢栄一の挑戦

（1）帰一協会の試みは「失敗」であったか

「帰一協会」については、「統一的宗教を目指した」とのイメージが先行し、それに関わる批判を受けたことを先に見てきた。渋沢に即して見ると、帰一協会発足前の二月に語ったとされる談話の中にも、「各宗教を合同統一したる大宗教は起らぬであらうかと祈念して居た。（中略）これは果して空想か、それとも実理か」の言葉が確かにあった。[32]

しかし、この間の渋沢の書簡や日記に、この団体設立に関し、常に「宗教」の語が踊っていた訳ではなかった。たとえば、一九一二年三月四日の渋沢書簡では、「現代思潮界改善之方法」のため、「諸大家」に会同してほしい、と書かれていた。[33]また、三月二三日付け日記は、「思想界ニ関スル学者連ノ会同ヲ開催」とあり、実際に学者連を集めた四月一一日の日記では「思想界ノ改善」のための討論と談話とあった。一方、四月二九日の日記では、「成瀬仁蔵氏来リ、宗教統一ノ事ニ付テ種々ノ協議ヲ為ス」とあり、ここでは「宗教統一」の語を確認できる。[34]

ここまで見てきたように、渋沢にとっての「宗教」概念とは、「精神界」や「道徳」とほぼ同じ範疇の中にあり、その理解において、たとえば「宗教統一」という語が用いられたのではないかと、筆者は考えている。[35]

一九二八年一月二四日に開かれた帰一協会例会では、久しぶりに、渋沢が演台に立ち、「帰一協会の目的についての所感」という講演を行った。

「帰一協会も既に、設立されてから、十数年を経過した。その沿革もはつきり記憶しなくなつた程である。此の帰一協会が出来る以前から、道徳的、精神的な会合をつくり度いと、漠然と望んでゐた。（中略）かく会が成立して、よりより集つたが、別に特別なよい考へもなく私も、御無沙汰勝ちになつて仕舞つた。併し、これは寧ろ、為さゞるには非るなり、能はざるなり、である。こうして切角出来た会であるから、今更、止めるのも残念である。何かよい機会が来るであらうと、気の永い話しではあるけれども、待つてゐる様なわけである。私も、自身も一寸帰一論を持つてゐる。それは、道徳と経済との帰一論である。そんな事も段々この会で考へて戴いたらと考へてゐる」云々[36]。かくのごとき談話で、ここには、「宗教（統一）」の語は、すでに見えない。

また、この日の例会前に行われた渋沢への聞き取り会で、帰一協会について尋ねられた渋沢は、「実際やってみると是亦容易な事ではない。私は一々会に出て研究する事も出来ず、それかと云って一旦作った会を止める訳にも行かず、時々会に出て話をする位に過ぎない。之は誠に首尾不徹底な事で、人から非難を受けても致方ない次第である（一月一七日）[37]」、あるいは「少くとも自分一身丈でも、身を持するに過ちたくないと云ふ考に縮んで仕舞つた。然らばとて一旦組織したものを止める訳には行かない次第である。幸に姉崎正治氏が種々世話をして、今では宗教的団体でもなく、学問的研究の会でもなく、単に一種の相談会として存在してゐる始末で、私も滅多に顔を出さない（一月二四日）[38]」ときわめて消極的な総括をしている。この一連の証言も、「帰一協会という試みは失敗に終った」という評価に棹差すものであった。

しかしながら、渋沢自身の帰一協会をめぐる晩年の総括がそうであったからと言って、すべての活動が無意味であったと断言するのは忽卒であろう。

（2）公益活動・国際関係への広がり

ここまで、何度も引用した史料に『青淵百話』（一九一二年）中の「統一的大宗教」がある。帰一協会発足前の二月一三日の談話とされるが、その中に以下のような文が含まれている。

「平和論は政治上より行はれ、言語統一の説も学者社会に依りて考へらるゝの時代となつた。平和も其の極に達すれば互に国家を設けて相争うたりすることは無くなり、遂には全世界を打つて一団とせねばならぬ。又言語も人種の変れる如く異つて居るのは黄金世界ではない。何時かは彼の学者一輩に依つて研究されつゝあるエスペラントも、世界語となるの時代が来るかも知れぬ。斯の如く考ふれば、何時か宗教も一色となり、何人にも信仰を持ち得るの時代が来ぬとも言はれぬ。これは果して空想か、それとも実理か(39)」。

つまり、帰一協会の設立前後のごく早い時期に、渋沢は、世界の「平和」、また言語や宗教が統一される日が来るかもしれないとの「空想」論を語っていたのである。

渋沢は、一九二一年の竜門社春季総会講演でも、帰一協会創設の背景に、次のような考えがあったことを明らかにしている。「人類の将来を考へたならば、耶蘇も孔子も釈迦も何も彼も失くなつて、所謂世界の万有を保持すると云ふやうな一つの信ずべきものが成立つて来はしないか、余り空想の議論のやうであるけれども、どうも真に世界の平和を求めるならば、此処に望みを置くのが、マルで空想でもなからう、人類としてさう云ふ考を起すのは間違つた訳ではなからうと云ふ、先づ空論家が相集つて、甚だしきは宗教を一にしようと、所謂帰一論を唱へたやうな訳であつたのです(40)」。

「人類の将来」のため、「宗教を一」にする、あるいは「世界の平和」を求めるため、たとえそれが「空論」であっても「帰一」を目指す議論を重ねようとした姿勢がここにもあった。

帰一協会の例会でも、講師陣が「世界平和」、国際関係にかかる見解を積極的に開陳していることを確認できる。たとえば、一九一四年一〇月例会では、菊地大麓（一八五五～一九一七）が「教育と宗教的信念の関係」を講じたことを受けた添田寿一（一八六四～一九二九）が、「私は宗教家自身も、国民の信用を得る様に改善すべきであると思ふ。（中略）尚ほ忠君愛国の説き方の如きも、大に改善しなければならぬと思ふ。国民中、朝鮮人台湾人等をも包含せる以上、又今後更に範囲の拡大すべき以上、日本人自身が封建的精神、島国民的気風を脱却して世界的にならなければならぬ(41)」のような世界大戦期に見合った思想を模索しようとする発言をしている。

さらに、一九二一年の七月例会では、内ケ崎作三郎（一八七七～一九四七）が、「日本は島国である。支那は大陸で、朝鮮は半島で、矢張り人情性質異る。それなのに徒らに島国文明を押しつけ様とするのは大なる誤りで、日本の排斥される原因も茲にある（中略）日本は東洋の文化的使命をつくす様にすべきものである、日本は支那・朝鮮方面により多くの研究生を派し、接近し融和する必要があると思ふ。帰一協会の如きは此の点にて活動する必要あると思ふ」[42]と述べた。ここで内ケ崎は、中国や朝鮮に対する文化貢献に人材を投入する事が、日本の役割であると強調し、それに帰一協会の果たすべき役割があると列席者に訴えていたのである。

渋沢栄一が世を去った後の一九三三年、姉崎正治が著した渋沢追悼文には、「青淵翁の労資協調其他多くの社会事業に尽されたのも、翁の儒教主義から出た帰一努力の一面だと信じている」との一節がある。この時代における労資問題解決は、いかんせん困難であったが、渋沢がその「協調」に挑もうとしたことは確かであった。姉崎は続けて、「帰一協会の趣意は、通常いふ意味の宗教だけでなく、異なる国々、民族、階級、人種などについても、同様清算の役目を勤め、此れに依て、人類文化の将来に対して、人心の根柢から共同和衷の精神に進みたいといふを目標とするに努めた」という総括を行っている。[43]

帰一協会の活動に即して言えば、創設直後、成瀬仁蔵が渡米し、知人に諮った結果、一九一二年一一月には「米国帰一協会」が組織されていた。[44] また一九一四年春から、「Concord and Cooperation between Classes, Nations, Races,《ママ》 and Religions」の文字を入れた便箋を外国との連絡用に使うようになっていた。[45] この標語には、帰一協会の理想が明確に示されていたと言えるだろう。

姉崎は別の追悼文のなかで、渋沢が関わった公益事業の「国際方面の追憶として、国際連盟協会」があるとした上で、「私から見ると、此も帰一協会の精神の派生の様に考へられる」[46]と断じ、一九二〇年に渋沢などが中心となって創設した国際連盟協会も、帰一協会の延長線上にあったと姉崎は見るのであった。

渋沢が、米国の「排日移民政策」是正などを目的とする「国民外交」[47]を展開することで、「異なる国々、民族、階級、人種」の「帰一」を目指そうとしたことは確かであった。一九一九年二月の演説では、「今度の戦争が何ぜ起ったかと云へば、詰り英吉利と独逸の経済戦争が先づ一番主眼ではないか（中略）唯物質文明だけを以て、世界の平和を期待することは出来ぬであらう。本当に平和たらしめるには、矢張り個人個人の道徳が進み、其道徳が国体に及ぼし、弱い者は強い者に圧迫せられると云ふ観念が世界の人類から取去られなければ、真正なる国際連盟は遂げる事は出来ない[48]」と語っていたが、こうしたある意味で素朴、ある意味で理想論的な渋沢の考えは、帰一協会創設時に出していた「統一的大宗教」の発想と変わるものではなかった。

帰一協会は、一九一〇年代から一九二〇年代にかけ、知識人たちが日本国内や国際社会での安定やそれを促進する方法について議論しようとした「場」であった。そこで、各々は理想と現実、また思惑の違いや距離感を理解・認識することになる。渋沢もその例外ではない。同時代の「精神界の事」に「力を尽」す媒体の一つとして、帰一協会を考えていた渋沢は、そこに拠って彼なりの解答を出そうとした。しかし、「世界大戦」勃発という国際環境、また労資問題の激化のような国内環境が激変するなか、「帰一」は容易ならざるものであることを各人が認識していくことになる。しかし、議論する「場」がなければ、そうした理解に至ることもできなかった。帰一協会の存在意義の一つはそこにあったと言えるのではないだろうか。別の言い方をすれば、帰一協会は、渋沢栄一たちにとっての「挑戦」であり、それは「未完」であったと考えられよう。

註

（1）　渋沢栄一「実業界引退披露会において」『竜門雑誌』第三四四号、一九一七年、『伝記資料』第五〇巻、一四五頁。

（2）　見城悌治「大正期における渋沢栄一の思想面での活動」『渋沢研究』第二八号、二〇一六年。

（3）　一九一二年三月四日付の渋沢書簡によれば、「成瀬仁蔵氏より御協議申上候現代思潮界改善之方法ニ付てハ、老生輩専門外の者ニハ別而良案も無之候得共、亦以而忽諸ニ付すべからさる要件と存候間、此際賢台始諸大家之御会同を請ふて、充分御講究相成候様仕り度」云々とある（「帰一協会記事　一」『伝記資料』第四六巻、四〇六頁）。この書簡に従えば、「現代思潮界改善之方法」を講じたいとしたのは、成瀬であったことになる。なお、この書簡の宛先は、資料中に明記されていないが、三月一一日に渋沢邸に集った人士に宛てたものであろう。

（4）姉崎正治の回想（一九三八年）によれば、「明治四十四年九月から飛鳥山邸に渋沢子爵・森村市左衛門・中島力造・浮田和民・井上哲次郎の諸氏、それに私が加はり、日本精神道徳論一般に就き今後如何にすべきかと云ふ主題で種々討論をした」とされ、半年ほど前から、後の正式メンバーとなる人士の間で議論が開始されていたことが分かる（「姉崎正治談話筆記――帰一協会今昔談」一九三八年五月七日の聞き取り『伝記資料』第四六巻、四一五頁）。

（5）『帰一協会会報』第一号、一九一三年、『伝記資料』第四六巻、四〇七～四〇八頁。

（6）この逸話を、渋沢は複数の講演（回想）で繰り返し語っているが、そのたびに問答した時期の説明が異なっている。筆者が確認できた最も古い史料は、渋沢栄一「竜門社諸子に告く（青淵先生演説）」『竜門雑誌』第五九号、一八九三年、（『伝記資料』第二六巻、一五三頁）であり、そこでは「明治十四年」と明記されていることから、この年の出来事と理解しておきたい。

当該資料は左の通りである。

「明治十四年に於て、小子は独逸人某氏と面晤せし事あり、蓋某氏は先是抄紙事業の為めに米国に赴きし時、王子製紙会社より製紙法研究として派遣したる社員と相識るに因り、我邦を経て帰国の途次、同社員の紹介を以て面会したる所なり、而して某氏は尋常の工業者にして深く学識あるにもあらず、又哲理家・宗教家にもあらざりしか。大に我邦の哲理上に感ずる所ありて、乃ち小子に質疑して曰く（略）儒道仏法は今尚拡張して已まさるか。其固有の美風良俗は永遠存有して廃滅せざる者と為すか。恐くは漸次衰却するを免かれざるべし。若し今の時に当り、旧時の教育に代り、別に新教法を養ひ、民心を覊束する者の興らさるよりは、弊害漸く生し悪俗随て成」る状態になるのではないか、と尋ねられたという。なお、この文章の末尾には、ドイツ人某氏は、「フリンスとか申す」「三十ばかりの人」、「同行したのは大川平三郎氏」と加えられている。

（7）本書第二章を参照。

（8）『二六新報』一九一二年六月二四日。

（9）「三教会同の幽霊」『万朝報』一九一二年六月二四日。

（10）この史料は、一九一二年六月二六日に、同文館から発刊された『青淵百話』乾巻、五一頁に、「七　統一的大宗教」として収められ、文末には「二月一三日談」と付記されたものである。なお、『伝記資料』第四六巻が四二〇頁に収録する『青淵百話』は、何故か、一九一三年八月刊の「三版」を出典としているが、記載されている内容は、「初版」と同一であった。

（11）往時を振り返った渋沢の発言による（「雨夜譚会談話筆記」一九二八年一月二四日、『伝記資料』第四六巻、四一三頁）。

（12）姉崎の後年の回顧による。前掲「姉崎正治談話筆記」、『伝記資料』第四六巻、四一六頁。

（13）服部宇之吉の回顧による。「帰一協会催故渋沢子爵追憶談話会」一九三一年一一月二四日、『竜門雑誌』第五一九号、一九三一年、

『伝記資料』第四六巻、七二二頁。

(14)「雨夜譚会談話筆記」一九二八年一月二四日、『伝記資料』第四六巻、四一二～四一三頁。

(15)「雨夜譚会談話筆記」一九二八年一月一七日、『伝記資料』第四六巻、四一二頁。

(16)姉崎正治「青淵翁と宗教問題」『龍門雑誌』第五四二号、一九三三年、『伝記資料』第四六巻、七二九頁。

(17)姉崎は別の回顧では、渋沢の考えは「社会の先導者たるべき人が集まって議論すると、必ず立派なものが出来るだらう。色々のものから精髄を引き抜き、これを以て衆を率いればよからう、と言ふのでした」と、違った表現で同じことを語っている（姉崎「帰一協会催故渋沢子爵追憶談話会」一九三二年一一月二四日、『竜門雑誌』第五一九号、一九三一年、『伝記資料』第四六巻、七一八頁）。

(18)本書第二章および第四章を参照。また、井上哲次郎の「国民道徳論」については、見城悌治「井上哲次郎による『国民道徳概論』改訂作業とその意味」『人文研究（千葉大学）』第三七号、二〇〇八年を参照のこと。

(19)「趣旨（帰一協会）」、『伝記資料』第四六巻、四三〇、四三二頁。

(20)「帰一協会記事　一」三月例会、一九一四年三月、『伝記資料』第四六巻、四九八頁。

(21)渋沢栄一「経済・道徳及び教育に関する疑問」『帰一協会会報』第六号、一九一五年一一月、『伝記資料』第四六巻、五〇三～五〇五頁。

(22)「右に関する諸氏の批評」同前書、五〇八、五〇九頁。

(23)渋沢「時局に対する国民の覚悟」『竜門雑誌』第三二八号、一九一五年、『伝記資料』第四六巻、五八五～五八六頁。

(24)『現代気風調査事項に関する報告』一九一二年、『伝記資料』第四六巻、六五九～六六一頁。

(25)渋沢栄一「物質精神併進論」『竜門雑誌』第三六五号、一九一八年、『伝記資料』第三一巻、六一五頁。

(26)町泉寿郎編『渋沢栄一は漢学とどう関わったか』ミネルヴァ書房、二〇一七年。また、見城悌治『渋沢栄一――「経済」と道徳のあいだ』日本経済評論社、二〇〇八年。

(27)近代日本における論語評価と渋沢の関係については、桐原健真「『論語講義』再考」（前掲書、町編『渋沢栄一は漢学とどう関わったか』）を参照。

(28)見城悌治「渋沢栄一による歴史人物評伝出版とその思想」見城他編『近代東アジアの経済倫理とその実践』日本経済評論社、二〇〇九年。

(29)渋沢栄一「労働問題解決の根本義」『社会政策時報』一九二〇年九月号。

(30)友愛会機関誌『労働及産業』一九一九年九月号、巻頭論文。

(31)「雨夜譚会談話筆記第一八回」一九二七年一二月二〇日、『伝記資料』別巻第五、六四六頁。
(32) 前掲、渋沢『青淵百話』五八頁。註(10)で記したが、『伝記資料』四六巻、四二三頁に収められているのは同書の第三版による。
(33) 前掲「帰一協会記事一」。
(34) 以上はすべて、『伝記資料』第四六巻、「第七款　帰一協会」四〇六頁、からの引用である。
(35) 本書第一〇章で、山口輝臣は当初「宗教統一」という方向性が打ち出された背景には、成瀬仁蔵の強い意向（醸し出し）があったのではないかという推測をしている。
(36) 渋沢栄一「帰一協会の目的についての所感」、「帰一協会記事　六」、『伝記資料』第四六巻、六八八頁。
(37)「雨夜譚会談話筆記」一九二八年一月一七日、『伝記資料』第四六巻、四一二頁。
(38)「雨夜譚会談話筆記」一九二八年一月二四日、『伝記資料』第四六巻、四一三頁。
(39) 前掲、渋沢『青淵百話』五八〜五九頁、『伝記資料』第四六巻、四二三頁。
(40) 渋沢「利弊相伴を警む」『竜門雑誌』第五五九号、一九三五年、『伝記資料』第四六巻、六五三頁。
(41) 菊地大麓講演に対する添田寿一の所感、『帰一協会会報』第六号、一九一五年一一月、『伝記資料』第四六巻、五五七頁。
(42) 内ケ崎作三郎「戦後の欧米・支那・朝鮮の眼に映ずる日本」「帰一協会記事　四」、『伝記資料』第四六巻、六五一〜六五二頁。内ケ崎は、当時、早稲田大学教授（一九二四年には、衆院議員当選）で、一九二〇年から一年あまり米国、欧州各国、中国、朝鮮で講演を百二十余回も行ってきた所感を例会でスピーチした。
(43) 前掲、姉崎「青淵翁と宗教問題」七三〇頁。
(44) 本書第七・八章を参照。
(45) 前掲「姉崎正治談話筆記」、『伝記資料』第四六巻、四一六頁。
(46) 姉崎の回顧。前掲「帰一協会催故渋沢子爵追憶談話会」、『伝記資料』第四六巻、七二一頁。
(47) 片桐庸夫『民間交流のパイオニア・渋沢栄一の国民外交』藤原書店、二〇一三年。また、本書第六章も参照のこと。
(48)「添田博士送別午餐会・渋沢男爵演説」『東京商業会議所報』第一一号、一九一九年、『伝記資料』第四六巻、六三七頁。

コラム1

シドニー・L・ギューリック

是澤博昭

「帰一協会」での出会い

今から九〇年前の一九二七年（昭和二）、約一二〇〇〇体の「友情の人形」(Friendship-Doll)、いわゆる「青い目の人形」が、米国の子どもたちから日本へ贈られ、日本国内で熱狂的に歓迎されたことがきっかけとなり、日米の子どもたちによる人形を通した親善交流へと発展する。

その提唱者がシドニー・L・ギューリック（一八六〇〜一九四五）であり、その実現に貢献したのが渋沢栄一であった。彼らの目的は国家という枠を超えて、子どものうちから互いの文化や生活への理解を深めることで、世界平和の夢を未来に託すことであった。これは当時移民問題で悪化した日米間の世論の改善を目指した民間人による大規模な国際文化交流であり、その担い手としての民間人の役割が重視され始めた今日、先駆的な事例が数多く含まれている。

その渋沢とギューリック、彼らの出会いが「帰一協会」であったことは意外と知られていない。

渋沢とギューリック

ギューリックは、米国最初の超教派的な外国伝道団体であるアメリカン・ボードの宣教師として、一八八八（明治二一）年から熊本で活動を始め、各地を伝道する。一時帰国を含みながら一九一三年（大正二）まで日本に滞在し、一九〇六年（明治三九）からは同志社大学神学部で教鞭をとっている。流暢で正確な日本語を話したギューリックは、演説では日本人以上の話しぶりで、顔を見ずに聞いていると日本人が話しているのか、と思うくらいであった。さらに文法的には、下手な日本人が日本語をしゃべるより正確であった、という。

英語を理解しない渋沢にとって、彼は気軽にコミュニケーションをとることのできる米国の知識人であり、その一途で純粋な人柄とあわせて、渋沢の国民外交における大切なパートナーの一人であった。

「帰一協会」準備会——白熱する議論

二人の出会いが資料的に確認できるのは、渋沢邸で行われた「帰一協会」の第一回準備会が最も早い。ただしその前年に、すでに二人は京都で会っていたようだ。後年ギューリックは、「進歩的で、理想主義的な愛国者の小さな集まりを通して渋沢と初めて会った」と回想するが、それに当たり「日本女子大学校長の成瀬仁蔵が、京都までその設立趣旨を説明に来た」、と述べている。

この「小さな集まり」が「帰一協会」であることは間違いない。確かにその前年の一九一一年（明治四四）五月一四日から二二日まで、同会設立の主要メンバーであった成瀬と渋沢、森村市左衛門等は、日本女子大学校の拡張資金募集のための関西旅行をしている。五月二一日、渋沢が同志社で講演を行っているので、先の回想を重ね合わせると、この時ギューリックと渋沢は面識を得た、と推測される。時に、渋沢七二歳、ギューリック五二歳であった。

翌年四月一一日、「帰一協会」第一回目の準備会出席のためにギューリックはわざわざ京都から上京している。同会の出席者は、彼と渋沢の他、井上哲次郎・中島力造・成瀬仁蔵・浮田和民・上田敏・姉崎正治であった。出席者は一四時渋沢邸に集合、「思想の改善について」種々の討議をした後、庭園での散歩・夕食をはさみ、再び談話を継続する。散会は二二時という八時間にもおよぶ長い会合であった。

ギューリックには刺激な会合であったらしく、その一週間後に渋沢に送られた礼状には、「議論は多方面」にわたり、異なる「意見思想数多く発表」され「近来になき趣味深き有益の半日」であった、という趣旨が述べられている。さらに手紙には、準備会の席で論じきれなかったことがあり、それを補いたい、ともしたためている。

すなわち、宗教・倫理・社会的理想へ青年を導くことの必要性は日本も西洋も基本的には問題を共有しており、そのためにはキリスト教は必要である、と断った上で、井上哲次郎との意見の相違は、キリスト者としては興味深いものがあった。特に、キリスト教には仏教のような「隠微なる哲学」がないという井上からの批判に対する自分の見解とともに、キリスト教こそ井上がもとめる「万国宗教なりと信じ」る、という自論を展開している。

ただ準備会の席で、議論が佳境に入ると、ギューリックは興奮のあまり、おもわず英語を使ったらしく、そのことを渋沢に詫びるなど、この手紙から第一回準備会の議論が白熱していたことがわかる。後年（一九四〇年）の井上も「同志社大学の教師をして居たシドニー・ギューリックと云う人も（帰一協会に）入つて来た。この人は毎会大分意見を述べた」、と回想している。

設立当初の主要メンバー

二人の付き合いが、「帰一協会」から始まったことは、渋沢の次の発言からも分かる。

（前略）例せば先年我国精神界の帰一を計らんとし

て設立せられし帰一協会においても、余は原田校長及びギューリック博士等と一昨年来親しく事を共にしつつあり。殊に博士の如きは学殖深く識見博く、正に是れ精神界の一雄と称すべし。（『竜門雑誌』第三一四号）

六月二〇日の「帰一協会」設立まで、四月一一日、五月一三日、三〇日の計三回の準備会が開かれているが、全出席は、井上・成瀬・姉崎とギューリックの四名であった。

渋沢は、第一回準備会で、現在日本には色々な宗教や道徳が入り混じり、どこに心を落ち着けてよいか迷うことが多い。それと同じように「東西両洋文明の関係」がギクシャクするのも、「単に国際問題」だけではなく、「此の辺に関係」があるのではないか、と挨拶している。

これに答えるかのようにギューリックは、第二回準備会の席で、次のように述べる。

自分はキリスト教宣教師として日本にいる目的は、「キリスト教信者たる人格の生命を世に知らしむる」ことであり、「東洋の宗教にも此の如き感化と人格の生命を作り出す力ある」人物とは喜んで連携する。その意味で多様な人材が集まる「帰一協会」は「実に有利である」。

そして発起人一一名のなかに名を連ね、一二月六日の第四例会では「宗教之活力的要素」として講演するなど、ギューリックは「帰一協会」設立当初の主要メンバーとして、精力的に活動しているのである。

「帰一協会」からはじまる絆

しかし同会設立の翌年の一九一三年（大正二）六月、病気療養のために一時帰国したギューリックを待っていたのは、カリフォルニア州を中心とする日本人移民排斥問題であった。彼は再来日する意志を持ちながら、米国内の排日意識の高まりに驚き、日米関係改善運動に次第にのめり込み、日米関係委員会などを通して渋沢との連携を深めていく。

日本滞在中はごく短期間の接触であり、あまり深いともいえなかった彼らの関係は、むしろギューリックの帰国後に、日本人移民排斥問題を通して深まる。しかし排日移民法の成立阻止や同法の改正運動に失敗するなど、挫折を繰り返す。さらに渋沢を支える米国内の親日家からも批判されたギューリックは、四面楚歌に陥り、政治運動から身を引かざるを得なくなる。もはや彼に残された道は、文化的・人種的な偏見を取り除くための教育運動だけであった。それが未来の子どもに日米親善の夢を託す日米人形交流へと結実するのである。

今日国際社会は、グローバル化がすすむ一方で、移民問題などにゆれている。国と国との対立を越え、人と人との交流を目指した、渋沢とギューリックの足跡には、現代との何らかの接点を見出すことができるのではないだろうか。そして彼らの出会いが、思想界の統一を夢見た「帰一協会」であったことは、何か示唆的である。

参考文献
渋沢青淵記念財団竜門社編『渋沢栄一伝記資料』第三四、四六巻。
Gulick, Sidney L. "CHAPTER XIII Impressions of Foreign Freiends" in Kyugoro Obata, *An Interpretation of the Life of Viscount Shibusawa,* The Viscount Shibusawa Memorial Foundation, INC, 1937.
中嶌邦「帰一協会小考（二）—その初期の活動を中心に」『日本女子大学紀要』文学部三七、一九八七年。
是澤博昭『青い目の人形と近代日本』世織書房、二〇一〇年。

コラム2

森村市左衛門

木村昌人

帰一協会の発足時に、渋沢栄一と両輪のようにその運営を支えた実業家が森村市左衛門(一八三九〜一九一九)であった。森村は森村組の設立を振り出しに、モリムラ・ブラザーズ、日本陶器、日本碍子、森村銀行を束ねる陶器業の海外展開を中心とする森村財閥を創設した財界人である。他方、近代日本の研究・教育事業への寄付活動には必ず名を連ねる人物でもある。こうした経歴を持つ森村と帰一協会との関わりを見てみよう。

森村は、帰一協会設立時に評議員・会員に名を連ね、多額の寄付を行った。一九一四年(大正三)の寄付金資料によれば、渋沢の五万円に次いで四万円の寄付をしており、他の会員と比較するとこの二人は群を抜いている。しかしその後森村は、評議員会には参加しているものの、渋沢のように例会で講演したことはない。一九一四年五月四日、米国帰一協会代表のハーバード大学名誉教授フランシス・ピーボディの来日の際、祝辞を述べている程度で、例会にはあまり参加していない。七代目森村開作が語っているように、六代目市左衛門が帰一協会の内容については何も論じていないため、彼が帰一協会の活動やそこでの議論に対して、どのような考えを持っていたかは明らかでない。

そこで本コラムでは、資料の制約をふまえつつも、なぜ森村が帰一協会の活動に関心を持ち、評議員として多額の寄付をしたのかについて、主に『渋沢栄一伝記資料』に基づき、以下四つの視点から分析を試みる。

知米派の海外貿易推進者――ナショナリズムとコスモポリタリズム

まず、森村は、実業家として一貫して推進した海外貿易を通じて、二〇世紀末の欧米、特に米国社会のナショナリズムとコスモポリタリズムの葛藤を肌で感じ、帰一協会に何らかの解決策を求めていたと考えられる。

森村市左衛門は、徳川時代末期、江戸の武具商人に生まれた。幼少の頃より病弱だった森村は、他家での丁稚奉公の辛い経験から、意志を強く持つことこそ人生を成功に導くと体得したという。六代目として家業を継いだ森村は、中津藩に出入りし、福沢諭吉の知己を得た。幕末に開港地横浜で貿易の将来性に着目していた森村は、福沢の貿易論や独立自尊の精神に感化され、政府の援助に頼らず、直貿易による対米貿易を中心に据え、日本の通商拡大を促進した。彼自身は満足な教育を受けることができなかったが、海外貿易に携わるためには学問が必要と考え、弟の豊《とよ》と息子の明六を慶應義塾で学ばせた。一八七六年（明治九）豊は、米国商法研修生として、新井領一郎（のちに生糸の直輸出で活躍）らとともに渡米した。ニューヨークのビジネスカレッジで実務を学んだ豊は、マンハッタン六番街でモリムラ・ブラザーズの店を構え、日本製雑貨品の販売を開始した。この店が森村組の米国拠点となり、後に村井保固《やすかた》など学卒社員が加わると、陶器の卸売りに特化した。名古屋市則武村にある工場から輸出された陶器は、米国の洋食器市場での競争に勝ち抜き、ノリタケブランドとして米国での地位をゆるぎないものとした。

市左衛門も一八八〇年（明治一三）に初めて米国を訪れ、一八八九年（明治二二）さらに一九〇六年（明治三九）と欧米を再訪し、パリ万国博覧会、陶磁器メーカー、百貨店などを視察した。三度の外遊は、森村の世界観に大きな影響を及ぼした。まず米国に対して森村は二つの相反する評価を下した。高い評価を与えたのは、米国人、特に実業家の多くが自主独立の精神を持ち、リスクを怖がらず新しいビジネスに挑戦していることと、キリスト教の信仰に基づく強い信念と道徳心があることであった。他方、ニューヨークにはびこる拝金主義を痛烈に批判した。金もうけやつまらない名声、贅沢など自分の利益を増やし欲望を満たすために働いている人々は、利益を得るためには、人を押しのけ、計略にかけ、だますような薄情者や欲ばりだとまで酷評している。森村はその原因はあまりに忙しく、人間本来の魂がなくなり、宗教（キリスト教）から離れたことと観察していた。

森村は二〇世紀転換期の世界のなかに、二つの潮流を見てとっていた。ひとつはナショナリズムの高揚である。欧米各国は国民の統合を図るため、あらゆる方面から愛国心を高めようと努力していた。一方で一国の枠組みを超えて世界平和を考えるコスモポリタニズムの動きが起こっている。国際赤十字運動、エスペラント語の普及、国際商業会議所の創設など様々な試みである。

ところが五大国の一角を占めるようになったにもかかわらず、多くの日本商人は一時の大戦景気にかまけて、目先の利益だけに夢中になり喜んでいるが、世界の隅々まで目配りしていない。米国では政府、富豪、学者が一体となり、研究を進め、その結果、中国貿易で大きな発展をし、日本は後れをとるのではないかと心配している。

生涯一貫して海外貿易の促進を通じて日本の国力の増強に尽力してきた森村は、結局国民が主人なので、国民は政府のすることをよく見守って、最もよい方向へ進ませるようにしなければならないと語っていた。こうした森村は、帰一協会での知識人の真摯な議論は広く国民に知らしめる必要性があり、実業家として当然支援すべきと考えたのであろう。

宗教と必要性と道徳の向上

第二は森村の宗教重視の姿勢が、帰一協会の目標に関心を持った理由として考えられる。帰一協会の目指すところは宗教や道徳の統一という点であった。日本人の宗教を広め、国民に信念を持たせる必要があると考えた森村は、もともと熱心な仏教徒で、高野山に寄進を行うほどであった。しかし、のちに仏教は生きた宗教とは思えず、最も嫌いであったキリスト教を研究するようになった。自分が求めていたものをキリスト教のなかに見出した森村は、一九一三年（大正二）にキリスト教に入信、一七年（大正六）には好地百太郎から洗礼を受けた。

森村はキリスト教徒になったものの排他的にはならなかった。彼は、仏教もキリスト教も最後の目的は同じで、人生を向上させ、理想的な社会をつくらせるという共通した精神があることを理解して、その根底を宗教に据えておかなければならない、と語っている。しかし渋沢の思想的な基盤であった儒教については森村は言及していない。

森村豊明会――研究・教育への支援

帰一協会へ寄付した第三の理由は、森村がすでに研究教育事業に海外貿易で上げた利益を寄付していたことであった。森村の寄付活動に大きな影響を与えたのは、森村自身の米国訪問と在米社員からの米国実業家のフィランソロピー活動に関する情報であった。熾烈なビジネス競争を勝ち抜き世界有数の金持ちになったカーネギーやロックフェラーが、若い時からキリスト教の教えに従い寄付を続けていたことや一九一一年にカーネギー財団、二年後にはロックフェラー財団が相次いで民間財団として創設され、科学技術や教育の支援に莫大な資金を投じたことに感銘を受けた。

森村がフィランソロピー活動を本格的に始めるきっかけは、豊と明六が一八九九年に相次ぎ若死にしたことであった。社会のために貢献したいとの希望を持っていた豊や明六の遺志を継ぎ、一九〇一年に二人の名前を入れて、森村豊明会を創設し、一九一三年（大正二）には日本初の民間財団法人となった。米国の鉄道王スタンフォードが一〇代の子息を失ったことから、私立大学を設立、教育事業の経営に乗り出し、今日全米での有数の私立大学に発展しているが、その動機は森村と同じといえよう。

豊明会が最も力を入れたのは日本女子大学校への支援であった。成瀬仁蔵の影響により、女子教育の必要性を痛感した森村は、一九〇三年に三万円を同校に寄付し、次いで、女子寮を建て寄贈した。その後も同校教育学部の創設などのために寄付を続けた。市左衛門以外にも森村組からは大倉孫兵衛、村井保固が、豊と一緒に渡米した新井領一郎などが寄付している。このほか森村学園の設立と運営や、森村と親しかった大隈重信が創設した早稲田大学、福沢諭吉の慶應義塾などに豊明会を通じて寄付を行っている。

成瀬仁蔵と渋沢栄一との信頼関係

帰一協会と関わった最後のそして最も大きな要因は、森村の成瀬と渋沢との信頼関係であろう。帰一協会の立ち上げに熱心であった成瀬仁蔵と森村の関係は日本女子大学校の設立や寄付を通じて前述したので、森村と渋沢の関係に焦点を当てよう。森村が初めて渋沢と知り合うようになったのは、森村によれば一八七四年（明治七）渋沢が主唱して創設された東京会議所の三〇名の議員に選ばれた時という。渋沢の記憶によれば、二人が親しくなったのは、森村が日本銀行監事を務めていた一八九一年（明治二四）～九二年（明治二五）頃であった。二人はともに国家社会のために事業を行い、私利をむさぼることを嫌うという共通点があったため、相手に対する評価はすこぶる良い。

渋沢は森村を、独立自尊の精神をいかなる時にも貫き、国に頼らず、学問以上に道義を修め、独立自尊を報じて、一生涯これを実際に行った人として、「義人信仰に生く」とまで称賛している。一方森村も、渋沢を義侠心があり親切で面倒見がよい実業界の指導者ということで高く評価している。

両者の寄付活動には共通する点が多いが相違点もある。たとえば、桂太郎首相が主導する恩賜財団済生会に対して、渋沢は徳川家達のもとで実質的な資金集めを行ったが、森村はいっさい寄付をしていない。それは官主導に反発したことと、桂太郎を嫌っていたためであった。

一九一九年森村は八〇歳で没した。第一次世界大戦により国際社会も日本も大きく変わろうとするなかで、森村は帰一協会をどのように評価し、さらに何を期待したのであろうか。

参考文献

森村市左衛門述、井上泰岳編『独立自営』実業之日本社、一九一二年。
若宮卯之助『森村翁言行録』大倉書店、一九二九年。
森村市左衛門「青淵先生と私の父」『竜門雑誌』第五三〇号、一九三二年、『渋沢栄一伝記資料』第四六巻、一九六二年。
財団法人森村豊明会『㊍の礎　新訂版』財団法人森村豊明会、一九九六年。
大森一宏『森村市左衛門――通商立国日本の担い手』日本経済評論社、二〇〇八年。

第Ⅱ部　グローバル化のなかの帰一協会

第六章　澤柳政太郎のアジア主義
――帰一協会講演録を中心に――

酒井　一臣

一　澤柳政太郎と帰一協会

帰一協会は、一九一二年に設立され一九四二年まで続くが、その活動が盛んであったのは、設立から第一次世界大戦前後の時期である。宗教の社会的役割に関心の強い著名人の交流を図ることを目的とした組織であったが、実業家の渋沢栄一をはじめ、財界・官界・学界から参加した会員も多かった。

本章では、帰一協会の会員であった教育家の澤柳政太郎のアジア主義に関する論考を手がかりに、帰一協会の活動の背景にあった、第一次世界大戦前後の日本の国際認識の一端を明らかにしたい。

澤柳政太郎は、一八六五年（慶應元）、現在の長野県松本市で松本藩の下級藩士の家に生まれた[1]。幼少より優秀だった政太郎は、東京大学文学部哲学科を卒業し、文部官僚となった。各地の中学・高等学校の校長を歴任し、文部省普通学務局長を経て、一九〇六年には文部次官となった。その後も、東北帝国大学初代総長、京都帝国大学総長に就任し、一九一六年には自らの教育理念を活かすため私立成城中学を創設した。一九二五年と二七年には、第一回・第二回の太平洋問題調査会に出席するなど国際的な活躍もしたが、一九二七年（昭和二）の海外旅行中に猩紅熱に罹患し、帰国後死去した。

澤柳は、帰一協会の当初からの会員であった。澤柳は、学生時代に真言宗の雲照律師と出会い大きな影響を受けたこともあり、生涯、宗教問題に深い関心を抱いていた。よって、帰一協会に文部官僚の澤柳が参加してもとりたてて違和感はなかったといえる。[2] 帰一協会の目標は、「商工業の利害より生ずる国際の競争、移住殖民より起る人種感情の紛糾等、亦其の勢を加へ、為めに、往々にして人類の平和を破り、融和を害」している国際情勢にあって、「信仰理想の上に於て、東西相理解し同情と尊敬とを以て、相交わるの気運を促進する」ことにあった。[3] すなわち、グローバル化の進む世界にあって、東西文明の相互理解を図ることが目指されたのである。こうした発想は、大隈重信の東西文明調和論に代表されるように、第一次世界大戦前後にもりあがりをみせた議論であった。相互理解や帰一と表現されるが、それは、圧倒的であった西洋文明に対し、東洋文明の意義を明らかにしようとする気運と結びついたもので、日露戦争に勝利し、第一次世界大戦で「大国」意識をもつようになった日本の自信に裏打ちされたものであった。西洋文明を絶対的な基準とする「文明国標準」意識を相対化し、東洋もしくはアジアの存在意義を顕彰しようとする、いわば「脱欧入亜」の動きの一環とも捉えうるのである。[4]

西洋文明一辺倒を批判しアジアの独自性を強調する思想としてアジア主義がある。本章では帰一協会の目的であった東西文明の相互理解促進といった発想にアジア主義的な発想があったことに着目する。アジア主義は、西洋文明のアジア侵略に連帯して対抗するという点からみれば、東西文明の帰一とは反対の志向をもつものである。しかし、第一次世界大戦前後にアジア主義が親炙されるようになったのも、日本の大国意識の強まりがあったからである。それゆえ、アジアの連帯を唱えながら、日本による上からの指導を前提とするという限界をもつに至ったのである。[5] 澤柳政太郎は、英独二ヶ国語に堪能で、大正デモクラシーの世相のなかにあって先進的な自由主義教育を推進した国際人であったが、第一次世界大戦期にアジア主義を繰り返し唱えた。国際主義とアジア主義は一見矛盾しているように思われるが、澤柳のなかでどのようにつながっていたのかを考察することが、本章の目的の一つである。

澤柳の設立した成城小学校が、試験結果を児童の評価に用いないことなど、児童の学習の自発性を保証したものであったことからも分かるように、[6] 大正自由主義教育の担い手として、澤柳を評価するのが一般的である。しかし、澤柳は教育だけでなく、社会や政治・国際問題に関する多くの論考を遺しており、大正期の著名な論客でもあった。澤柳は、日本の韓国併合を全面的に支持しており、こうした点を帝国主義時代の自由主義者の限界と捉える評価もある。「基本的には吉野（作造─筆者註）の立場と同様とみなされていた沢柳の『東亜主義』もしくは『文化的汎亜細亜主義』は交喙《いすか》のくちばし（交喙のくちばしとは、物事がくいちがっていること─筆者註）のようなものだった」というのである。[7]新田義之は「事実に基づく具体的な評価よりも、教条的図式的なイデオロギーを駆使しての断罪が時代を風靡した」第二次世界大戦後は、澤柳が文部官僚出身で帝国教育会会長として指導的立場にあったことを取り上げて、「空虚な議論が展開」されたとしている。[8]たしかに、澤柳のアジア主義は、日本を主語に置いて日本の発展を第一義とするもので、国際人としての澤柳のあり方と矛盾するとの批判にも首肯できるが、澤柳のアジア主義は大正デモクラシーの自由主義・民主主義的議論と「交喙のくちばし」だったのだろうか。本章では、そもそも国家主義と国際主義が矛盾していたとは捉えず、澤柳のアジア主義論を考察したい。これが、本章の第二の目的となる。上記二点の目的を考えることにより、一般に連続しないと考えられがちな国際主義とアジア主義と国家主義が結びつく論理を示したい。

本章では、次のような構成で、議論を進めていく。まず、澤柳のアジア主義論を追いつつ、近代日本のアジア主義のなかで、それがどのような位置にあるのか考察する。その後、澤柳の国際認識の変化をまとめ、最後に、澤柳のアジア主義が国家主義とも国際主義とも結びついていたことを論じたい。

二　澤柳政太郎のアジア主義論

（1）近代日本のアジア主義

近代日本のアジア主義[9]は、西洋文明に準拠して日本が近代化を進めるなかにあって、欧米列強の圧力への反動から

表6－1　アジア主義に関する澤柳政太郎の論考

論文名・著作名	発表年
文化的汎亜細亜主義を提唱す	1917年3月
「亜細亜主義」（帰一協会例会講演）	1917年6月
東亜主義	1917年7月
亜細亜主義	1917年9月
『亜細亜主義』	1919年9月
日華共存論	1919年12月
日支共存の真意義	1921年2月
我が国民努力の新目標	1922年11月

『澤柳政太郎全集』などより作成。

生まれたといえる。西洋文明への対抗という面がある一方、欧米の帝国主義批判や汎アジアといった発想が西洋文明を学んだ結果認識されたものであったことも軽視できない。一般にアジアの連帯が重視されるが、日本にとっては、他のアジア地域を憐れむだけの高みに日本がたっていることが前提であった。よって、アジアを侵略する西洋文明を相対化しながら、日本がアジアの盟主になる根拠を、日本が西洋文明をほかのアジア地域より上手に受容して、西洋的近代化に成功していることに求めるという矛盾をかかえることになったのである。アジアの連帯を訴えて義憤から欧米諸国に対抗するといっても、その結果、日本が欧米諸国から孤立して、アジアの「野蛮国」扱いされることになれば、日本が優越する根拠を失うことになってしまう。よって、アジア主義の論理は、むしろ現実的な欧米に対抗する戦略ではない方が好都合で、精神論を小児病的に絶叫するものになりがちであった。

澤柳が集中的にアジア主義に関する論考を発表したのは、第一次世界大戦期である（表6-1参照）。その内容は、いずれの論考も似かよったものであるため、本章では、管見ではこれまで紹介されたことがない、一九一七年（大正六）六月の帰一協会での講演録（以下、講演録）をもとにその論調を考察したい[10]。この講演録に収録されている質疑応答も興味深い。一九一七年は、澤柳が連続してアジア主義に関する論考を発表した年であるが、澤柳のアジア主義傾斜の動機は明らかではない。客観的状況をみれば、大戦により大混乱に陥った欧州に対し、「火事場泥棒」をした日本の国際的地位が上昇していた時期であり、「大国」日本として西洋を相対化して新目標を掲げるべきだとする気運が高まるなか、澤柳が流行にのったという面は否定できない[11]。

（2）澤柳の講演

澤柳はまず、世界の潮流が平和主義・世界主義にあるとする。勢力均衡による「武装的平和」と、支配者と被支配者の勢力の懸隔が大きいために保たれる帝国主義下の平和があるが、「国家主義或は軍国主義に対して、一方に人道主義といふものを対象として置くのであるが、人道といへば世界の人類といふものを平等に考へた上に立脚して考へ」（一七-一八、以下、数字は講演録の文書番号）たものが理想的平和であるとする。すなわち、理想の平和実現には、世界的視野をもった人類の平等が肝要だというのである。

ところで、国家の利益を第一に考える国家主義では世界平和は実現できないとしても、一足飛びに世界主義になることは不可能である。国家主義と世界主義の中間に介在するものとして、澤柳が重視するのが民族主義である。

先づ以て国家の境界を超へた所の国家よりも大なる集団である民族と申しませうか、其の階段を経て而して後に人類全体に移るといふことにならなければならぬと思ふ。そこで日本の立場からして民族主義といふものを観ると、即ちそれが私のいふ亜細亜主義或は色々に包容主義などと申すのでありますが、日本人の場合から考へて見ましたならば、亜細亜民族は我と同じ民族である、我が日本国は亜細亜の一部に存在して居るものである、其の一部を為して居るものであるといふ考がなければならぬ。（二四-二六）

続いて澤柳は、中国の救済こそが日本の役割だとして次のように論じる。

（中国は―筆者註）兎に角洵に悲惨の状態にあると思ふのであります。そこで若し日本人たる我々として、国家に奉仕するのは勿論であるが、更に進んで世界人類の幸福平和を図るとせば、それは至極結構のことであるが、併しながらそれが為めには、此の地理的歴史的或は民族的に関係ある隣りに接近して居る所の支那を如何にする

かといふ所に、事実として接触しなければならぬものであります。（三一-三二）

偏狭な国家にしばられず、人種・民族の観点から考えることが、世界主義実現に近づく道であり、そのためには、まず隣国中国の惨状に目を向けよということである。それでは、アジア主義はいかに定義されるのか。澤柳は、アジア主義とは「即ち亜細亜の今日の状態の救済といふても宜い、又此の民族を他の国民と同等の地位に向上せしめようとする所の主義である」（四一）とし、「白皙人は我は世界の有らゆる人種の中に於て優秀の人種であるといふことの考を持つのは、決して無理のないこと丶思ふ」が、「然るに此の考に向つて之を破つたのが即ち我が日本である」（四七）ため、「日本といふものは、先づ亜細亜に於ては先達の位地に立たなければならぬのであります」（五六）と議論を展開する。

優秀な「白皙人」に近づいているから、日本がアジアの先達にならなければならないとする論理である。よって、澤柳は、人種的・民族的に一番近接している日本と韓国がひとつになって、優れた日本が韓国を向上させるため、朝鮮併合は「喜ぶべき」だとの持論を展開した。

（3）講演への反応

こうした澤柳のアジア主義論に対して、質疑応答が行われた。最初に熊本バンド出身のキリスト教者として著名な海老名弾正が、澤柳が人種と民族を混同しているのではないかと糺した。くわえて、「日本が今日東洋に於て巍然として聳へて居る所以は、亜細亜主義に依つて聳へて居るのではなく、五十年前欧羅巴主義を取つて、一切の制度文物を革めたから、今日あるに至つたのである」（五、以下、数字は、講演録質疑応答の文書番号）と指摘した。

海老名の指摘は的を射たものである。澤柳は単純にアジアの人種がアジア民族であると論じている。応答では、人種は生理学的で民族は東洋的なものが同一という点で大きなまとまりだとの意味のことを言っているが、では「東洋的なもの」とは何かを掘り下げていない。この点は近代日本のアジア主義の欠陥でもある。もちろん、西洋文明とくらべて何らかの東洋的なものを見出すことは可能かもしれないが、それは恣意的な基準であり、論者によってどうとでも言えるものであったことは否めない。岡倉天心の「アジアは一つ」という有名な一節も、多分に感傷的なものであり、実際のアジアの各地域の宗教・言語や外見的特徴は「一つ」ではない。よって、澤柳も「亜細亜の内の東で、印度は勿論波斯・亜細亜土耳古等は先づ包含しない積りです。（中略）此に私の申した亜細亜主義は即ち国家主義で、日本の場合に就いて言へば日本主義である、日本の為めに努力尽瘁する主義である」。（二一）と応えている。

また、アジア主義といったところで、日本がアジアで先達を誇れるのは、「文明国標準」主義でやってきたからではないかという点も、アジア主義の矛盾を鋭くついた指摘であった。

海老名以外からもインドをいれないアジア主義はおかしいなどとの指摘があったが、澤柳の応答は見るべきものはない。最後に「実業の日本社」の創設者である増田義一がアジア主義などという誤解を招く思想を紹介する真意は何かと尋ねたのに対し、澤柳は以下のように応えて、講演会を終えた。

> 或階級にはまだまだ日本の文明は決して西洋と同等の地位には到らないと考へて居るが、国民の多数は日露戦争で其の域に達したと信じて居る。随つて最近十年間に於て、殆んど我が国民は何が我々の目的であるか使命であるかといふ信念を有つて居ないやうである。（中略）そこで何処かに此の目標を発見したいといふ考から、私は支那問題が支那のみの問題に非ずして、同時に日本の問題たることを考へて、之を色々の方面から研究して得たものが此の亜細亜主義である。（一三一―一三二）

こうした批判を澤柳はあまり意に介していなかったようで、帰一協会での講演の後に発表された『亜細亜主義』でも論旨に大きな変化はなかった。

民族と人種の認識も次のように曖昧なままであった。

私の考も結局は人類は平等である、即ちこれを世界主義と申しまするか――ここに到達したいものである。併ながらそこへ一足飛びに行くといふことは甚だ困難な事である。先づ其理想の世界主義なり或は人類平等の思想に到達し――否「思想」ではない、其思想の実現に到達するとしても、先づ其前に「亜細亜主義」モッと一般的の言葉で申しますと「民族主義」といふものを通過致さなければならぬであらう、と考へたところから起つたのであります。[12]

（中略）

併し人種主義と申しますか人種を基礎とし本位として、或は国家主義に対し世界主義に対するといふことは其当を得たものではない。（中略）どうしても民族を本位にするか、或は国家を本位とするか、若くは凡ての人間を包含したところの人類世界を本位として考へるといふ此三通りになると思ふのであります。[13]

国家主義に問題があるとして、人類世界を本位とする世界主義にすぐには到達できないので、民族主義としてのアジア主義が必要である。澤柳の議論はここに終始する。また、慢心のみえる「日本人をして大なる努力を為さしめやうといふ其努力は、私は此亜細亜主義に於て求める外は無いと思ふ」[14]、つまり日本社会引き締めの手段としてのアジア主義という結論もそのままであった。帰一協会の目的が「世界文明の将来に寄与すべき団結」のためであったことを考えれば、澤柳のアジア主義は東西の相互理解促進への一階梯として意味を持つものであったのかもしれないが議論の細部の粗雑さから、帰一協会の会員にも理解を得られなかった。では、アジア主義は澤柳の国際認識の中でどのように位置づけられるのか、次節で検討したい。

三　澤柳政太郎の国際認識

（1）『亜細亜主義』の特徴

澤柳のアジア主義論は、整理されていない部分が多く、具体的な政策提言もないことは前節でみた通りである。澤柳の焦点は中国にあるが、ではいかにして中国を救うのかといった点では、「民族主義」の観点から救うことが当然だとするに止まっている。現実に中国から欧米列強の影響を排除しようとすれば、きびしい対立が予想され、澤柳のアジア主義の最終目標である理想の平和のためにアジアの国際秩序を不安定化しなければならないことになってしまうのである。澤柳のアジア主義の特徴は、国際主義による理想の平和実現を最終目標に掲げている点とアジア主義を理想に達する一階梯としている点である。つまり、澤柳にとって、アジア主義そのものが目標ではなく、アジア主義は別の目的達成のための手段であった。澤柳の言葉をそのまま捉えれば、アジアのために日本が立ち上がるのも、日露戦争に勝って以降の弛緩した日本に新たな使命を与えるためということになる。澤柳は、早くも日露戦争の頃から、こうした議論を展開していた。

国民的自覚心は必ずしも戦争を竢たなくても発達させることが出来る。併しながら戦争はその最も有力な方法であると思ふ。島国的根性を矯めて世界的気風を養ふことも平和の手段に由つて出来ないことではないけれども、戦争は最も短い間に有力なる効果を奏するものであると思ふ。[15]

続けて、「我が国民には近来真面目の風が漸々に衰へて来た。骨を惜まず働くのは智恵のある者のすることではない様に考へる悪い癖がある。かういふ弊風が国民にありては我が国の前途は心配される次第である[16]」と述べていることからも分かるように、刻苦勉励といったような一般的な生活倫理の向上こそが日本の発展に不可欠と考え、そのためには戦争も有効だと考えていたようである。澤柳が世俗的な国家主義であったことは、同様に世俗的な倫理の必要性を訴えた戊申詔書（一九〇八年）に対し「御趣旨は明了にして普通なり平凡なりと申したい、それで実行するのが必要である」[17]と評価していることからもうかがわれる[18]。

日本社会の引き締めは、澤柳が重視した課題であり続けた。一九二二年に発表された論考でも、アジアの指導誘掖という使命をもつことで日本の発展が図れるとしていた。

日本が亜細亜の為に尽すことは一面には日本の為にするものであると云ひ得る。何となれば日本人が単に日本の地位を向上せしむることだけにその考えを限定しては、充分なる努力が生じない、従つてそれだけの進歩も期せられぬ。併し我々が亜細亜の各国を誘導し指導するが我国の責任であつて使命であることを自覚すれば、爰に我々は一大発展を期して大いに努力するに至る。故にこの事は出来上がつた後には他国を開発しその向上発展を助けることになるが、而も第一にその恵に浴するものは日本国自身である[19]。

第一次世界大戦期までの澤柳の国際論や社会論は、道徳論中心であり、世俗的な説教節の域にあったといえる。この点は、儒教を世俗的な道徳論に置き換えた渋沢栄一の社会認識と共通するものがあった[20]。しかし、外遊により欧米の実情に触れた澤柳の国際認識は、国際主義を一層重視するものになっていく。

（2）国際主義に傾倒

一九二一年夏から約一年間の欧米外遊から帰国した澤柳は、国際協調をより重視する姿勢に転じた。また帰国の翌年にもアメリカの第一回世界教育家会議に出席し、国際主義と調和しない国家主義を排し、世界平和の実現に教育家が努めねばならないとする演説を行った。アジア主義の段階では、国際主義はすぐに達成できない目標としていたが、大戦後の澤柳は国際主義が不可避の潮流であることを強調するようになった。アジア主義に代わって澤柳が強調するようになるのが、国際主義を実現するための「国際教育」である。

今日の場合としては国際主義の主張を従前よりも一層力説せねばならぬ秋であることは勿論である。即ち人類生活必然の帰趨はどうしても此の点に到達すべきもので、此事実に就ては特に細叙するにも及ばないやうである。元来から言へば若し人類社会が極限に発達して理想の域に進んだとすれば、其の際に於いて国家主義と国際主義との間には何等の矛盾も感じないことになるのである。[21]

こうした世界の大勢の中にあって、「国際教育の目的は私は国際間の親善を保ち、国際間の友情を厚うするにあって、結局は世界の平和を持来る所の教育が即ち国際教育」だという。また、国際間の親善を進めることは、「国民外交」につながるとして、次のように論じられた。

国民が外交上の問題に就て相当の理解を持ち、外交官の為す所は国民の外交に関する輿論を斟酌して為される、唯だ外交官の専門の知識経験のみより割出さずして、国民が如何に考へて居るかと云ふ事を考へて外交官が行動をすると云ふ事になるのも一つの国民外交でありませう。[22]

ここで言われているのは、いわゆる国際交流ではなく、外交の民主化（民衆化）のことである。[23] 外交の民主化論では次の点が強調される。すなわち、外交官が独占して秘密裏に外交を推進することで、国民の国際知識がゆがんでしまう。とはいえ、大衆が国際問題を的確に判断することは困難であるため、知識人が国民を教化しつつ世論を牽引するという点である。澤柳は、国民に偏見や敵愾心をもたせないようにするところに、教育者の役割を見出したのである。

国際教育は之を消極的に申しますと、先以て偏狭なる排外心を除去すると云ふ事であらうと思ひます。自分の国さへ好ければ外の国はどうでもよい。又は外の国を痛め付けても自分の国を利益しやうと云ふ様な、利己的国家主義と申しませうか、さう云ふ考へを養はない様にする事であります。（中略）又積極的に申しますれば、四海平等、四海兄弟の精神、（中略）さう云ふ精神を今日以後もつと深く養成する事が必要であらうと思ふのでありまず。[24]

国際主義を強調するようになってからも、澤柳は朝鮮併合を肯定していたが、それは「経済的発展」と文化の進展をもたらすことが条件であった。一方で領土拡張のみを称揚することは国際精神に反するとし、国際的に利益をもたらすような行動こそが、国益にかなうのであり、その意味では愛国心と国際教育はなんら矛盾しないと結論づけた。大戦後の欧米では、国際連盟の創設など、理想主義的な国際主義の主張が高まった。[25] こうした風潮を見聞した澤柳は、「理想の平和」実現にむかって歩み出すことが必要であるとの認識をもったに違いない。そうだとすれば、国際主義に達する前段階としての民族主義、つまりアジア主義を高唱する必要は弱まることになる。この点が、欧米外遊以降、澤柳がアジア主義を強調しなくなった理由であると推測されるのである。

四　アジア主義・国際主義・国家主義

ここまでにみたように、澤柳政太郎のアジア主義は、以下のような特徴があった。

一　国際主義を理想とし、その前段階としての民族主義と規定した点。
二　アジアといっても、主たる対象が中国であった点。
三　中国の救済のみ強調され、アジアの連帯によって西洋に対抗するという主張が薄い点。
四　アジア主義を弛緩していた日本社会の新たな目標としていた点。

近代日本のアジア主義は、欧米列強のアジア植民地化に悲憤慷慨し、連帯して欧米に対抗することを強調するのが一般的であったが、この点に対しては、澤柳の関心は低かった。澤柳には、欧米中心の国際秩序を壊そうとする志向はなかった。国際主義を到達点とするならば、当時の国際社会が欧米の国際秩序を基礎として成り立っていたことは明らかだったからである。澤柳は「アジア民族」を抽出するためにアジアの独自性にも触れているが、日本がアジアを先導するのは、経済と文化の発展のためであり、つまるところ日本と同様に西洋文明を学び国際的地位を上げることを手助けしなければならないという発想であった。

いいかえれば、澤柳のアジア主義は、通例のものとは異なり、「文明国標準」のアジア主義であったといえる。「文明国標準」とは、一九世紀から二〇世紀初頭にかけて、国際社会の基調となった考え方で、西洋文明を基準として、それに適応できない地域を野蛮として、不平等な扱いをすることを正当化した[26]。言うまでもなく、「文明国標準」のアジア主義というのは形容矛盾だが、本章では、近代日本のアジア主義の可能性をここに見出したいのである。

アジア主義は国際主義に達する手段であるとする澤柳にとって、アジア主義と国際主義は連続するものであった。一方、アジア主義を目標にすることで、日本の発展を目指すという点では、アジア主義と国家主義も連続していた。問題は、澤柳の説くように、国際主義のためにアジア主義を実践することが日本を中心に考えることにつながるのかという点である。

芝崎厚士は、戦間期の「国際」ということばの意味が、現在のグローバリズムやトランスナショナリズムとは異質のものであるとし、国際主義とナショナリズムの対置を所与のものとして、国際主義者の国家主義的側面を矛盾や限界と考えることを問題視している。[27]芝崎の議論に従えば、澤柳が国際主義を唱えながら、愛国を説くのを「矛盾」と考えるべきではないだろう。国際主義に従うことが、日本の国際的地位向上につながるとするのは強弁ではなく、「文明国標準」の国際社会を自明とするものにとっては、自然な議論であった。近代日本の典型的アジア主義は、「脱欧入亜」を目指したため、最終的に欧米諸国との戦争になり、盟主日本のアジア抑圧をアジア解放のための手段として肯定するに至った。一方で、澤柳のような、欧米の国際秩序に基づく国際主義を目指し、国際主義にむけて日本がアジアを牽引するというアジア主義は、現状肯定的でありそこに「革命」の息吹はない。ただし、西洋文明の打倒を絶叫するアジア主義より、現実的で対立を回避しうるものであったといえよう。また、こうした澤柳の議論は、帰一協会が目指す理想にも近かったと考えられるのである。

世俗的な愛国主義や倫理主義を唱える澤柳。一方で、国際教育の理想を語る澤柳。ここにいわば「国家本位の国際主義」[28]という視点をもちこめば、両者はつながるのである。「国家本位の国際主義」とは、自国の存在や国益を大前提にして国際活動に参加協力することである。近代の日本が西洋文明を受容したのは、日本を相対化するためではなく、「文明国標準」に達しなければ、日本が国家として国際社会で生き残れなかったからである。幕末に生まれ、教育行政官僚として明治国家建設に参画した澤柳に対して、日本という枠組みや国益にとらわれ過ぎていると批判するのは、時代背景を無視したものといえる。国際主義と国家主義がすんなりとつながらないことは、澤柳も何度も述べている通りである。両者の距離を近づけるためにはどうすればよいのか。澤柳は国家主義と国際主義を結ぶ線上で、「文明国標準」のアジア主義を唱えたのである。

註

(1)　以下、澤柳政太郎の生涯に関しては、沢柳礼次郎『吾父沢柳政太郎――伝記・沢柳政太郎』(初出一九三七年、大空社、一九八七年)、新田貴代『澤柳政太郎――その生涯と業績』（成城学園沢柳研究会、一九七一年）、新田義之『澤柳政太郎――随時随所楽シマザルナシ』（ミネルヴァ書房、二〇〇六年）を参照した。本章では、引用をのぞいて「澤柳」と表記する。

（2）ただし、澤柳は宗教の帰一は、仏教だけ取り上げても無理だと考えていたようである。「宗派にも無数あると言つてよい位なので、実際上今日あるところの宗教は、唯仏教といふ点で統一するのは、（中略）そうゆう抽象的の話ならば兎も角も、実際上の統一といふものは出来ん、またすべきでもないと思ふのです。」「将来の宗教」（初出一九〇二年）『澤柳政太郎全集』第七巻、国土社、一九七五年、三四一頁。

（3）「帰一協会意見書」中嶌邦「帰一協会小考（一）」『日本女子大学紀要』第三六号、一九八六年、六一～六二頁より再引用。

（4）細野浩二「『脱欧』論としての東西文明融合論――大隈重信の対外論とその一展開」『史観』第一〇〇冊、一九七九年、七九～九一頁。

（5）サーラ、スヴェン「アジア認識の形成と『アジア主義』」長谷川雄一編『アジア主義思想と現代』（慶應義塾大学出版会、二〇一四年）所収。

（6）前掲書、新田、二〇八～二〇九頁。

（7）中野光『改訂増補大正デモクラシーと教育』新評論、一九九〇年、第二章、引用は五一頁。小沢有作「澤柳政太郎の植民地教育論」『澤柳政太郎全集』別巻、国土社、一九七九年所収。

（8）前掲書、新田、iii頁。

（9）近代日本のアジア主義に関しては、多くの研究があるが、ここでは近年の以下のものを参考にした。山室信一『思想課題としてのアジア』岩波書店、二〇〇一年、Saaler, Sven, J. Victor Koschmann, *Pan-Asianism in Modern Japanese History*, Routledge, 2006。松浦正孝『「大東亜戦争」はなぜ起きたのか』名古屋大学出版会、二〇一〇年、Saaler, Sven, Christopher W. A. Szpilman ed. *Pan-Asianism: a documentary history, Volumes I, II*, Rowman & Littlefield, 2011, esp., Introduction。梅森直之・平川幸子・三牧聖子編『歴史のなかのアジア地域統合』勁草書房、二〇一二年、趙景達・原田敬一・村田雄二郎他編『講座東アジアの知識人2　近代国家の形成』有志舎、二〇一三年。松浦正孝編『アジア主義は何を語るのか』ミネルヴァ書房、二〇一三年。中島岳志『アジア主義』潮出版社、二〇一四年。長谷川編、前掲書。スピルマン、クリストファー・W・A『近代日本の革新論とアジア主義』芦書房、二〇一五年。嵯峨隆『アジア主義と近代日中の思想的交錯』慶應義塾大学出版会、二〇一六年。井上寿一『増補　アジア主義を問いなおす』ちくま学芸文庫、二〇一六年。廣部泉『人種戦争という寓話――黄禍論とアジア主義』名古屋大学出版会、二〇一七年。

（10）「亜細亜主義」（帰一協会大正六年一〇月例会講演）成城大学教育学研究所所蔵澤柳政太郎私家文書一一。

（11）Saaler, Suven, Pan-Asianisim during and after World War I: Kodera Kenkichi (1916), Sawayanagi Masataro (1919), and Sugita

Teiichi（1920）, in Sven Saaler, Christopher W. A. Szpilman ed., *op.cit.*, p.256.

（12）『亜細亜主義』大鐙閣、一九一九年、二一～二三頁。

（13）同前書、一六～一七頁。

（14）同前書、八九頁。

（15）「時代と教育」（初出一九〇五年）『澤柳政太郎全集』第九巻、国土社、一九七七年、一九頁。

（16）同前書、二七頁。

（17）「戊申詔書と十善」（初出一九一〇年）『澤柳政太郎全集』第七巻、三七三頁。

（18）戊申詔書をめぐる時代的雰囲気の解説として、中村隆英『明治大正史』下、東京大学出版会、二〇一五年、一二二～一三〇頁、飯塚一幸『日清・日露戦争と帝国日本』吉川弘文館、二〇一六年、二〇四～二一三頁。

（19）「我国民努力の新目標」（初出一九二二年）『澤柳政太郎全集』第九巻、四一七頁。

（20）渋沢の儒教に基づく社会認識の限界については、酒井一臣「渋沢栄一の『国民外交』――渡米実業団を中心に」『渋沢研究』第二六号、二〇一四年で論じた。

（21）「世界の大勢と国際教育」（初出一九二三年）、同前書、四六五頁。

（22）「国際教育」（初出一九二四年、二五年）同前書、引用順に四七五頁、四七九頁。

（23）国民外交については、とりあえず、酒井一臣「『国民外交』の逆説」『歴史評論』第七八九号、二〇一六年を参照されたい。また、渋沢栄一も「国民外交」を提唱したが、渋沢の唱える「国民外交」は、外交に国民を総動員することに重点が置かれていた。片桐庸夫『民間外交のパイオニア・渋沢栄一の国民外交』藤原書店、二〇一三年、酒井一臣「渋沢栄一の『国民外交』」を参照されたい。

（24）前掲「国際教育」四八九～四九〇頁。

（25）Gorman, Daniel, *The Emergence of International Society in the 1920s*, Cambridge, 2012.

（26）「文明国標準」については、提唱者であるゴンの以下の論考が端的にまとめている。Gong, Gerrit W. “Standards of civilization today,” in Mehdi Mozaffari ed., *Globalization and Civilization*, Routledge, 2002.

（27）芝崎厚士『近代日本と国際文化交流――国際文化振興会の創設と展開』有信堂、一九九九年。

（28）Pan, Liang, “National Internationalism in Japan and China,” in Glenda Sluga and Patricia Clavin ed., *Internationalism A Twentieth-Century History*, Cambridge, 2017.

第七章　成瀬仁蔵の帰一思想

――その形成過程および米国への発信――

辻　直人

一　成瀬仁蔵と帰一協会に関する新しい視座

本章では、帰一協会の中心人物である成瀬仁蔵（一八五八〜一九一九）が帰一思想をどのように着想していったのか、また、帰一思想を海外、特にアメリカでどのように広めようとしたのかについて、今回新たに発見された史料を中心に用いながら明らかにしたい。

すでに序章において触れたように、帰一協会の成立に向けての最初の動きは、一九一一年の夏に成瀬が発起して渋沢栄一と森村市左衛門に構想を話したことがきっかけであった、と姉崎正治は回想している[1]。協会の成立過程において中島力造、浮田和民、井上哲次郎らも渋沢邸で種々話し合いを重ねているが、渋沢の一九二八年の談話では、成瀬と森村が主となって協会の組織化を主張した、と述べられているので、成瀬が帰一協会の組織化において中心的役割を担っていたことは間違いない[2]。

このように一九一一年から盛んに議論が重ねられ一九一二年六月二〇日に成立した帰一協会であるが、これまでの研究では、その中心人物である成瀬が帰一思想を着想していく過程について十分な考察がなされていたとは言い難い。ユニテリアンとの関わりがあったことは片桐芳雄[3]や本書第八章の岡本佳子が指摘している通りである。たしかに、ユニテリアンとの関わりは成瀬が帰一思想を構想していくひとつのきっかけであったであろう。しかし、より直接的に帰一思想を具体化していくための発端となった出来事については、よく分かっていなかった。

また、一九一二年に成瀬が欧米を歴訪し、帰一協会の活動を世界へ発信していく広報活動についての具体的な行動についても、これまではっきりとは解明されていなかった。

今回筆者は、シカゴ大学においてこれら二点に関する新たな史料を発見した。これにより、成瀬の帰一思想形成やアメリカでの活動に大きな影響力を持った人物として、シカゴ大学の教授アーネスト・バートン（Ernest Dewitt Burton）を特定することができた。これまでの研究では、成瀬とバートンとの関係についてはまったく触れられてこなかった。しかし実は、成瀬の帰一協会をめぐる動きや米国帰一協会結成において、バートンが大きな役割を果たしていたことが今回判明した。本章は新史料によって得られた新たな視座であるバートンとの関わりを軸にして、成瀬の帰一思想形成とアメリカへの発信について考察していくことにする。

二　成瀬の帰一思想形成に関する従来の見解

（1）自由主義神学との出会い

成瀬仁蔵は、帰一協会が結成される直前の一九一二年（明治四五）五月に、日本女子大学校同窓会組織である桜楓会の会員修養会において次のように語っている。

私は嘗て種々の宗教を信じた。神道も、仏教も、基督教も信じた。霊智学も、倫理運動も、社会学の人道も、スペンサー、カントその他のプラグマティズム、進化論、科学的宗教、ベルグソンなど、いふやうに、十年の間に種々研究したのである。（中略）私が嘗て一時クリスト教と他の信仰と矛盾するかのやうに考へたのは偏してゐたのであつた。頭脳も発達し、眼界も広くなった今日に於て見れば、違った宗教は決して矛盾しては居らぬ。

真相に於て一致を発見することは決してむつかしくないと思ふのである。(中略) 個性が千差万別であるやうに、宗教にも各々特色がある。決して同じものではない。併し吾々が別つべからざる一つの力によつて支配されてゐると同じく、宗教に在つても根源は一つものである。One and many 即ち差別裏の平等である。そこに総ての信仰を一つにすることのできる要点があるのである。[4]

ここで成瀬は、すべての宗教や思想の根源はひとつであると力説している。帰一協会を具体的に組織している段階でのこの発言は、成瀬の帰一思想の本質的な考えと言えるだろう。すなわち、もはやひとつの宗教に固執していることに限界を感じ、世界宗教的発想のもとで既存宗教の超越と統一を目指しているようにも受けとめられる。

すでに一九〇六年一月の時点で、日本女子大学校二、三年生合同の「実践倫理」の「宗教問題ニ就キテノオ話」という授業において、自分は澤山保羅牧師に影響を受けてクリスチャンになったが、「其時の我々の考へたことには誤りがあったけれども、した事は誠でありました」「古い仏教、古いクリスト教は今日には適しなくなった」「あなた方は、若い人は将来に活きるのである。将来の宗教を求めねばならぬ」と語った。この時点で、まだ漠然とではあるが、一宗教の枠にとどまらない成瀬の宗教観が示されている。成瀬がこのような帰一の思想を着想していくきっかけと考えられるのは、ひとつには幼い頃からの宗教的経験と言われている。士族の子弟として生を受けた成瀬は幼い頃から「毎日、第一番にしなければならないのが神がみを礼拝することだった」と回想している。[5]

また、新潟の地において成瀬が新潟女学校校長を務める傍ら北越学館の運営に関わっていた時期(一八八七〜九〇年)に、松村介石と出会った影響も大きかったと先行研究では指摘されている。北越学館では開校当初内村鑑三が教頭を務めていたが、学校運営方針をめぐって宣教師や成瀬等と対立し辞任。[6] その後任として呼ばれたのが松村であった(一八八八年赴任)。

松村介石は一八七七年住吉町(現・横浜指路)教会で受洗し、一八八〇年に東京一致神学校に入学した。一八八二年一二月から備中高梁教会牧師を務めたが、激しい迫害などの影響もあって体調を崩し一八八四年一一月に牧師を辞任することになる。

その後招聘された北越学館で松村は陽明学を実地に応用し、今までの校則を全廃して「良知良能」による精神教育を施した。礼拝などのキリスト教的儀式も廃したため、宣教師と衝突し、経営状況にも疑問を持ったため、結局一八九一（明治二四）年に職を辞している。

松村は一九〇五年鎌倉の閑居で夜明けに海浜で祈っていた時神の啓示に接し、純宗教に身をささげることを誓った。そして諸教帰一の理念の下、一九〇七年「一心会」（後に「日本教会」「道会」と改称）を作り日曜日ごとに説教をした。(7)

このように帰一協会の成立以前に、松村が既存宗教を超越した新宗教を始めていたことも成瀬への思想に大きく影響したと考えられるが、松村はすでに北越学館に赴任した時に自由主義神学に傾倒しており、自由な発想のもとで旧来のキリスト教の枠組みを超えていく松村の思想や宗教観に触れたことが、成瀬の思想転換にも作用したと言える。(8)

片桐芳雄は、このような既存のキリスト教への懐疑は新潟時代に芽生えたと述べる一方で、さらにアメリカ留学時代（一八九〇〜九四年）に出会ったウィリアム・J・タッカー（William Jewett Tucker）との出会いから影響をも受けていると指摘している。(9)

新潟女学校校長を辞して「女子教育の視察と宗教の研究」のためアメリカ留学を果たした成瀬は、渡米間もない頃の日記に「米国にて小児に暗記さするは誤也。之に由つて聖書をお経（仏法をさす）にする也。真正の感情を毒する也。（中略）自然に草木の地より生ずるやうになさゞれば、真正の実を結ぶ信仰を育つること能はざるなり」と綴っている。(10) 形式的、儀式的な旧来のキリスト教伝道に疑問を持ち、草木が自然に生えるように、人間の内側から湧いてくる信仰心こそが、「真正の実」を結ぶことになると考えたのだろう。そうした自由な発想でキリスト教を捉える姿勢を、松村やタッカーからの影響で身につけていった。

一九一二年（明治四五）二月、第二次西園寺内閣の床次竹二郎内務大臣が、神仏基の指導者を一堂に集め、国民思想善導への宗教協力を促した三教会同も、帰一協会を形成する気運を高めた一つの要因と考えられる。実際、当時の報道でも帰一協会の成立は「三教会同を一歩進め、思想統一を図る」ため（大阪毎日新聞）と報じられている。この点については本書第二章を参照されたい。

（2）日本の国際的地位への懸念と欧米への発信

しかし、成瀬は単に宗教の統一を訴えただけではない。時代背景として「日露戦争後の政治・社会・思想などの状況は沈滞・不安混乱」しており、「国内では反体制運動をおさえ、大逆事件にみるように社会主義活動が弾圧され、国際的にはアメリカの排日運動、黄禍論の登場、ヨーロッパでの第一次世界大戦前夜の暗雲[11]」といった不安視される現実に危機意識を持った成瀬は、真の世界調和を目指して帰一思想を提唱し始めたとも言うことができる。この点について中嶌邦は、「明治四三年（一九一〇）の年頭の辞あたりから、学生への講義に、それが顕著に表れるようになる。人生観・宗教観・宇宙観を総合し、人類共通の思想運動・精神運動として、社会的に訴える活動をはじめなくては、との思いが強くなっていく[12]」と指摘している。すなわち、一九一〇年頃から帰一思想的発想を語り始めたと従来の研究では考えられてきた。

帰一思想が具体的に形成されていった一九〇〇年代は、日米関係に暗雲がたちこめてきた時期でもある。渡米は当時の一般日本人にとって一つのブームとなっていて、『渡米雑誌』をはじめとして渡米を促す多くの書物が刊行され、実際に多数の者がアメリカに渡った[13]。彼らの多くはアメリカ西海岸、特にカリフォルニア州に集中したのだが、この出来事が日米間で新たな外交問題を生み出した。すなわち日本人移民排斥運動、いわゆる「排日運動」である。

当初、日本政府は日本人渡米者の人数制限を行うことで、排日運動の沈静化に努めた。しかしあまり有益な策とは言えなかった。日本政府が排日運動を撲滅するために、より積極的に仕掛けた動きが「対米啓発運動」（Campaign of Education）である。「対米啓発運動」とは、アメリカ西海岸で過熱していた排日運動に対する日本政府の広報外交のことで一九一三年頃から本格的に実施された。

ところが、渋沢栄一は政府の動き出す以前から、日米間の交換教授を支援・推進していた。すでに一九一一年に新渡戸稲造が、一九一三年に佐藤昌介がそれぞれ「交換教授」の名の下、アメリカの諸大学で日本に関する講演を行っている。[14] これはコロンビア大学総長でカーネギー平和財団第三部長も務めていたバトラー博士が、「日米両国相互の知識欠陥より生ずる非平和的結果を憂慮し、日米交換教授の急務」であると主張したことがきっかけで実施に移されたものである。渋沢も新渡戸らを自宅に招いてこの件について打合せをしている。[15] 新渡戸はコロンビア大学やジョンズ・ホプキンス大学などで一四〇回もの「日本文明、日米親善」に関する講演を行った。これらの動きは財界人たちが主として進めていたものである。[16]

成瀬が帰一協会の結成を渋沢との協力で推し進めた理由は、彼の帰一思想が単なる宗教の統一に限らず、渋沢のこうした民間外交的活動への共感もあったと考えられる。ただし、従来言われてきた一九一〇年頃以前よりも、成瀬は帰一思想的発想を展開し語り始めていたことが、次節で紹介する史料によって明らかになった。

成瀬仁蔵は帰一協会成立直後に欧米を回り、海外に向けて帰一思想を紹介し、協会の活動に理解を求め、世界的な賛同を得ようと積極的に各地を訪問した。この時の成瀬の訪問地は以下のようであった。

一九一二年八月出発→ハワイ→スタンフォード大学→州立大学→シカゴ大学→ウィスコンシン大学→オハイオ州立大学→クリーブランド、ウエスタン・リザーブ大学→オバーリン大学→ニューヨーク（コーネル大学、クラーク大学、マウントホリヨーク大学、スミス大学、アマースト大学、ダートマス大学、ウェスレー大学）→ボストン→コロンビア大学→ロンドン（ケンブリッジ、オックスフォード、エジンバラ、グラスゴー、リード、バーミンガム、カーディフ大学、イートン校、ハーロー校）→フランス（パリ大学、アンリ四世学院、女子高等師範学校）→ドイツ（エーナ《ママ》大学、ベルリン大学、ライプチヒ大学）→ブリュッセル、ローマ→一九一三年三月帰国[17]

日本女子大学成瀬記念館には、成瀬がアメリカを訪問している際に面会した帰一協会賛同者からサインを集めたノートが保管されている。精力的に各地の有識者のところへ出向いていたことが分かる[18]。この欧米旅行について従来の研究では、東海岸の知識人が米国帰一協会成立に非常に協力的だったことが言われてきた。たとえば、中嶌邦は次のように述べている。

アメリカでの活動で注目されるのは、アメリカ・コンコーディア協会の成立を願ったことである。これをうけ、熱意をもって組織化を計ったのは、来日して帰一協会の成立を既に知っていた、（ハーバード大学名誉総長―筆者註）エリオット（C.W. Eliot）であった。協会は百余名の会員を集め、一一月一〇日に成立し、それを日本の帰一協会宛に通知している[19]。

アメリカの場合、西海岸から入り東海岸からイギリスへ渡る関係上、東海岸中心の賛同者で米国帰一協会を発足することになり、本部はニューヨークに置かれた。成瀬は留学時代も東海岸ニューイングランドで過ごしており、これまでの研究では東海岸との結びつきを強調してきた。しかし、今回帰一思想の生成過程や欧米への発信に関する新たな道筋が見える史料が発見された。すなわち、シカゴ大学アーネスト・バートンとの出会いが大きな意味を持っていたことが分かったのである。この史料から明らかになったことは、次の三点である。

①帰一思想に関係する一九〇九年時点の書簡が見つかった。この年のバートンとの出会いが成瀬にとって重要な意味を持っていた。
②成瀬からバートンに協力を依頼していた（一九一二年九月）。
③バートンが他大学教員に呼びかけ、米国帰一協会設立に協力した。

以下、この三点について詳しく検討してみよう。

三　バートンとの出会いの意味

（1）軽井沢での講演

今回見つかった成瀬仁蔵関連史料には、シカゴ大学アーネスト・バートン教授（新約聖書学）への書簡や、一九一二年に日本で結成した「帰一協会」をアメリカで普及させるため、バートンがアメリカ各地に成瀬の活動を紹介し協力を仰ぐために送った書簡などが含まれている。成瀬は一九〇一年に日本女子大学校を設立させた頃から漠然と思い描いていた理想、すなわち個人も社会も国家も宇宙も、全てが調和して統一していくという「帰一」の思想を徐々に鮮明にしていくが、一九〇九年にバートンと対談したことが大きな影響を及ぼしたことが今回の史料で判明した。成瀬にとって女子教育も、性差別なく人として人格を持ち、女子が真に価値ある生涯を送れるようにするため、「婦人が価値ある生涯を送る」上での障壁を取り除くためであった。正に「帰一思想」を具現化する第一歩だったのが、女子高等教育の実現だったと考えられる。一九〇九年八月二五日付の成瀬よりバートンへの書簡について、全文を紹介したい[20]。

親愛なるバートン博士

今月七日付のあなたからの親切な手紙を予定通り受け取りました。あなたが船上であっても普段と変わらないくらい忙しいことが分かりました。軽井沢での女学生たちへの講演記録、それを学生たちだけでなく、読者たちもとても感謝すると私は確信していますが、月刊誌『家庭』に翻訳を載せることができずに申し訳なく思っています。しかし、九月号にはあなたのメッセージである「女性の最も高貴で偉大な使命（The noblest and greatest mission of woman）」は日本語で掲載しますので、軽井沢での記念すべき場面の写真と共に、極東の教育を受けた女子たちに届けられるでしょう。あなたにも一部注釈を付けてお送りしました。

あなたとお嬢様が親切にも訪問してくださったことを感謝しています。それは女学生たちにとっても良い機会でしたし、私にとっても、あなた方との話し合いを通じて、多くの有益な示唆を受けました。本当に、午後私たちが話し合った宗教と社会についての諸問題を、私は十年以上も心の内で考え続けてきました。ただ、それらの問題が私の生涯の期間で満足いくよう解決されるかもしれないとは夢にも思いませんでした。しかしながら、あなたからアメリカの現状や世界の指導者たちの意見について伺ってからは、私自身を奮い立たせてみようと思うようになりました。近い将来、私の夢や展望は実現するかもしれないと。なので、私たち国は離れていますが、高貴で壮大な働きが成し遂げられるよう常に努力を重ね、大成功を収めることを願っていきましょう。

改めて、あなたのご親切に感謝いたします。

敬具　　成瀬仁蔵

追伸　私たちの大学の絵葉書を数枚同封いたします。

この書簡から、一九〇九年、日本女子大学校開校九年目の夏に、バートンを軽井沢での学生修養会に呼んで女学生に講演してもらっていること、さらに午後にはバートン父娘と宗教および社会に関する問題点について話し合い、成瀬自身は一〇年以上温めてきた「夢と展望（my dreams and visions）」を実現させる兆しを強く感じたことが分かる。ここではまだ帰一（Concordia）という用語は用いていないが、しかしその三年後訪米した際、再びバートンへ書簡を送り帰一協会の活動を広めようとしていることからも、ここで成瀬が温めていた構想が帰一思想の原点となる思想であることは間違いないだろう。

のちにシカゴ大学学長も務めたバートンはバプテスト派牧師の息子として一八五六年、オハイオ州グランヴィルに生まれた（シカゴ大学学長在任期間一九二三〜二五年、一九二五年の在任中に逝去）。一八七六年バプテスト派による地元のデニソン大学を卒業した後は、ロチェスターの神学校で学位を取得した。その後ロチェスターやボストンにあるバプテスト派神学校（Newton Theological Seminary）で新約聖書時代の古代ギリシャ語を教え、一八八三年にはバプテスト派教職者としての任命を受けた経歴を持つ。宣教活動には強い関心を持っていた。その後友人でもあったシカゴ大学学長ウィリアム・R・ハーパー（William Rainey Harper、在任期間一八九一～一九〇六年）の誘いで、一八九二年シカゴ大学新約聖書学科教授に就いた。

バートン自身は聖書解釈においてリベラルな立場を取り、新約聖書の内容が歴史的事実かどうかについても進歩的で自由な立場をとっていた。聖書学における新しい潮流を大胆且つ確信を持って受け入れていた自由神学者であった。[21]また、バートンはYMCA（世界学生基督教連盟）総主事J・R・モット（John R. Mott）とともに、国際エキュメニカル運動の一翼を担っていた人物でもある。

一九〇八年シカゴ大学東洋調査委員会（Oriental Investigation Commission）委員長に任命され、ジョン・D・ロックフェラー（John D. Rockefeller）の支援を受けて、「極東の教育的、社会的、宗教的実態」や、[22]「世界各地のYMCA会館の建設（中略）拠点の調査」[23]のために日本、朝鮮、中国、インド、トルコをめぐっていた。来日の際は明治学院総理井深梶之助らキリスト教学校指導者とも面会し、「教育上ノ事」「キリスト教大学ノ事」について意見を交換したという（一九〇九年七月）。成瀬と面会したのは、その直後ということになる。

では、成瀬とバートン会談が実現した当日、バートンは軽井沢の修養会で何を語ったのだろうか。

『家庭』第一巻第六号（一九〇九年九月一日発行）に、シカゴ大学「ボルトン博士」の「余の女子教育主義を披瀝して東洋の姉妹に望む」という談話が掲載されている。これが正に、バートンの軽井沢講演録である。講演本文が始まる直前部分に、編者が記した説明文がある。それによれば、バートンが来日したのは「東洋に人道主義の一大学を設立せんが為め（中略）過般我が日本に来り、識者の間を往来して、その意見を叩き、教育制度の実地視察を遂げ」る目的であった。そして「我が日本が東西文明の調和を計るべき一大使命を自覚せる今日、同じ使命を感じて之れを東洋に施さんとする遠来の客に遇ふ。『時は近づけり』との声を聞くに似たり」とも綴られている。おそらく成瀬の書いたこの文章においても、東西文明の調和を図ることでバートンと同じ使命を感じていることがうかがえる。

同年九月一五日、日本女子大学校で「実践倫理」の講話を第二第三学年に対して行った際、夏のバートンとの会談について次のように言及している。

> （バートン）博士は軽井沢滞在中、態々三泉寮に来られて、寮生の為めに一場の話をし、又私とも二時間余り教育上の話をして、いろいろ意見を交換する所がありました。
> 其の時私は、我国の教育は精神教育を欠いて居るが、之れが凡ての本である。夫れをどーして行かふかと云ふと、此の女子大学でして居る処の実際について、是非斯う云ふよーに導くことが大切であると話しました所が、Bolton《（ママ）》さんと非常に考へが一致するのである。
> 今我が女子大学と云ふものは、東洋に於て唯一のものである。殊に其の精神的生命と云ふものを養ふに、孰れの宗派にもよらず、又凡ての宗教を敵視せずして、東西両洋の宗教の真髄を入れてやって居る。此に一つの生命があり、特色がある。斯う云ふことについても、如何にして表すかと云ふ事を考えておく可きであろーと思ふ。[24]

牧師経験者ではあるが、キリスト教主義とはせずに日本女子大学校開学当初から人格教育精神教育を実施してきた点に成瀬の求めた姿勢があり、バートンにとっては東西の宗教思想を統合していく可能性を成瀬の教育思想に見出したのではなかろうか。

(2)「帰一思想」と女子教育

さて、肝心のバートンの講演の中身はと言うと、女子教育には「男子と同等の教育にせう」と言う考えもあるが、「女子には女子に適当な教育を必要と認める」という主張を述べたものであった。すなわち「教育をうけられた大多数の婦人は、この大切なる家庭に於て活動すべきものであって、余は此処に働く婦人をもって最も尊敬すべきものであると思ふ」、家庭を守ることが女性の仕事であると述べたのである。この講演の趣旨を成瀬はどう受け取っていたのだろうか。成瀬の考える女子教育が目指したものは一体何なのか、帰一思想とどうつながるのか、改めて検討を要する。

『成瀬仁蔵著作集』第二巻には、一九〇九年一一月に発表された成瀬の論稿「我と云ふもの、研究」（以下、「研究」）が掲載されている。[25] すなわち、これはバートンとの面会後に書かれたものであり、成瀬が一〇年以上温めてきた構想が強調された最初の内容と考えられる。

「研究」は「我が国に於て最初に試みられた女子高等教育の結果を調査して、其の性格なる結果を自覚したい（中略）現状を明らかにし、之に鑑みて第二次の発展を計らんとする」ために書かれた論文である。冒頭で、現状を取り調べるには「内面と外面」を公平に観察して判断を下さなければならないと述べている。

第一に我々は「内面の反省」をしなければならない。すなわち「自分には人格が出来て居るかどうか、自分は卒業後益々生涯の天職と信ずる事に向って忠実に研究し、働いて居るかどうか、正直に自分の心の声に耳を傾けて見なければならぬ」。まさに、形式的、儀式的でなく、内から湧いてくる声を大事にしているかどうかを問うているのである。

第二に「外面の観察」すなわち「自分の負うて居る責任は尽くされて居るか」。「反省の結果、もしも少しでも不安に思ひ、薄弱だと思ふ点があるならば（中略）もう一度生れ変るといふ経験をしなければならぬ」。「燃える様な信仰を以て毎日統一のある生活を続け、境遇に支配されずに生涯境遇に克って行く事が出来るかどうか」、境遇に流されず自我を確立していくことの大切さをここでも訴えている。

しかし、これまでの日本社会は「婦人が自分の目的を自覚する事ができなかった」、すなわち「外面の観察」も弱く、「内面の反省」もできていない。「内面の反省」ができるという人間は「人格」が確立している存在である。しかし、「我が国の婦人に人格の出来難い、婦人が真に価値ある生涯を送る事が六ヶ敷いのは何故でありませうか。我々は今其の障害の根を深く尋ねて之を除かなければならぬ」と問題提起している。つまり、女性が人格を確立しにくい社会を改変すること、ここに成瀬の考える女子教育の目的があると考えられる。

バートンの軽井沢講演を意識して書かれたと思われる箇所には、次のように書かれている。「婦人が家庭の為に働くと同時に、何か一つの分業を全うして、社会と共に進んで行くと云ふ事は六ヶ敷いのでありますが、不可能ではない」「婦人は唯人に依頼して居ればよいと云ふ時代は既に過ぎ去ったのである。之からは婦人も亦目的を持って、何か一つの分業を持ち、生涯新しい知識を養つて何処かで社会の進歩に貢献して行かなければ、家庭へ這入ると忽ち進歩が止まつて了ふのであります」。つまり、女性も家庭だけに収まらないで社会の役割を担っていくべきだとの考えを示した。

「自分は何であるか、何の為に生くべきであるか、斯う云う事が本当に解るならば、夫れは必ず熱烈なる要求仮定となって実行を伴ふもの」であり、ここの時点では男性も女性も関係ない、ということになるだろう。そのための生き方として、「日々統一ある生活をすると云ふ様な真に価値のある行為は、深い思想と真面目なる実行の努力とに依らなければ到底出来ない」と訴えている。

さらに筆が進むと、成瀬の主張はいよいよ帰一に近づいていく。「大目的、即ち人生終極の目的は、個人の目的も、国家社会の目的も、宇宙の目的も調和統一したものである。個人の目的も、宇宙の目的も、決して矛盾するものではない。必ず合致する所があるのであります。此処に全体の調和があり、我々の生活の価値がある」、「目的は個人と普遍体が一つになったもの、又は一つにならうとする自動的意志であります。個人は其の有限の中に、無限を宿さうとして努力して居る。即ち自己を完成し、全体を完成せんとして居る。無限の完成を目的として居るのであります」といった具合に、自己の完成確立と同時に、より普遍的な目的との調和を目指すことを強調しているのである。

「研究」には、同心円状の図（図7-1）が掲載されている。「身体的自我」が外側へと拡大していくイメージを成瀬

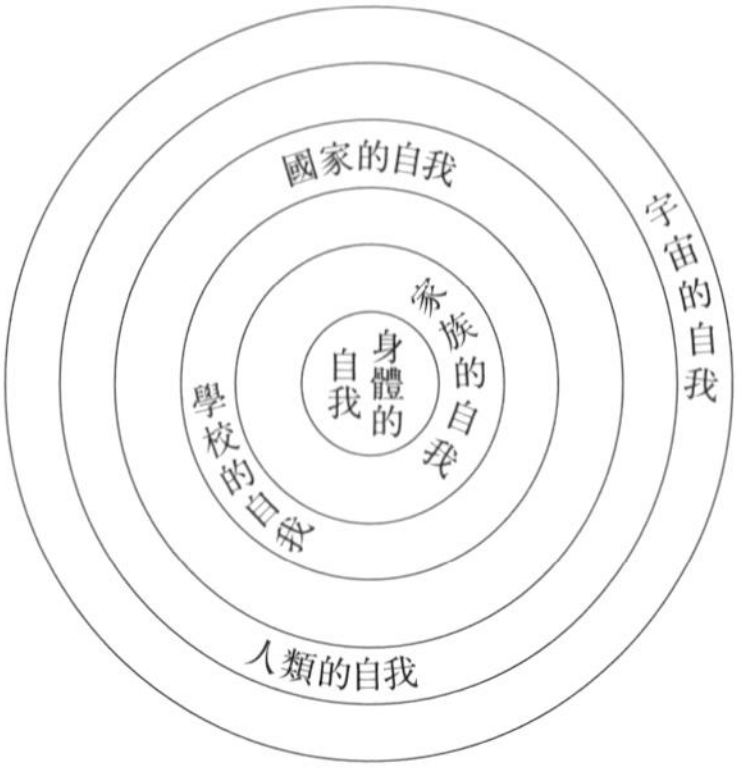

図7－1　成瀬仁蔵「自我」図
『成瀬仁蔵著作集』第2巻、1007頁。

は持っていた。

女子高等教育の目的が個人の普遍体への統一の問題へと発展していっている。身体的自我が宇宙的自我へと広がっていく発想、正に女子も男子も関係なく、さらには国家も文明も宗教でさえ関係なく統一していくという発想がこの段階で読み取れる。これこそ、成瀬の帰一思想の萌芽と言えないか。その背後にバートンとの対談があったことの意味は大きい。

バートンの軽井沢講演では男女の役割の違いについて強調されていたが、女性が家庭を守るというその役割を自覚するためには人格を確立しなければならない。人格を確立できない日本社会において女子教育を浸透させることが成瀬の大きな使命だった。さらに成瀬の場合、その男女の性差も究極的には普遍体へ統一されていくものとして相対化されていく方向へ発展していったのだった。

四　米国帰一協会の結成とバートンの役割

最初の面会から三年後の一九一二年に送られたバートン宛成瀬書簡も実に興味深い。便箋一〇頁にも及ぶ直筆の文面からは、成瀬の帰一思想普及への熱意と迫力が伝わってくる。

成瀬書簡が書かれた正確な日付は不明だが、成瀬がシカゴの日本領事館より送っていることと、それに対する返信と思われるバートンの書簡の日付が一九一二年九月二六日になっていることから、成瀬がアメリカに帰一協会を伝えるため渡米した直後の一九一二年九月早々に書かれたものと思われる。その書簡の内容を紹介してみよう。(26)

親愛なる先生

日本からお手紙を差し上げた通り、私は最近ここに到着しました。私が渡米した第一の目的はアメリカの教育事情を調査することです。しかし、宗教及び倫理に関する根本的な問題や、宗教と教育の関係についても観察し研究しなければなりません。ですから、あなたから個人的にアドバイスを伺う機会をいただけるなら感謝なことです。また、以下に記す（帰一協会に関する）計画や理念ついて手紙で返信いただけると大変ありがたく思います。帰一協会の趣意書を同封しますので、恐らくこの運動案を理解いただけると思います。

アメリカは深刻な状況にあるようですが、日本も同様です。日本は絶え間なく継承され解決の道が見えないとても多くの困難と複雑な問題を抱え続けています。その主たる原因は古い考えと新しい考えの間にある不一致、すなわち一方では伝統的倫理と信仰が揺らいでおり、もう一方では輝かしい影響を及ぼす西洋文明と接触する機会が増えているという事態にあると考えられます。しかし、我が国の人々は真のあるべき姿に気付き始めており、物質的傾向から距離を置こうとしていることを私はとても喜んでいます。英字新聞の「ジャパン・タイムス」の記事も同封しますので、よかったらご覧下さい。（中略）

日本の現状を見てみると、政治家も軍将校もビジネスマンも教育者や思想家も、今日の精神的な問題（spiritual problems）を熟慮しているものの、いかなる統一した動き（any united movement）を実現していません。しかし、いくつかの信仰や風潮が一致（concord）や協力をする兆候を見せており、国民の自意識を運命的な方向へと向かわせています。（中略）

私たちがこの協会を組織する目的は、同じ関心や見解を持つ者同士の協力を得ること、今日の様々な問題をこの立場から研究すること、そして私たちの共通する理想に従って行動することです。

従って、帰一協会趣意書で既に述べた通り、私たちは他の国々で私たちの取り組みに共感してくれる人々との協力体制を確立し、世界文明に普遍的な理想のために活動したいのです。

協会の活動内容は以下の通りです。

一、集会の中心となる場所や研究、調査、文化交流のための機関を提供すること。私たちはこの目的を達成するために、いくつかの国際的な建物を作ることを夢見ています。

二、出版とリーダーシップの分野で尽力します。

三、国際的な運動体となることが究極の目的です。

この活動の第一歩として、季刊の雑誌の出版をしたいと考えています。全世界的な精神的一致（Universal Spiritual Union）と経済的な平和が結びつく最も重要な問題の本質的な研究に貢献するために。雑誌は英語と日本語の両方で出版し、英語版は米国の何処かで編集されることを計画しています。（後略）

第一の趣旨はバートンに対する面会と協力の要請であるが、一方で、自身の帰一協会への熱い思いを綴っている内容である。この書簡に対し、バートンからの返事はとても好意的で、「提案された帰一協会はとても興味がある、是非そのことについてもっと話し合いたい。もし国を離れる前に機会があるなら連絡を欲しい。」（一九一二年九月二六日付）と返信している。最初の出会いから三年たってもとても密接な関わりを持っていたことが往復書簡から分かる。

のちに成瀬はバートンと面会した時のことを次のように記録している。(27) すなわち、「ボルトン博士は、先年軽井沢で逢つて、斯ういふ問題に就いて深く意見を交換した人であるが、此の人からもアメリカの大勢が非常に変つたことを聞いた。十五年前には斯ういふ話をしても迚も駄目であつたが、今では時機が丁度宜いといふことであつた。」と、アメリカで帰一協会の活動を広めるのによい状況であることをバートンから伝えられ励まされたという。このような支援もあって成瀬は「私は亜米利加に於ける帰一協会の中心は、シカゴかボストンか紐育か、此の三ヶ所の中であらうと思ふ」と書いている。先行研究でも重視されてきた東海岸（ボストン、ニューヨーク）と並ぶだけの位置にシカゴが置かれているのは、明らかにバートンとの強い結びつきがあった故であろう。

さらに同年一〇月二五日付成瀬宛書簡でバートンは（成瀬はすでにニューヨークに移動していた）、マサチューセッツ州ウォーセスターにて開かれていた東洋に関する集会があるから出席するといいこと、その会の主催者であるクラーク大学のジョージ・ブレイクスリー（George H. Blakeslee）学長は成瀬のことに興味を持ってくれるであろうから伝えておくとも記している。

この成瀬への書簡と同日付で送られたブレイクスリー宛のバートン書簡（一九一二年一〇月二五日付）には、東西交流を進展さようとしている成瀬への厚い信頼が綴られている。「私は日本を訪れた時成瀬氏と面会しましたが、東洋と西洋の相互理解のための価値ある事業を行える人物であると強く確信しています」。この文面からも、バートンが成瀬を高く評価していることが分かる。

この他にも、成瀬の活動を広めるために、バートンは他大学の教授陣に書簡を送り協力を仰いでいる。今回確認されたバートン書簡は以下の一〇通である。

①クラーク大学長ブレイクスリーへの書簡　一九一二年一〇月二五日
　ブレイクスリーからバートンへの返信　一九一二年一〇月二八日
　ブレイクスリーへの書簡　一九一二年一〇月二九日
②ニューヨーク市立大学長フィンリー（John H. Finley）への書簡　一九一二年一〇月二八日
③コロンビア大学部長ケッペル（Frederick P. Keppel）への書簡　一九一二年一〇月二八日
④ニューヨーク大学長ブラウン（Elmer E. Brown）への書簡　一九一二年一〇月二八日
⑤コロンビア大学スローン（William M. Sloane）教授への書簡　一九一二年一〇月二八日
⑥ユニオン神学校長ブラウン（Francis Brown）への書簡　一九一二年一〇月二八日
⑦イェール大学 Secretary ストーク（Anson Phelps Stokes）への書簡　一九一二年一〇月二八日
⑧ロー（Seth Low）への書簡　一九一二年一〇月二八日

⑨イェール大学ビーチ（Harban P. Beach）教授への書簡　一九一二年一〇月二八日
⑩イェール大学ウィリアムス（Frederick W. Williams）教授への書簡　一九一二年一〇月二八日

このようにバートンは成瀬の米国における帰一協会広報活動に大変協力的で、少なくとも一〇名の人物に成瀬を紹介していた。成瀬からのバートンへの返信（一九一二年一〇月二九日付）では、「帰一運動の精神に賛意を表してくれることほどアメリカで私を喜ばせることはない」とバートンが帰一運動へ好感を持ってくれたことへの感謝を表している。

勿論、バートンだけが成瀬を紹介したわけではない。同姓のマリオン・ルロイ・バートン（Marion Le Roy Burton、シカゴ大学のアーネスト・バートンとは親類関係ではない）スミス大学学長からトルコやインド、オックスフォードへの成瀬の紹介状が送られている（一九一二年一〇月一一日付）。また、姉崎からも日本からフランス宛に成瀬の紹介文が送られている（一九一二年七月二八日付）。こうして、成瀬は多くの協力者を得て、欧米での帰一協会広報活動を続けていったのである。

そして遂に一九一二年一一月一〇日、ニューヨークで成瀬同席のもと、米国帰一協会の成立に向けて有志が動き始めた。発起監事としてC・W・エリオット（ハーバード大学名誉学長）、N・M・バトラー（コロンビア大学長）、G・A・プリントン（アマースト大学およびユニオン神学校理事）、F・H・ギディングス（コロンビア大学教授、ユニオン大学理事）、ジョン・デューイ（コロンビア大学教授）、ハミルトン・ホルト（『インディペンデント』誌主筆）、J・D・グリーン（ハーバード大学監事および教育財団員）が集まり、会の目的や活動の方向性について話し合われた。

同年一一月三〇日付文書には、評議員三〇名、会員一一二名が名を連ねている。そのうち、バートンが連絡をした人物から五人（ブレイクスリー、フィンリー、ケッペル、E・ブラウン、F・ブラウン）が米国帰一協会の評議員ないし会員に含まれている。

五　成瀬にとっての帰一協会

以上、時期尚早と言われた女子高等教育を実現するため一九〇一年に日本女子大学校を設立した後、成瀬仁蔵がさらなる理想である「帰一思想」を具体化していく過程の様子や、理想の実現を求めて一九一二年アメリカに渡った頃の様子を中心に考察してきた。いずれの点においても、シカゴ大学教授アーネスト・バートンとの出会いと協力が大きな意味を持っていた。

成瀬は帰一思想を単なる宗教の統一と考えていただけでなく、性別、文明、国家をも超えてすべての目的がひとつに帰していく思想を一九〇九年のバートンとの会談以降から一層鮮明にしていった。女子教育も、それまで日本で低く扱われていた女子の人格を確立させ、自我を拡大させていって「普遍体への統一」を目指す目的でなされていたのである。一九一二年は国際的に見ても排日運動に代表される日米外交摩擦や、世界大戦が勃発する直前の緊迫した情勢であった。そのような時期だからこそ、あらゆるものを超越した帰一思想が欧米に発信されると、興味を覚える人が多かったと考えられる。

しかし、すでに触れたように、帰一協会は一二名の発起人によって始まった。成瀬一人の思想が実現したわけではない。他の思想家たちとの温度差については、検討する必要がある。

バートンが来日した目的のひとつは、ＹＭＣＡを中心に展開されていた世界的なエキュメニカル運動（教会合同）であった。帰一協会、あるいは成瀬とこの運動との関わりについてはこれまでまったく検討されてきていない。この点についての追究は今後の課題である。

成瀬はキリスト教を脱却して帰一思想に至ったとも考えられるが、彼の人類愛的普遍思想の形成にどれほどキリスト教の影響が残っていたのか。キリスト教を捨て去ったというよりはひとつの基盤として思想のなかに包含していったと捉えることもできよう。成瀬の帰一思想の本意については、より丁寧な考察が必要である。
さらに、成瀬の欧米での活動はアメリカに続いてイギリスでも賛同者を得ることに成功し、英国帰一協会も成立した。今後は、ヨーロッパでの帰一協会に対する反響についても調査することが課題として残されている。

註

(1) 中嶌邦『成瀬仁蔵研究――教育の革新と平和を求めて』ドメス出版、二〇一五年、二七五頁。
(2) 同前書、二七五頁。
(3) 片桐芳雄「成瀬仁蔵のアメリカ留学、タッカーとの出会い――帰一思想への道(1)」『人間研究』第五〇号、二〇一四年。
(4) 仁科節編『成瀬先生伝』桜楓会出版部、三五三～三五四頁(伝記叢書56、大空社、一九八九年、三五三～三五四頁)。
(5) 成瀬仁蔵、新井明訳『澤山保羅――現代日本のポウロ』日本女子大学、二〇〇一年、三〇頁。
(6) 成瀬と内村は方針をめぐって対立したものの、内村自身の以下のような考えはキリスト教に固執しない発想であって、大森秀子は「内村の信仰観は、成瀬の宗教意識に潜在的に影響を及ぼした」と評価している(大森秀子『多元的宗教教育の成立過程』東信堂、二〇〇九年、一八九頁)。内村自身は北越学館での教育について「この学校は、宇宙の唯一無二なる真理の神に思いを尽くし、力を尽くして仕え、自己を愛するように隣人を愛せよというキリスト教の徳義をもって徳育の基本としながらも、聖書研究や宗教儀式を強制せず、先の道徳に抵触しなければ、キリスト教以外であってもそれを徳育に採用する」と柔軟な姿勢を持っていた(同前書、一八七頁)。
(7) 辻直人「松村介石」宮地正人、佐藤能丸、櫻井良樹編『明治時代史大辞典』第三巻、吉川弘文館、二〇一三年。
(8) 前掲書、大森、一八九～一九一頁。
(9) 前掲、片桐。
(10) 前掲書、仁科、一三五～一三六頁。
(11) 中嶌邦『成瀬仁蔵』吉川弘文館、二〇〇二年、一七七～一七八頁。
(12) 同前書、一七八頁
(13) 辻直人『近代日本海外留学の目的変容』東信堂、二〇一〇年、一一七～一二七頁。
(14) アメリカからは、一九一二年にハーバード大学名誉総長エリオットが、一九一三年には雑誌『アウトルック』記者メービーとハーバード大学名誉教授ピーボディが、それぞれ交換教授として来日している（『伝記資料』第四〇巻、一九六一年、三三〇〜三三一頁）。

（15）同前書、三二六頁。この他にも、一九一三年には東京帝大教授の姉崎正治がハーバード大学に集中講義のため出かけている。

（16）前掲書、辻、一二九〜一三一頁。

（17）成瀬仁蔵「欧米旅行報告」『帰一協会会報』第二号、一九一三年、九一〜一一一頁。

（18）成瀬が欧米で集めた賛同者のコメントについては「帰一協会に対する欧米諸家の感想」として『帰一協会会報』第三号一九一三年、二七〜九三頁に掲載されている。

（19）前掲書、中嶌、二〇〇二年、一八五頁。

（20）"Japanese Women's University", *Ernest DeWitt Burton Papers Box 47*, The University of Chicago Library Department of Special Collections. 原文英語、筆者が翻訳した。

（21）Boyer, John W., *The University of Chicago A History*, The University of Chicago Press, 2015, pp.164-165.

（22）Biographical Note, Guide to the Ernest Dewitt Burton Papers 1875-1969.（http://www.lib.uchicago.edu/e/scrc/findingaids/view.php?eadid = ICU.SPCL.BURTON）

（23）大西晴樹「キリスト教大学設立運動と教育同盟」『キリスト教学校教育史話』教文館、二〇一五年、一二五〜一二六頁。

（24）『実践倫理講話筆記――日本女子大学校長成瀬仁蔵先生述　明治四二年度ノ部』日本女子大学成瀬記念館、二〇一二年。

（25）成瀬仁蔵著作集委員会編『成瀬仁蔵著作集』日本女子大学、一九七六年、一〇〇三〜一〇一四頁。

（26）*Ernest DeWitt Burton Papers, ibid.*

（27）前掲、成瀬「欧米旅行報告」九六〜九七頁。

第八章　初期帰一協会の国際交流活動と宗教的自由主義

――成瀬仁蔵・姉崎正治の活動と米国ユニテリアンを中心に――

岡本　佳子

一　帰一協会設立時における国際的活動の位置づけ

本章は、帰一協会（The Association Concordia）の国際交流活動の意義を二〇世紀初頭の宗教交流の文脈のなかで検討する。同協会は、社会問題の根本にある信仰、道徳、倫理など精神的要因に第一義的な関心を持つ人士たちによって一九一二年六月に設立された。だが本書の他の章でも示されている通り、協会のあり方に見出す意味は会員それぞれで異なり、とりわけ協会の理念である精神的な「帰一」ということに関する認識は様々であった。また、時局の推移によって活動の重点も変化しているため、協会の性質を一様に把握するのは難しい。したがって本章では、日米摩擦や第一次世界大戦への対応に協会の方向が集中していく前までの初期の短い時期に絞って考察する。もちろん帰一協会では宗教界との連携のみに関心が限定されていたわけではないが、協会の目的は当時の国境を越えた宗教的自由主義の動向と接点を持っている。具体的には、成瀬仁蔵と姉崎正治の海外におけるそれぞれの発信、そしてそれらに対するひとつの反応であった米国のユニテリアン急進派を中心とした国際運動との交差を切り口にする。

設立当初の帰一協会において、国際的な活動はどのように位置づけられていただろうか。協会のマニフェストであり、姉崎の主導で作成されたと見られている(1)「趣旨」と「意見書」を見ると、前者は協会発足の国内的背景の説明であり、後者は国際的な同志を求める呼びかけとなっている。

「趣旨」にあるように、明治維新以後、日本社会では「開国進取」「殖産致富」の外形的な近代化の成果が見られるのに対して、精神面では「国民の道徳信念が安住を得ず」、「新旧の思想文物が未だ円熟の調和を得ざる」状況にあり、「道徳信念の問題」については「未だ社会全般を支配すべき統一の勢力を得」ていないという見方が記され、国民一般の「精神的方面」の充実を図っていくことが協会の目的とされていた。本書の他の章でも扱われている通り、このような「精神的方面」の問題意識は、国民道徳の振興のために宗教の貢献を協議した一九一二年二月の三教会同の動向と無関係ではなかった。「趣旨」の記述は、協会発足が天皇制国家のもとで宗教がいかに機能すべきかという関心と深く結びついていたことを示唆している。

それに対して「意見書」は、次のような宣言によって当初から協会が国際的な連帯に主眼を置いていたことを明示するものである。すなわち、国家間、人種間の利害衝突や摩擦が増大する二〇世紀初頭の世界において「国民相互の友誼を増進し、国際の道義を擁護するには、世界諸国民、特に東西両洋人民間の同情を増進」すること、とりわけ「信仰理想の大本」における「東西相互の理会《ママ》」が必要であるという認識が示される。さらに、「近代的活動の結果として起り来れる、個人主義と国家的団結との関係」、「商工業の革命より生じ来れる、社会組織の変動、即ち諸種の経済問題、社会政策等の問題と、従来の思想信仰との交渉」、科学の発展を背景にした「実証主義の気風と宗教的理想主義」との関係、「教育と道徳とは、如何にして形而上の信仰と相和し得べきか」といった問題が挙げられている。こうした数々の問題のために「此の団結は、諸の国民の間に、精神的問題に関する共同の運動を起し、以て世界文明の将来に資せんことを目的」とすると宣言されているのである。しかもそれが「自己の主張を他に強ひ其の教旨を外に宣伝するが為め」ではないということも付け加えられている。

「意見書」の内容から分かるのは、ここで二重の観点から当時の「精神的問題」解決に向けた国際的な課題が提示されていることである。それはすなわち、第一に国際社会における異なる集団間の精神面の相互理解であり、第二に近代文明の波及から生じた共通の問題に対する国境を越えた共同の取り組みである。「趣旨」にある日本の国民道徳の問題も近代化による社会の変容の影響下にあるため、この第二の点と動機において無関係ではないが、両者をどのように関連づけて考えていくかということは十分に検討されていたわけではないようである。

帰一協会がその設立目的を海外に向けて説明する際には、国内的な問題意識を述べた「趣旨」は用いられず、国際的な関心を述べた「意見書」の英文版のみが用いられた。協会が発行した英文版会報の一号（一九一三年六月）と二号（一九一四年七月）の巻頭に掲載されているのは、「意見書」英文版（"Prospectus for the Association Concordia"）だけである。[2]「意見書」英文版は、日本語の原文と異なる部分を少々含むが、おおむね忠実に訳されている。協会幹部は、海外向けには「意見書」の内容だけで十分と判断したのであろうが、「趣旨」にあるような近代化の時代における「国民の道徳信念」や「我が国民性の特色」のあり方を問うといった国内的文脈が協会設立の背景となっている事実は対外的には捨象され、主として国際問題への精神的アプローチを標榜する側面のみが発信されることとなった。

このような海外向けの姿勢は、英文による報道に直ちに反映された。一九一二年六月二〇日の上野精養軒における協会設立の会合を取材した六月三〇日付『ジャパン・タイムズ』の一面記事は、次の三つの点において出席者たちの意見が一致したと報じている。第一に、人類の道徳的・精神的進歩の基礎となる、すべての人種や国民に共通の合意点（agreement）を見出そうとする動きが世界的な趨勢となっていること、第二に、平和運動にすら見受けられる昨今の物質的（materialistic）傾向（軍縮や国家間の関係調停、経済的な調整など）よりも、精神的・倫理的要素を階級関係や国際関係、そして社会交際の根本に注ぎ込むこと、第三に平和が熱望されており、人種間・国家間の利害衝突を避ける方法を考案することである。[3]日本語の報道では帰一協会の設立を四ヶ月前の三教会同の延長線上で捉え、「御用策士」の企てとして冷ややかに見る動きがあったが、[4]『ジャパン・タイムズ』ではそうした国内事情は視野に入れられていない。同紙同日の社説でもあらためて帰一協会が取り上げられ、「意見書」英文版の全文も掲載され、協会の事業が「国際的」であるにとどまらず「普遍的」な意義を有する、と高い評価が与えられている。

帰一協会は設立後間もなく海外でも認知された。設立の翌月の第一回例会では、ブリュッセルの「万国連合会中央事務局」からの加入の勧誘に応じる決定をした。[5] 同時期の成瀬の発言と照らし合わせると、これはおそらく国際組織の調査を行う国際団体連合（The Union of International Associations）のことであろう。[6] また、後述する成瀬の欧米旅行後のことであるが、人種間の融和を目指すロンドンの団体が作成した、同様の目的を持つ世界中の組織をリスト化したパンフレットでも紹介されるなど、[7] 帰一協会は海外でその存在を知られるようになる。

二　「『帰一宗を作るや否や』といふ問題」

こうして国際的融和を目指す民間団体として認知される一方で、人間社会の「精神的」（spiritual）な側面に取り組もうという協会の姿勢は、当然、宗教界の関心をも引いた。秘教主義団体である神智学協会のポイント・ロマ派[8]（サンディエゴ）の機関誌『神智学の道』（*The Theosophical Path*）は、先述の『ジャパン・タイムズ』の社説から帰一協会の「意見書」を引用し、次のような批判的な指摘をした。すなわち、帰一協会が目指すところは高邁であるが、「意見書」にはその事業の成功に不可欠であるはずの根本的な信条について何ら言及がない、と。さらに、人類は精神面その他において自分たちが根本的に一致していること（unity）に気づくべきあり、神智学運動の強みは科学的理解に基づいてそれを知悉している点にある、[9] と我田引水している。帰一協会は、信条的支柱となる思想家やイデオローグが率いていたわけではなく、異なる集団間で一致できる共通の基盤を追求していこうとする世俗的な取り組みを宣言した団体であるため、神智学協会とはもとより性質が違う。だが神智学協会のように「真理にまさる宗教はない」（"There is no religion higher than Truth"）という明確な普遍主義の理念を掲げ、しかもポイント・ロマ派のように独自の倫理と教育に基づいた共同体生活を実践している団体からすれば、帰一協会は「精神的」「霊的」（spiritual）側面を強調する運動としては中途半端なものに映ったのであろう。

協会の「意見書」英文版では、「理会《ママ》」（understanding）「協力」（co-operation）「相互の同情尊敬」（mutual sympathy and respect）といった努力目標が掲げられ、普遍的な「人心の根柢、人情の契合」（the fundamental unity of our spiritual aspirations）というものの存在は言及されるが、宗教的な真理の唯一性やそれを基盤にした万教帰一的な立場を示す言葉は見当たらない。神智学協会がもの足りなさを感じたのはこうした点だが、帰一協会の会員間の合意のためにはこれが妥当であったのであろう。姉崎正治の回想に記されているように、「『帰一宗を作るや否や』といふ問題は予備討議中に屢々出た論点[10]」であり、結成当初の帰一協会は世間的にも統一的な宗教を創造しようとの印象を与えていた。しかしそれは「趣旨」や「意見書」に盛り込むまで練り上げられることはなかった。

その一方で、帰一協会の目的が、あらゆる宗教の一致を希求する当時の自由主義的な宗教運動と否応なく結び付けられる文脈も存在していた。協会会員で外交官の宮岡恒次郎（一八六五〜一九四三）は、一九一五年にカーネギー国際平和財団から出版された英文パンフレットで、帰一協会が「普遍宗教（a universal religion）の確立を目指す協会であると誤って言い表されてきたが、協会の目的は単に、異なる宗教的信条や不可知論を抱く人々、様々な倫理観をもつ人々の間によりよき理解とより深い共感をもたらすことであった[11]」（傍点筆者）と振り返っている。会員による海外の出版物においてもこのように言及されていることは、帰一協会の活動に普遍宗教を追求する立場との親和性を見出す見方があったことを示唆しており、次の節で見ていくように少なくとも成瀬は協会をそのように位置づけていた。

先述の『ジャパン・タイムズ』の社説には、『神智学の道』では取り上げられていない点があった。一面の取材記事と社説は無署名であるが同じ記者によるものと見受けられ、その記者は一面記事の内容に加えて社説で次のように述べている。すなわち、協会発足の会合で意見の一致を見た、人類の道徳的・精神的進歩の基礎となる共通の合意点の模索という目標を記者の言葉で言い換えれば、「道程が異なっても到達する真理はひとつ（Truth is one）であり、方法における差異にとらわれず、真理を支持するために皆が団結すべきである」ということになる、と述べているのである[12]。言うまでもなく大文字の“Truth”には宗教的な意味合いがあり、この一文は多様性の中の真理の一元性を称揚している。記事の執筆者が誰であるか未詳であるが[13]、成瀬はこの記述を自らの帰一思想と合致するものと見なしたらしく、欧米での協会の宣伝活動に使うようになる。

三　成瀬仁蔵が発信した「帰一運動」

帰一協会の国際的連携の形成は、成瀬の尽力によるところが大きい。すでに研究されている通り、キリスト教から出発した成瀬の宗教思想は、ユニテリアン、トランセンデンタリズム（超絶主義）、神智学、フリーメイソン、そして儒教を中心とした伝統思想との一致を説くキリスト教系の新宗教を創始した松村介石（一八五九～一九三九）などの影響を受け、特定の宗派にとらわれない万教帰一の方向へ結実していった[14]。成瀬の「帰一」の宗教観は、「一元（神）を彼方に据えながらの多元主義、多元的価値の共存と対話を志向した」思想[15]、「融合の原理ではなく、多様性の調和の原理」としての「帰一[16]」と理解されている。

成瀬は協会設立から間もない一九一二年八月から翌年三月にかけて、日本女子大学校校長として教育視察の目的で欧米をめぐった。この渡航は協会からの派遣によるものではなかったが、成瀬は各地で多くの知識人に面会して協会の趣旨を説明し、「外国の同志」の賛同を求めるべく精力的に活動した。成瀬の一八九〇年暮れから九四年初頭までの米国留学時代の恩師たちや、来日経験のある人々も少なからず含まれていたが、成瀬が様々な伝手を頼って欧米で面会、または書面で通信した知識人たちは実に一七〇名前後にのぼった。その成果として米国で帰一協会の設立が実現して教育界や学術界の有力者たちが運営を担い、英国でも協会発足に向けた数名の人士たちの努力が始まった。成瀬が帰一協会の説明に用いたのは、「意見書」英文版、先述の『ジャパン・タイムズ』の記事、そして協会の評議員シドニー・L・ギューリックの手紙[17]であった。だが成瀬はこれらを見せただけでなく、自身が抱くところの帰一協会の理念が、宗教に基礎を置いた「女子大学教育方針の根本主義と同一のものであ[18]」るため、欧米では両者を同根のものとして語っていた。成瀬は帰国後の協会での報告で、協会の目的を説明する時には「私個人の考と、帰一協会を代表して申した言葉とは明かに区別を立て[19]」たと述べている一方で、女子大学校の歓迎会では、自分の人格教育の方針と帰一協会とが分かちがたいため、「帰一協会の事を話すにしても、彼の趣意書にある丈けの事ではなく、私は常に自分の生活、自分の主義、殊に十年間の精神的経験をなしたその事を述べたのでありました[20]」と振り返っているように、やはり彼自身の帰一思想を織り込まずにはいられなかった。

米国における成瀬は人士たちとの面会だけでなく、活字媒体も利用して帰一協会の目的を発信している。成瀬の欧米巡遊中に、ニューヨーク発行の『オリエンタル・レヴュー』にエッセイ「帰一運動」("The Concordia Movement" by Jinzo Naruse）が掲載された。これは成瀬自身の文章に協会の「意見書」英文版を加えたものである。このなかで成瀬は、協会の活動が世界規模の支持を得なければ意味をなさず、その利益は普遍的なものになるに違いないことを述べ、米国に類似の運動団体を組織してほしいとの要請を訴えた。成瀬はここで必ずしも協会幹部で合意に至った点だけを提示していたわけではない。彼は人々の間で共通点よりも差異ばかりが強調される風潮を指摘する部分で、異なる宗教間で表面的な争いをしている人々は、自分も他者も根本では「同一の神（the same God）を信仰していること」を忘れているのだ、といった自身の主張を加えている。また別の部分では、先述の「真理はひとつ」の記述を含む『ジャパン・タイムズ』の社説を引用しているのである[21]。

帰国後の一九一三年、軽井沢における宣教師の夏期学校に招かれた成瀬は、自らの万教帰一的な思想を帰一協会に託した講演を行った。これは海外での講演ではないが、欧米人宣教師のために英語で語り、英文版会報に収録されたものである[22]。協会が宗教の統一を目指していると世間から見なされたことを意識してか、成瀬はそのようなことを目的としているのではないと断るようになるが、諸宗教の多様性を尊重しながらも、「凡ての宗教の根本たる活ける神聖原理、即ち此の凡てに共通なる神」がその根源にあるとする思想を帰一協会の基盤に置いた。さらに成瀬は宗教間対話や比較宗教学の進展、そして東西の「凡ての宗教の真髄は一なり」とする普遍宗教（universal religion）の思想を唱える知識人も現れている当時の潮流を肯定的に捉え、帰一協会がこうした世界的な動向に呼応する形で「久遠なる生命の潮流」のなかから生まれたと主張する。[23]

留学先であった米国東部の知識界の動向や、正統主義のキリスト教に飽き足りない人々による宗教、倫理、教育に関する多くの学問や団体の活動など、一九世紀から二〇世紀初頭の宗教的自由主義の風潮に深い影響を受けた[24]成瀬においては、帰一協会の発足はそれに連なるものにほかならなかったのである。成瀬の留学中の一八九三年には、世界各地の様々な宗教団体の代表を招聘したシカゴ世界宗教会議が開催されており、少なくともリベラルな知識層の間ではそれに反応を示すような空気があったのであろう。

米国で面会した人士たちに、数年前の米国であれば帰一協会のような運動は無理であったが現在では時宜に適っていると言われ、また英国でも知識人たちが旧来の信仰に満足せず新しい宗教的・道徳的方向性を求めていることを感じ取り、成瀬は自らの認識に確信を強めた。[25]

このように、成瀬による帰一協会の対外的な呼びかけは、あらゆる差異を超えて人類の精神的一致点を見出すという将来に向けた努力の必要を訴える協会の目的と、人類が本来的に宗教的真理の唯一性によって結ばれていることを前提とした成瀬自身の思想とが抱き合わされる形で発された。成瀬による欧米でのアピールが肯定的な賛同を多く惹きつけた一方で、成瀬自身の宗教観が添えられることにより、世俗的団体としての協会の性質が曖昧に提示されたことは否定できない。

四　姉崎正治のボストン講演

成瀬が自らの「帰一」の宗教観に基づいて協会を軸にした国際的連帯を求めたのに対し、姉崎正治は協会設立の背景となっている同時代の精神的問題への対応に力点を置いていた。姉崎は一九一三年八月、ハーヴァード大学客員教授として渡米する際、帰一協会の初めての正式な代表という形で日本を出発した。大学での講座のみならず様々な団体の招きで数多くの講演をこなし、多忙な日々を送るなか、姉崎は同年一一月一二、一三日にボストンで開催された米国ユニテリアン協会宣教会議で「キリスト教宣教と東洋の諸宗教の研究」("Christian Missions and the Study of Oriental Religions")と題した講演を行った。これは姉崎の観点からする帰一協会の意義をよく伝えるものである。ハーヴァード大学やボストン周辺の知識界はユニテリアン勢力の強いところであり、姉崎はユニテリアンの集会で三回の講演をしている。

宣教会議における姉崎の講演の趣旨は、次のようなものである。すなわち、すでに宗教的伝統のある日本においてはキリスト教の宣教活動は改宗を目的としていては真に成功せず、日本の既存の宗教を深く理解してキリスト教との一致点や相違点を明確にした上で、日本人が直面する精神的問題への打開策をキリスト教の立場から提示するものでなければならない、ということであった[26]。

米国のユニテリアンはニューイングランドの会衆派教会のなかから生まれた運動を始まりとし、一八二五年に米国ユニテリアン協会(The American Unitarian Association)を設立した。ここから、キリスト教の信仰のみに拘泥しないラルフ・W・エマーソン(Ralph Waldo Emerson 1803-1882)やセオドア・パーカー(Theodore Parker 1810-1860)などのトランセンデンタリストたちや、東洋の宗教への関心をもとに宗教間交流やあらゆる宗教の根源的一致を唱道する動きが生まれた[27]。

アーサー・メイ・ナップ(Arthur May Knapp 1841-1921)の来日から始まった日本におけるユニテリアンの宣教活動は、信者の獲得よりも他宗教との相互理解をはかる宗教的自由主義運動であり、仏教の革新を目指す新仏教徒同志会と「自由討究」を行い、社会主義運動の先導者たちをも育てた[28]。宗教間の協調を標榜する帰一協会にユニテリアンが共感を寄せたことにも不思議はなく、協会の会員には岸本能武太(一八六六～一九二八)、クレイ・マコーレイ(Clay MacCauley 1843-1925)、内ヶ崎作三郎(一八七七～一九四七)、今岡信一良(一八八一～一九八八)、黒岩周六(涙香、一八六二～一九二〇)らユニテリアンがいたほか、会員の島田三郎(一八五二～一九二三)、村井知至(一八六一～一九四四)も一時期日本ユニテリアン協会に所属していたことがある。

ハーヴァード大学で長らく学長を務め、米国帰一協会の会長に就任したチャールズ・W・エリオット（Charles William Eliot 1834-1926）、そして彼とともに来日して帰一協会で講演した同大学名誉教授F・G・ピーボディ（Francis Greenwood Peabody 1847-1936）はユニテリアンである。姉崎が講演した宣教会議において、彼らは渡日経験をもとに――おそらく主として帰一協会会員との交流によって――東アジアの知識層がユニテリアンの精神を共有しうることを実感したという内容の演説をしている[29]。

ユニテリアンの「宣教」の様式は、一見、姉崎の主張と親和性があるように見受けられる。姉崎も日本ユニテリアン協会が設立した先進学院で講義し、岸本能武太や今岡信一良らと親しい関係にあったためユニテリアンとの関わりは決して浅くない。だがその活動が破局を迎えたことを知るためか、姉崎は講演では日本のユニテリアンには触れなかった。

それに対し、宣教師にも様々なタイプがいるなかで姉崎が高く評価したのは、帰一協会会員としてのギューリックであった。姉崎は、ギューリックが協会内で他宗教の人士たちとの交流から日本の宗教的伝統に対する認識を新たにし、さらには日本人の目から見たキリスト教がいかなるものかということや、日本人の生活にキリスト教がどのように関わることができるかということも学んでいる、というギューリック自身の言葉を彼の公開書簡[30]から引用しながら称賛した。姉崎の渡米時にはすでにカリフォルニア州における日本人移民排斥運動が激化しており、日米問題に取り組むギューリックに対し、姉崎は後年の回想でも敬意を表している[31]。姉崎における帰一協会の目的は、異なる信仰の持ち主たちがよき仲間を得て互いに影響を与え合い、頑なさを捨てて、自分自身が変容することも恐れず社会貢献を果していくことにあったことがうかがえる。

さらに姉崎は、東洋諸国では「宗教的理想主義」（religious idealism）と近代文明の産物である「物質的個人主義」（materialistic individualism）との対立に直面しており、もはや問題はキリスト教と在来宗教との違いではなく、「宗教対反宗教」（[r]eligion *versus* anti-religion）であるという現状認識を訴えた。これは姉崎が渡米前から主張していたことである。[32]日本のような国では、このことをよく理解して仏教や儒教からよき同志を得る宣教師が有意義な活動をなし得るのだ、と姉崎は明言した。そして近代文明の物質主義的傾向には日本の既存の宗教は対応できておらず、おそらくキリスト教がこれとの闘いに有効ではないかと述べたのである。だがその一方で、キリスト教は近代の社会的倫理的問題を解決しうる唯一の宗教だと自負しているようだが、無政府主義に傾くような「極端な個人主義」、商業主義的競争、植民地支配、人種偏見などは西洋から発して東洋にまで及んでおり、西洋諸国の社会でこれらの問題は解決されているのか、と姉崎は厳しく問うている。

ここには、同時代の問題に対処しうるかどうかという、宗教教団の社会的存在意義に対する姉崎の問題意識がうかがえる。近代文明の余波により各国の社会が共通して抱える精神的問題にともに取り組む同志を海外に求めていくという帰一協会の目的を、姉崎はこうした講演を通して伝えていた。

五　ユニテリアンの国際的自由主義運動と帰一協会

（1）宗教的自由主義者の国際会議

姉崎の講演を聴いて強い印象を受けた人物がいた。ユニテリアンの海外宣教に熱意を持つチャールズ・W・ウェント（Charles William Wendte 1844–1931）という牧師である。ユニテリアンでは多くの信徒が海外宣教に関心を示さず、他のプロテスタント諸派に比べて海外事業への支出額も低かった。姉崎が招かれたユニテリアン宣教会議は、ウェントをはじめ国際的活動の拡大に熱心な一部の急進派が開催したもので、実は出席者はわずか一〇〇名ほどという状況であった。[33]ウェントの自伝には、同会議で姉崎の講演から感銘を受けたことが記されている。[34]

ウェントは成瀬の渡米時に帰一協会への賛同の言葉と署名を寄せており、[35]成瀬、姉崎による協会の理念の発信に対するひとつの大きな反応として、国際的な宗教会議への協力を要請してきた。これはユニテリアン急進派を中心とした「自由キリスト教徒・宗教的自由主義者国際会議」（International Congress of Free Christians and Other Religious Liberals）という団体によるものである。ウェントはこの団体の設立以来二〇年間、事務局長を務めた。

ウェントはユニテリアン勢力下のハーヴァード神学校で学び、在学時にはR・W・エマーソンや比較宗教学者J・F・クラーク（James Freeman Clarke 1810–1888）らの講義による影響を受けて青年期を過した。[36] エマーソンより若い世代の急進派が一八六七年に宗教的自由主義者の団体「自由宗教協会」（The Free Religious Association, 以下、FRA[37]）を設立すると、ウェントはまだ学生の身分ながら参加した。[38] この団体は「純粋な宗教」（*Pure Religion*）の追求という理念のもと、多元的な宗教交流・研究を行い、比較宗教学を発展させる母体にもなった。シカゴ世界宗教会議の立役者の一人となったJ・L・ジョーンズ（Jenkin Lloyd Jones 1843–1918）もFRAの中心に居り、ウェントは彼と親しい関係にあった。FRAにはユニテリアン急進派だけでなく他の自由主義神学、福音派のリベラリスト、ユダヤ教改革派、インドのブラフモ・サマージ（Brahmo Samaj）[39] などから会員が集まっていた。ウェントは学業を終えるとアメリカ各地でユニテリアンの牧師としての経験を積み、FRAの幹部も務めていたが、一九〇〇年にはより活発な国際交流を求めて「ユニテリアン・宗教的自由主義者国際協議会」（International Council of Unitarians and Other Liberal Religious Thinkers and Workers）をボストンで結成した。これが帰一協会に協力を求めてきた団体であり、一九一〇年からは先述のような団体名に改めていた。現在も「世界最古の地球規模の宗教協力団体」を名乗るNGO「国際自由宗教連盟」（International Association for Religious Freedom, IARF）として存続している。[40] その理念と参加者はFRAと重なるもので、「純粋な宗教（*Pure Religion*）と完全なる自由（*Perfect Liberty*）を結びつけることに励むあらゆる国の人々とのコミュニケーションを開くこと、そうした人々の間の親睦と協力を増進すること」[41] を趣旨として数年おきに国際大会を開催していた。設立以来、ロンドン、アムステルダム、ジュネーヴ、ボストン、ベルリン、パリで大会を開き、回を重ねるごとに参加者を増やしていたが、一九八四年の第二五回大会が東京で開かれるまで、欧米以外の地域で大会が開催されることはなかった。

ウェントによれば、一九一三年のパリにおける第六回大会の後、東洋でも大会の開催を望む声が上がっていた。そこで彼は、一ヶ所で会議を開催するのではなく、代表団が数ヶ国を巡遊して各地の様々な宗教者たちと交流する会議を開き、相互理解を図るという新しい企画を立てた。当初の計画は、一九一四年一一月から翌年四月にかけて、米国東部からヨーロッパ、中東、インド、中国、日本を廻り、サンフランシスコでパナマ太平洋万国博覧会にあわせた会議を開催して幕を閉じるというものであった。日本での受け入れは帰一協会に依頼され、連絡の仲介は、ユニテリアン宣教師であり、帰一協会会員であるC・マコーレイが担った。ウェントにとって、非欧米地域をも訪問する巡遊会議企画はシカゴ世界宗教会議よりもさらに高次の成果を目指すものであっただけでなく、より広い世界でユニテリアン的な「宣教」を実現する機会としても重要な意味を持っていた[42]。ウェントの宣教活動熱の核には、東洋の神秘主義と西洋の実践的精神は相補的関係を築いて互いを高め合うべきであり、ユニテリアニズムこそがその仲介を果たしうるという信条があった[43]。帰一協会への協力要請は姉崎の滞米中に始まり、宣教会議で講演した姉崎はこうした背景を把握していたであろう。

（2）帰一協会への協力依頼

巡遊会議の立案後、各地に協力を要請するため、インドで長い活動経験を持つユニテリアンの牧師J・T・サンダーランド（Jabez T. Sunderland 1842-1936）が日本、中国、インドに派遣された。

サンダーランドは一九一三年夏、東京に六週間滞在し、阪谷芳郎、大隈重信、渋沢栄一といった有力者にそれぞれ面会し、彼らがいかに熱心に自分の話に聴き入ってくれたかを帰米後に報告している[44]。帰一協会では九月一七日の例会で迎えられ、会議企画について説明演説をした。彼は自分たちの企画である一連の「自由宗教の会議」（Congresses of Liberal Religion）を「普遍宗教の会議」（Congresses of Universal Religion）とも言い換えながらその趣旨を説明した。

これまで欧米で会議を重ねた上で新たにアジア諸国でも開催することの重要性に加えて彼が強調したのは、この企画が特定の宗派を代表するものではなく（wholly unsectarian）、キリスト教以外の宗教にも開かれているということであった。会議の目的は、諸宗教が互いによりよく知り合うこと、すべての宗教が共有する普遍的要素（the universal elements in all the religions）を支持すること、世界的な道徳の向上のために宗教間の協力を強化し、戦争や犯罪の撲滅につなげることである、と彼は説明した[45]。このような趣旨は、帰一協会からの賛同を得やすい内容であった。だが、具体的な協議が進むうちに両団体の宗教をめぐる立場の違いが表面化していくこととなる。

サンダーランドは次に上海を訪問した後、インドへと向かった。インドではブラフモ・サマージや神智学協会に迎えられ、複数の都市で会議を開催できるよう交渉し、詩人ラビンドラナート・タゴールからインド側の委員長就任の約束を得た[46]。

協力を承諾した帰一協会では、準備委員が選ばれた。その成員は『会報』には記録されていないが、ウェントの記述によれば、委員長の服部宇之吉をはじめ、渋沢、成瀬、マコーレイ、浮田和民らを含めた三五名である[47]。

サンダーランドの来日から四ヶ月後、ボストンのウェントから服部宛に書簡が届いた[48]。このなかでウェントは協力受諾への感謝を述べた後、東京における会議の名称について次のように提案した。つまり、「普遍宗教」（Universal Religion）という概念はシカゴ世界宗教会議の基調であった「寛容の精神」（the *tolerant* sprit）を表すものであるので、こちらを用いるよりも「宗教的一致の巡礼世界大会」（"*Pilgrim World-Congress of Religious Unity*"）が企画の趣旨に適しており、これを考慮してほしいとの提案である。帰一協会側では会議の名称を便宜的に「万国宗教大会」としていた[49]。ウェントは自ら提案した名称こそが、「寛容」からさらに一歩進めた「あらゆる宗教の本質的一致の表明（a manifestation of the essential *unity* of all religions）と、この洞察によって我々に授けられるべき相互の友情」に相応しいものであるとしている。ウェントの筆はさらに進み、「神」の概念の表象は各宗教によって違うが、すべての宗教における「一致」の理念は確かなものだ、と人類同胞主義を熱烈に語っている。

これに対する服部の返信は、友好的な姿勢を示しながらも、ウェントの提案した会議の名称には賛成できないことを伝えている。帰一協会側は、ウェントの提案にある"pilgrim"という用語を適切な日本語に置き換えがたいとし、訳語が見つからないなら「万国宗教大会」(The World Religious Congress)とするほうがよいとの立場であった[50]。おそらく翻訳の問題以前に、キリスト教の歴史に深く根ざす"pilgrim"という用語自体が受け容れがたかったのではないかと推測される。東京における会議の名称について、『会報』では「当方にて定めたる名称は万国『宗教大会』にして『世界宗教』大会にあらず[51]」と述べられているが、この記述には帰一協会側の立場がよく顕れている。つまり協会の準備委員会が意図していたのは、ユニテリアン的な宗教的一致の意味が込められた「世界宗教・大会」ではなく、多元的な諸宗教の交流大会といった程度の「万国・宗教大会」であった。

(3)姉崎が「宗教的一致」に呈した疑問

このような両者の認識の違いに加えて、ウェントに強い疑義を呈してさらに事態を複雑にしたのは姉崎であった。姉崎は一九一四年四月にボストンから成瀬に書簡を送り、自分がウェントという人物に対して「感服せざる点多く」、この企画の「プログラムの劈頭にある Unity of God 云々」という文言についてウェントに修正を求めたという。なぜなら「日本にては此点支障あるべく帰一協会がユニテリアンの御先に使はれたりとの譏(りー筆者註)或は嫌疑を受けかねないから、とのことである[52]。この企画に対して成瀬がどう思っていたかは未詳であるが、おそらく彼の立場と遠くはないものと受け止めていたのではないかと想像される。しかし姉崎はこの企画に強い警戒心を示し、準備委員ではないにもかかわらずウェント本人やマコーレイに率直な意見をぶつけている。

日本に一時帰国した姉崎は、同年七月一一日付マコーレイ宛書簡において、前日の協会の会合で出されたこの企画に関する懸念と自分自身の見解とを併せて次のように伝えた。つまり、ユニテリアニズムの性質や企画の目的は理解しているが、協会にとって問題は「精神(spirit)の違いにあるのではなく、計画実行の具体的な方法にある」ということである。日本での会議が、実は英米人中心のユニテリアンの団体が各地を巡遊する行程の一部にすぎないことが一般に知られたら、それは「国際的な宗教間の会合」と銘打っていながらも実際には会議（conference）ではなく、ユニテリアン主導の企画を迎え入れるだけの単なる接待（reception）でしかないとの批判を受けかねず、現段階の計画はその批判を正当化するようなものである、と姉崎は述べている。そして姉崎は、「真に国際的な宗教間の会合」(truly international and interreligious meeting）が可能となるかどうかは、巡遊団の構成にあるとし、巡遊団の規模を大きくしてより国際的な人員で構成すること、それとは別に少なくともインド、中国、日本の間で相互に代表が訪問し合うことを提案した。先述の成瀬宛書簡で言及されている、プログラムの「Unity of God 云々」という文言を修正するようにとの姉崎の提案にウェントが同意したことも、マコーレイに伝えられた。そして、目下のところ計画は協会側の希望に沿うものではないので次の段階には進めない、と姉崎は直言している。[53]日本で姉崎がマコーレイに送ったこの書簡は、ウェントの元に転送された。

姉崎は、問題が「精神の違い」ではなく実行の「方法」にあると言っているが、実は「方法」の問題は「精神の違い」に由来している。ユニテリアンがその普遍主義の謳歌のために、ヨーロッパ、中東、アジアをめぐる企画の受入れを要請してきたことは、姉崎からすれば「宗教的一致」の名における一方的な宗教的価値観の押し付けと思われたのではないか。しかも、インド、中国、日本の間で訪問者を交換し合うという姉崎の提案は、ウェントの計画の趣旨から逸脱し、それを撹乱するものでさえあった。

姉崎の意見を受けて、マコーレイは即座に成瀬に七月一四日付の手紙を書き、姉崎によるアジア三ヶ国代表の相互訪問の提案には一言もふれずに表面的な改善案を提示した。[54]その内容が成瀬から姉崎に知らされると、姉崎はマコーレイにも転送されることを前提に英文で書いた書簡を、七月二三日に京都から成瀬に送った。それによれば姉崎は、マコーレイが黙殺したアジア三ヶ国間の相互訪問を諦めるつもりはなく、ブラフモ・サマージの要人と思われる人物に接触して計画実行に着手していた。さらに三ヶ国間の交流にあたる日本側の候補者の氏名まで挙げ、協会の会員が所属する宗派、企業、国際交流団体への具体的な協力要請も提案している。姉崎は、非宗派的という謳い文句よりも会議が「実際に帯びる色彩」（the real coloring）がいかなるものかを問題にし、もしアジア三ヶ国でこうした相互交流ができないなら巡遊会議の受け入れはキャンセルすべきだ、とまで強く主張している。[55]

実際にウェントは、巡遊団の候補者がどうしてもユニテリアンにばかり偏ってしまうことに苦慮するようになった。ウェントの自伝には、姉崎は自分の企画に賛同してくれた、とだけ記されているが、実はウェントが巡遊団の構成に心を砕いたのは、姉崎の強い反発を受けてのことであったと思われる。加えて、米国ユニテリアン協会から資金面の補助を得ることになった代わりに、なおさらこの企画をユニテリアン色の濃い構成にしなければならないという制約もでき、板挟みになったウェントの悩みは深くなった。[56] 結果的に、第一次世界大戦の拡大によって、この企画は「無期限延期」に終わるのであるが、[57] 大戦がなかったとしても実行に至らなかったか、または帰一協会との折り合いがつかず、巡遊の行程から日本を外すなどの結果になった可能性も考えられるだろう。

六　初期帰一協会の国際的活動の意義と問題

おそらくウェントは、エリオットやピーボディ、サンダーランドを歓待した「帰一」の名を冠する日本の団体が、問題なく巡遊会議への協力体制を整えてくれると思っていたであろう。しかし姉崎にとって、表面上は非宗派的でも、自分の宗教的信条に基づく「一致」（unity）を他者の中にも見出せるはずであると想定し、それを確認したいだけの宣教や交流は意味がなかった。準備委員でもない姉崎がウェントの計画を換骨奪胎するような強硬な行動をとったのは、国内における協会の評判のためだけでなく、ウェントのユニテリアン的普遍主義に見え隠れする包括主義を前にして、特定の信仰に偏らない世俗的な研究・交流団体としての帰一協会の特色を守りたかったためではないだろうか。初期の帰一協会が経験したこの事例は、まだ歴史の浅い宗教的自由主義が掲げる普遍主義の実践の難しさを表している。神智学協会がもの足りなさを指摘した多元主義にとどまっておくことは、帰一協会において姉崎が模索したような、宗教間の協力による様々な社会的活動を可能にするために必要なことであった。

「自己の主張を他に強ひ」ないことを行動指針とする帰一協会は、リベラルな知識人たちの国際的ネットワーク形成の大きな可能性を有していた。成瀬による呼びかけに応じる形で、英米の知識人たちが各国の帰一協会設立に向けて動き、ゆるやかな結びつきを実現しかけていた。近代日本で結成された団体のうち、ここまでの国際的反応を得た例はきわめて珍しい。姉崎は成瀬を「意志熱情の人であって知見の人でない」が「脚力の強い盲人」であると評し、脚力はないが「知識と見解」を持つ自分が成瀬と補い合うことが大事だと語っていた。[58] しかし、宗教や人種の違いを超え、近代の実利優先の「物質的」風潮に抗して道徳的価値の蘇生のために国際的な協働を実現するという課題に向けて、成瀬の「脚力」がつくった国際的ネットワークを協会全体で十分に生かしていくまでには至らなかったと言える。[59] それに加えて帰一協会は、右のような国際的な宗教交流の難しさを、時間をかけて克服していく機会を再び持つこともなかったのであった。

註

（1）高橋原「姉崎正治と帰一協会——結成の理念と昭和初期の活動について」『日本女子大学総合研究所ニュース』第一〇号、二〇〇一年、五一～五二頁。

（2）*First Report of the Association Concordia of Japan*, June 1913 [hereafter cited as *First Report*]; *Second Report of the Association Concordia of Japan*, July 1914 [hereafter cited as *Second Report*].

“Prospectus for the Association Concordia”は小冊子のかたちでも二種、発行された（日本女子大学成瀬記念館所蔵）。いずれも内容は「意見書」英訳のみである。

（3）“Association Concordia,” *The Japan Times*, June 30, 1912.

（4）本書第五章、参照。

（5）『伝記資料』第四六巻、四三五頁。
（6）この時期の成瀬の文章で、ブリュッセルの「国際団体中央局」という団体が帰一協会の加入を提案してきたことが言及されているが、これも同一の団体であろう（「東西の握手　帰一協会の成立と世界的関係」成瀬仁蔵著作集委員会編『成瀬仁蔵著作集』第三巻、日本女子大学、一九八一年、六一五頁）。成瀬は、本文中で後述する欧米旅行でブリュッセルも訪問し、この団体の事務総長の平和運動家ポール・オトレ（Paul M. G. Otlet 1868-1944）から帰一協会への賛同の言葉と署名を得ている（*First Report*, pp. 45-46）。
（7）*Organizations Promoting Inter-racial Friendliness*, London: World Conferences for Promoting Concord between All Divisions of Mankind, 1913, p. 14.
（8）ポイント・ロマ派の神智学協会については、吉永進一「明治期日本の知識人と神智学」川村邦光編『憑依の近代とポリティクス』青弓社、二〇〇七年、一二九～一三三頁、参照。同論文は、渋沢栄一率いる渡米実業団のポイント・ロマ訪問（一九〇九年一一月）についても詳しい。
（9）"The Screen of Time," *The Theosophical Path* 3(3), September 1912, pp. 213-216.
（10）姉崎正治「青淵翁と宗教問題」島薗進編『姉崎正治集』第九巻、クレス出版、二〇〇二年、四四頁。
（11）Miyaoka, T., *Growth of Internationalism in Japan*, Washington D. C.: The Carnegie Endowment for International Peace, 1915, p. 10.
（12）"Concordia Movement," *The Japan Times*, June 30, 1912.
（13）のちに一九一三年一二月の帰一協会例会に招かれ神智学についての講演をしたE・S・スティーヴンソン（Edward Stanley Stephenson 1871-1926?）は、『ジャパン・タイムズ』の編集に携わっていたことがあるが、在職期間が帰一協会設立の時期とは重ならないため、この記事の執筆者である可能性は低い。近代日本の知識界と神智学、スティーヴンソンについては、前掲、吉永「明治期日本の知識人と神智学」一三三～一三六頁、参照。同論文に書かれていること以外にも、スティーヴンソンやポイント・ロマ派について吉永進一先生よりご教示をいただいた。記して衷心より謝意を表したい。また、日本ユニテリアン協会の宣教師アーサー・メイ・ナップの息子も『ジャパン・タイムズ』での勤務経験を持つが、彼の場合もこの記事の日付とは在職時期が重ならない。
（14）影山礼子『成瀬仁蔵の教育思想——成瀬的プラグマティズムと日本女子大学校における教育』風間書房、一九九四年。大森秀子『多元的宗教教育の成立過程——アメリカ教育と成瀬仁蔵の「帰一」の教育』東信堂、二〇〇九年。前掲、吉永「明治期日本の知識人と神智学」参照。
（15）前掲、影山『成瀬仁蔵の教育思想』一二六頁。
（16）前掲、大森『多元的宗教教育の成立過程』二四一頁。

（17）帰一協会設立後、ギューリックは自身が所属するアメリカン・ボードのボストン本部で事務局長を務めるJ・L・バートン（James L. Barton 1855–1936）に宛てた長い公開書簡で、協会の目的や活動内容を報告した。これは英文版会報に収録されている（"A Letter Addressed to Dr. Barton by Professor Gulick," *First Report*, pp. 65–93）。成瀬は自分が携えていたのが「ギユリツキ博士の書簡即ち博士が昨年帰一協会設立の当時贈られた手紙」と説明しているが（「欧米旅行報告」『帰一協会会報』（以下、『会報』）第二号、一九一三年、九五頁）、この公開書簡を指しているのかどうかは定かでない。

（18）「時機は来れり」『成瀬仁蔵著作集』第三巻、六二四頁。

（19）前掲「欧米旅行報告」九二頁。

（20）前掲「時機は来れり」六二四頁。

（21）"The Concordia Movement" by Jinzo Naruse, *The Oriental Review* 3(1), November 1912, pp. 23–27.『成瀬仁蔵著作集』第三巻に和文版「帰一協会に就きて」収録。

（22）"The Association Concordia," *Second Report*, pp. 5–16.『成瀬仁蔵著作集』第三巻に和文版「帰一協会の使命」収録。

（23）同前、六七〇～六七五頁。

（24）片桐芳雄「成瀬仁蔵のアメリカ留学、タッカーとの出会い——帰一思想への道（1）」『人間研究』第五〇号、二〇一四年。同「アメリカにおける成瀬仁蔵とキリスト教——帰一思想への道（2）」『人間研究』第五一号、二〇一五年。

（25）前掲「欧米旅行報告」九六、九七、一〇五頁。

（26）"An Oriental View of Missions" by Prof. M. Anesaki, Ph.D., University of Tokio, *The Christian Resister* 93(14), April 2, 1914, pp. 323–325.

（27）Robinson, David, *The Unitarians and the Universalists*, Westport, Conn.: Greenwood Press, 1985.

（28）日本におけるユニテリアンの活動については次の研究を参照。土屋博政『ユニテリアンと福澤諭吉』慶應義塾大学出版会、二〇〇四年。中西直樹「日本ユニテリアン協会の試みと挫折——宗教的寛容と雑居性との狭間のなかで」『龍谷史壇』第一一四号、二〇〇〇年。Mohr, Michel, *Buddhism, Unitarianism, and the Meiji Competition for Universality*, Cambridge, Mass.: Harvard University Press, 2014.

（29）Wendte, Charles William, *The Wider Fellowship: Memories, Friendships, and Endeavors for Religious Unity 1844-1927*, vol. II, Boston: Beacon Press, 1927, pp. 545–549.

（30）註（17）参照。

（31）前掲「青淵翁と宗教問題」四五頁。

(32)『宗教と教育』（一九一二年）島薗進編『姉崎正治集』第五巻、クレス出版、二〇〇二年、四〇四～四一九頁。

(33) Wendte, *The Wider Fellowship*, vol. II, pp. 489-491, 542-552.

(34) Ibid., pp. 545-549.

(35) *First Report*, p. 61.

(36) Wendte, *The Wider Fellowship*, vol. I, 1927, pp. 171-186.

(37) ＦＲＡについては次の文献を参照。Jackson, Carl T., *The Oriental Religions and American Thought: Nineteenth-Century Explorations*, Westport, Conn.: Greenwood Press, 1981, pp. 103-122.

(38) Wendte, *The Wider Fellowship*, vol. I, pp. 215-221.

(39) ブラフモ・サマージは、インドの宗教・社会改革者ラーム・モーハン・ローイ（Ram Mohan Roy c.1772-1833）がムスリムの影響やユニテリアンとの交流をもとに一八二八年に設立した、ヴェーダを中心とした一神教的な普遍宗教を掲げる団体である。ローイの死後、この団体は二度の分裂を経ていた。ブラフモ・サマージ代表としてシカゴ世界宗教会議に出席したＰ・Ｃ・マジュムダール（Protap Chunder Mozoomdar 1840-1905）などの幹部はかねてより米国ユニテリアン協会の大会にも出席し、ＦＲＡにも加入するなど、ユニテリアンとの絆が深かった（竹内啓二『近代インド思想の源流』新評論、一九九一年、八四～一九一頁。Chandler, Daniel Ross, *Toward Universal Religion: Voices of American and Indian Spirituality*, Westport, Conn.: Greenwood Press, 1996, pp. 1-22）。

(40) https://iarf.net/about/（accessed March 19, 2016.）

(41) Wendte, *The Wider Fellowship*, vol. II, p. 192.

(42) Ibid., pp. 548-549; "Address by Charles W. Wendte," *Proceedings at the Forty-seven Annual Meeting Held in Boston, Mass.*, The Free Religious Association of America, 1914, pp. 37-41.

(43) Wendte, *The Wider Fellowship*, vol. II, p. 495.

(44) "Address of Rev. J. T. Sunderland, D.D.," *Proceedings at the Forty-seven Annual Meeting Held in Boston, Mass.*, pp. 44-47.

(45) Dr. Sunderland, J. T., "Congresses of Universal Religions," *Second Report*, pp. 48-54. 抄訳は『会報』第三号、一九一三年、所収。

(46) "Address of Rev. J. T. Sunderland, D.D.," pp. 47-51.

(47) Wendte, *The Wider Fellowship*, vol. II, p. 564.

(48) "A Letter Addressed to Prof. Hattori by Rev. Wendte," January 20, 1914, *Second Report*, pp. 169-173. 和訳は『会報』第四号、一九一四年、所収。

(49)『会報』第四号、一五八～一五九頁。

(50)"A Letter Addressed to Rev. Wendte by Prof. Hattori," March 21, 1914, *Second Report*, p. 174.

(51)『会報』第四号、一五八～一五九頁。

(52)姉崎発成瀬宛書簡、一九一四年四月九日（一四三〇、日本女子大学成瀬記念館所蔵）。本章で引用する日本女子大学成瀬記念館所蔵の書簡は、中嶌邦『成瀬仁蔵研究』（ドメス出版、二〇一五年）で紹介・翻訳されているが、原文の用語確認のため原資料から引用する。資料の閲覧のために便宜を図ってくださった同館の岸本美香子氏と、紹介の労を執ってくださった渋沢史料館館長井上潤氏に深く感謝申し上げる。

(53)Letter of Professor M. Anesaki to Rev. MacCauley, July 11, 1904 (Unpublished Wedte Papers, Starr King School for Ministry, Berkeley, California) cited in Josef Boehle, "Inter-religious Co-operation in a Global Age," Ph. D. Thesis at the University of Birmingham, 2001, p. 34, n. 36. (https://iarf.net/wp-content/uploads/2012/04/Boehle-thesis-IARF-history-Chapter-2.pdf) accessed March 19, 2016.

(54)Letter of MacCauley to Naruse Jinzo from Karuizawa, July 14, 1914.（四六二九、日本女子大学成瀬記念館所蔵）

(55)Letter of Anesaki Masaharu to Naruse Jinzo from Kyoto, July 23, 1914.（四六三〇、日本女子大学成瀬記念館所蔵）

(56)Wendte, *The Wider Fellowship*, vol. II, pp. 564-566.

(57)『会報』第五号、一九一四年、五四頁。

(58)前掲「青淵翁と宗教問題」四六頁。

(59)成瀬がフランスで面会し、帰一協会に賛同を示した教育関係者のなかには、同国における教育と宗教の分離政策から生じた問題を研究している人々がいた（前掲「欧米旅行報告」一〇八頁）。日本とフランスとの社会的文脈の違いは大きいが、帰一協会が「教育と宗教的信念問題」（『会報』第六号、一九一五年）について議論し、決議を発した時、取り組み次第では国際的な比較考察と連帯の機会を実現し得たのではないだろうか。

第九章　「一等国」をめざす有識者グループの努力と限界

――デューイから見た大正日本と帰一協会の人々――

陶　徳民

一　鶴見和子のデューイ観

帰一協会は一九一二年（明治四五）、日本女子大学創設者の成瀬仁蔵が中心となり、姉崎正治・浮田和民・渋沢栄一・森村市左衛門らの学者、実業家によって結成された。その標語に「階級、国民、人種、宗教の帰一」とあり、「まず国内の精神的統一をはかり、次第に外国の同志をも合同しようと企画し、研究会・出版・公開講演会などの事業を行った。当初の会員一〇〇名は一流の実業家、学者、宗教家」からなる有識者グループであった。(1) 協会は一九四二年の解散まで三〇年間存続していたが、世間に一定の影響を与えた活動、たとえば一九二八年日本宗教懇話会主催による御大典記念日本宗教大会を協賛したことなどは主として協会のパトロンである渋沢が逝去した一九三一年前後までの二〇年間に行われていたようである。(2) そして、活動によって得られた主な成果として、およそ宗教情操の教育の必要性に対する文部省の認可と日米親善をはじめとする国際協調路線の推進という二つが挙げられよう。

このような帰一協会の努力とその限界について、従来、様々な研究と論評があった。本章では、帰一協会に集った人たちを含む、大正時代の有識者グループの思想と行動を、米国帰一協会（Association Concordia of America）の発起幹事でもあった教育哲学者ジョン・デューイ（John Dewey 1859-1952）の目を通じて見てみようと考える。なぜならば、デューイの教育哲学は早い段階で成瀬などに注目され、しかもデューイは渋沢の助成金で一九一九年春に約八〇日間の日本訪問を実現し、日本の現状をつぶさに観察しただけでなく、その近未来に対する予言を惜しまなかった。デューイ逝去約三年後の一九五五年四月一八日、久野収・上山春平とおこなった「デューイの哲学と日本の教育」をめぐる座談会において、戦時中のヴァッサー大学とコロンビア大学の大学院哲学科に留学したことのある鶴見和子（一九一八～二〇〇六）が次のように論じている。「デューイの教育理論は一九二九年（昭和四年）の大恐慌以前に、ほぼ作られていたと考えられる。以後は論理学と社会学の方面に進んだ。アメリカの哲学者のなかでも彼は権威に対する反発、欧州的社会秩序に対する反発、ドイツ観念論に対する反発、極端な人間疎外への反発などに闘って来た人である。一九二九年までは、アメリカは永久に栄えるという考えがあって、その中でプラグマティズムが生きてきたと思う。一九一九年（大正八年）にデューイは来日した。彼は日本で、自由主義が本当に成長するだろうか考えたようである。結論として、彼は、日本が、天皇制のもとで、制限が強く、教育勅語を根本的に変更しない限り、真の自由主義は成長し得ないし、日本は進歩し得ないと考えた。彼は、天皇制が存在する限り、自由ではないし、天皇を日本人一人一人の心の中にあるものとしてみることが、日本人を理解する上に必須であり、要件であるとした[3]」と。鶴見のこの指摘は、帰一協会の活動と成果を評価する上で重要な示唆のひとつになると考えられる。

二　デューイと帰一協会の人々およびその日本・中国訪問

日本の教育界におけるデューイへの認知は、成瀬の尽力によるところが大きかった。日露戦争の勝利が確実となった一九〇五年（明治三八）六月に、『学校と社会』（*The School and Society*）が成瀬の紹介と要望に応じて訳され出版された。同書を翻訳した理由は次のように記されている。「北米合衆国コロンビヤ大学教授ジョン・デューイ氏は同国に於ける知名の学者にして倫理、心理及教育に関する有益なる著書少からず、本書は氏が多年シカゴ大学の教育学教授として、又同大学附属小学校の管理者として就職されたる際の著述にして『学校と社会』と題するものなり、その趣旨は学校生活をして社会と調和一致せしむべきことを説くにありて、近時米国教育界に於ける一の新主義を鼓吹せるものなり、今之を我国教育社会に紹介することの裨益あるを認め、馬場是一郎に嘱して訳せしめ書肆に命じて之を刊行せしむることとせり　明治三十八年四月　文部省」と。

その前後に、哲学界もプラグマティズムへ注目しはじめた。一九〇三年一一月姉崎正治が『哲学雑誌』に「ジェームス氏の『宗教的経験』に就て」を発表し、それは米国において姉崎がデューイと討論をなしたことによるものともいうが、定かではない。さらに一九〇五年一二月に桑木厳翼（翌年、東大から新設の京都帝国大学文科大学に移籍、一九一四年にまた東京帝国大学に復帰）が、哲学会において「プラグマティズムに就いて」と題する講演をし、翌一九〇六年『哲学雑誌』一月号に同題の論文を発表した。その後、同誌の一〇月号にシカゴ大学でデューイに師事したことのある東京専門学校（のちの早稲田大学）講師、田中王堂の反論「桑木厳翼の『プラグマティズムに就て』を読む」が載せられ、論戦となった。要するに、ドイツ哲学を中心に研究が進められていた当時の帝国大学において、プラグマティズムや実用主義的な米英哲学は、哲学の俗悪化、邪道としてみなされていたのである。のちに第一次世界大戦後の自由主義、デモクラシーの思潮のなかにあっても、たとえば京都帝国大学の哲学科が評価した点は、ジェームスのプラグマティズムのほうであり、デューイの学説には無関心で、彼の思想は教育学の方に結ばれるけれども、哲学と関係がないとされた(4)。

一九一二年八月、成瀬は欧米への教育視察に出かけ、多数の著名人に面会して、帰一協会の理念を訴えたが、その結果、同年一一月三〇日に米国帰一協会が成立し、デューイも発起幹事を務めた。翌一九一三年、姉崎がハーバード大学客員教授として渡米し、米国帰一協会との交流は一見順調に見えたが、まもなく解散してしまった(5)。

一九一九年のデューイの日本招聘を企画したのは、シカゴ大学留学中デューイに面識を得ていた日本興業銀行副頭取の小野英二郎であり、受け入れを担当したのは、東京帝国大学の倫理学教授友枝高彦であった。日本到着翌日の二月一〇日付『大阪朝日新聞』の記事によると、「米国在紐育コロムビア大学文科の首席教授で独逸のオイケン等と並び称せられ米国哲学界の権威として世界的に知らるるジョン・デュエー博士は夫人同伴、九日午後壱時横浜着春洋丸で渡来した。出迎へには姉崎博士、友枝氏、小野興業銀行副総裁等」がいた。さらに、記者会見時に「日本滞在中研究希望の項目も種々あるが、特に私はニューレパブリック及びダイアル等の雑誌に寄稿して居るので、昨今の問題たる国際聯盟等に就いても日本朝野知名の士の意見を聴きたいと望んで居る」と表明した。「此時記者は進んで『国際聯盟と人種問題に対する御考へは』と問へば、『人種的差別の観念若くは人種に依って待遇を異にすると云ふが如き僻見を除却し得る事となるであらう』と語る」[6]というやり取りがあった。

東京帝国大学での公開講演は二月二五日から三月二一日まで八回にわたり、*The Position of Philosophy at the Present: Problems of Philosophic Reconstruction* という題で通訳なしに行われた。講義の全訳は、二年後の一九二一年四月に岩波書店から出版され、一九二四年の再版を含めて二五〇〇部印刷された。

デューイにとって、日本訪問はある意味で知人の成瀬と再会し、旧誼を温める重要な機会でもあったが、残念ながら、その時の成瀬は病床にいた。帝国ホテルで最初の一週間を過ごしてから、東京女子大学学長新渡戸稲造の自宅に滞在しはじめたデューイは、すぐ成瀬を見舞いに行くが、その様子について次のような記録が残されている。デューイが「女子大学校内なる成瀬校長宅を訪ね、その病床を訪れられました。病床の校長は博士夫妻と握手して且つ元気に会談されたので、博士夫妻の満足は非常であった。短い会話の中にも、往時成瀬校長渡米中の追懐談や目下の日本の女子教育の状態、さては今後に対する希望などを語り合して居らるる間は、全く遠来の旅客でもなく病床の校長でもないかの感があった。（中略）又博士の談は、成瀬校長の上に及び嘗て成瀬校長の紹介によりて、わが文部省の訳訂となりし『学校と社会』が果してどの程度迄実現し居るかを見んが為に、特に小学校幼稚園の授業参観を希望されました。この話は即時にまとまって二十日午前より豊明小学校及幼稚園参観のことを約されて帰途につかれました」[7]。

このほか、デューイは訪日の経費を支援してくれた渋沢などにも親しく接した。『渋沢栄一年譜』によれば、一九一九年二月二一日「是日栄一、日米交換教授トシテ来日セルアメリカ合衆国コロンビア大学教授ジョン・デューイ夫妻ヲ歌舞伎座ニ招待ス」、三月一七日「是日栄一、日米交換教授として来日せるコロンビア大学教授ジョン・デューイ及び栄一の勧めにより近く渡仏せんとする姉崎正治の迎送宴を東京銀行倶楽部に催す。栄一病気のため阪谷芳郎代理す」。その前後に、二月二二日、日米協会の主催によるデューイ招待午餐会（於丸の内銀行集会所）は、後藤新平をはじめとして内外の知名人多数を集めて盛大に行われ、三月一日には東京英語会と外遊会との連合によるデューイ夫妻歓迎会が九段の富士見軒で開催された。また三月一四日には、田中王堂をはじめとするかつての教え子たちによるデューイの歓迎会が田端の天然自笑軒で行われた(8)。東京での日程が終わると、デューイは京都・大阪方面に向かい、現地の大学教授と学校教師に講演し、両市の職員と大学職員による晩餐会に出席した(9)。

日本滞在中、胡適などかつての中国人教え子たちが五つの進歩的教育団体から招聘資金を集めることに成功し、同年六月から翌一九二〇年三月まで北京大学などでの講義をデューイに依頼した。そのため、デューイ夫妻は四月二八日に熊野丸で中国に向かい、二日後に上海に着いた。北京大学での講義は五八回に及び、その翻訳原稿は胡適の編修を経て出版された。そして、清華大学や北京師範大学・南京師範大学でも講義した。その後、北京大学訪問教授として滞在期間が一年延長され、哲学専門の大学院生向けの講義を通訳なしで行った。滞在中、中国の全二二省のうち一三省を訪問し、それぞれの省都で講演した。その二年におよぶ中国訪問期間中、特記すべき事項としては、到着四日後に遭遇した一九一九年の五・四運動、同月一二日上海で孫文との晩餐会、および北京大学名誉博士号を授与された際に蔡元培学長代理に「第二の孔子」と称えられたことなどが挙げられよう(10)。

三　精神文明の向上を図る努力と挫折

アヘン戦争の敗北教訓から生まれた魏源『海国図志』における「夷の長技に師して夷を制す」という戦略論に共感を覚え、幕末の兵学者佐久間象山が「東洋の道徳　西洋の芸術」という名言を残した。ある意味で、明治維新以降の近代化過程は、西洋の技術文明を貪欲に摂取すると同時に、固有の道徳伝統を無傷のまま保存しようと懸命に努力する壮絶な実験であったとも言えるだろう。

では、この未曾有の実験について、デューイはどのように見ていたのだろうか。日本から中国に移って半年後、彼は、自分の感想を次のようにアメリカにいる娘に伝え、また雑誌にも披露した。「いかなる国といえども二重の生活をいつまでも続けることはできない。日本は分裂した生活の生み出す緊張を、いたるところに露呈している」。「アメリカは日本を恐れるのではなく、日本を気の毒だと思い、少なくとも同情すべきである。（中略）日本が多くの点であまりにも急速に、しかもあまりにも準備なしに一等国に成りあがったことは、日本の国民にとってまことに不幸なことであった。一等国の地位に恥じないようにやっていくことは、たいへんな課題であり、日本人はその重荷によく耐えきれず、ついには破滅してしまうかもしれない」と。[11]留意すべきは、似たような忠告が日本だけでなく、中国の有識者たちに対しても行われたことである。つまり、中国が変化することにおいてその国民の二重生活をさけるべきである。西洋科学や技術を受け入れたことにより、中国は必ずや態度や習慣、制度上にいくつかの変化をもたらすであろう。今求められるものは、「新しい文化であり、そのなかに西洋思想の最上のものが自由に採り入れられることになる」と。[12]要するに、デューイにしてみれば、欧米の精神文化の摂取に伴わない技術文明の導入はうまくいかないはずであり、その際、旧来の倫理道徳に対する固執は必ずや二重生活という緊張状態を生み出してしまうと見ていたのである。

したがって、デューイは日中両国でよく耳にした「東洋文明は精神的、西洋文明は物質的」というような浅薄な議論に相当違和感を感じていた。中国滞在の最終段階にあたる一九二一年の前半、デューイは日本の雑誌『改造』に依頼された数編の寄稿において、欧米の技術文明や公共事業に集約された独創的な科学精神と献身的な奉仕精神を見逃さないよう、次のように警告した。「私は東洋に来て見て、東洋では科学の方法や精神を探る代りに、その結果のみを借用しようとする傾向のあることに気づいた。既に出来上っている科学の技術的応用をそのまま借りることは可能である。戦争や商業の道具と等しく、医学及び工学は、そうした模倣の機会を多く提供している。然れども東洋人が、西洋はそういうものを借用することは出来ず、忍耐、励精、勇気、創発力真理とその力とに対する信念のこもった熱心な努力に依りて、それを創造しなければならなかったことを忘れて居る」[13]。そして、北米合衆国が「音楽と絵画と文学と科学（応用科学を除く）とに対する貢献は未だ欧州に於けるが如きに比肩すべくもないが、その応用科学と産業及び運輸業に於ける発明とに対する貢献は比較的に他の西洋諸国を凌駕している」と。それに加えて「北米合衆国が優秀な成績を示しているのは、ただ慈善に於ける公衆的平安及び普通教育に対する献身（大学博物館図書館等の基本金を含めて）だけである。この国は新しい。従ってその独創的修養は浅いけれども、その修養はその伝播と不断の用とによって比較的に広く播布せられてる。故に私はこの文明が主として物質的文明だという非議に全然を拒もうとは思わない。然しながらこの物質的霊の中にすら大抵は見逃しにせらるる理想的或は精神的方面があって、西洋の純真な修養的事功はこれと密接に関係しているのである。私の言及せんとするところは、自然科学の応用とは別なるその精神と方法即ち科学的精神であり、又産業と商業との社会的所態即ち公共心の涵養と純真なる社会奉仕の実現とに於けるその効用である」[14]とも指摘している。

事実、このような東西文明間のギャップとその埋め方に関するデューイの議論は、日露戦後の社会矛盾の噴出を憂慮し文明化のバージョンアップを図ろうとした帰一協会の創設者たちが痛感したところでもあった。たとえば、一九〇八年一月、浮田和民が「将来の日本に関する三大疑問」（『太陽』）において、「日本には武士道と称せらるるものがあって軍人として日本人は文明諸国の模範となる程の道徳を発揮し乍ら実業道徳の劣等にして殆んど比較にならぬ事実」であり、現今の経済社会に適応する時間観念と信用観念をほとんど備えておらず、実業道徳を養成するためには「単に教育勅語を奉読するのみでは其の目的を達することは出来ぬ」と慨嘆している。[15]また翌年八月、また「現時青年に告ぐ」（『太陽』）において「今後将さに来らんとし又た現今に来りつつある第二の維新」の出現を予測し、青年達が「道徳上の習慣を祖先に受け、而して知識上の教化は専ら外国より伝承しつつあるが故に、其間幾多の矛盾撞着を生じ、（中略）各自の胸中にも利害得失の標準、善悪邪正の正鵠に就き常に新旧思想の衝突ありて、伝習と理想との調和し難き苦痛を経験せざる可からざる」という二重生活のジレンマから脱出する必要性を訴えた。それと同時に、東西文明の融合は「終に此国民の性格に深大の影響を及ぼす可きは蓋し疑ふ可からず」。「西洋の個人主義的観念と旧日本の大なる伝説との調和を断へず計りて止まざること、是れ明治時代に育ち且つ生まれたる日本人の最要の義務なり」という展望を示した(16)。

少年時代に中村敬宇の私塾・同人社で感化を受けた床次竹二郎は、「国ノ強弱ハ国民ノ品行ニ係ル」という中村の持論に賛同し、一九〇九年後半の欧米視察を通じて信念養成の重要性をより強く確信することになる。その報告書でもある『欧米小感』には次のように書かれていた。「今日我邦の商業道徳が、ひどく衰へて居る。何かよい品物が出来ると、直に競争をして粗製品を作り、売崩をするといふて、頻りに喧かましくいふ人があるが、唯喧かましくいってもどうしても、本から更へて掛らなければ、到底直らぬ事と思ふ」。このような信念の欠乏による商業道徳低下の現状と対照的なのは、羨ましい欧米社会の光景である。「欧米を巡回して見ると、どこの国でも宗教が甚だ盛んで、到る処に寺院の宏大なる建築物を見る。而かも其れを市街の中央に於て見るのである。建物の宏大で荘厳なことが、人をして自から清浄な崇高な感念を起さしむるのである。さうしてそれと共に欧米の文明に根柢となつて居るものは、確乎たる信念であらうと思った」。特にアメリカにおいては、「華盛頓（ワシントン）のカーネギー寄附金本部で、個人の発明や、又は各種研究所の為めに支出した高が既に二千四百万円にも達して居るといふことである。それから紐育（ニューヨーク）のロックフェラーが、医学研究所の為めに寄贈した高も八百万円であるといふ事である。又種々なる私立の会で、花の展覧会とか、家具なり小児の玩具品なりといふ如き共進会などを開くことも度々あり、地方政治の刷新などに向っても私立のいろいろな団体が働いて居る」。その結論として、「今日まで築き上げられた、現代の文明に、更に一段の活を入れ、第二維新の元気を引き起して、根柢強き文明を成就せねばなるまい。さうして将来国民の元気を作興し、堅実な気風を作らうといふにはどうしても一般に信念の養成に待つより外は、致し方があるまい」、というものである。[17]

浮田は「実業道徳」といい、床次は「商業道徳」といい、また両者はともに「第二の維新」という表現で精神文明のアップグレードを呼びかけ、産業化が進んだ日本の直面している現代経済倫理の育成という課題を示唆している。ちなみに、渋沢栄一と三島中洲の共働による「論語と算盤」説の形成もまさにこの時期のことであった。

床次は『欧米小感』において、信念欠乏によるモラル低下への対策を次のように構想している。まず、「我邦にては学校教育と宗教とが、全く分離せらる。（中略）是れ果して我邦の為めに慶すべきの趨勢なるや否や。若し否らずとせば、学校教育者は別としても国民の教育者には最も熟慮を望まざるを得ざるの事と思ふ」と、宗教と学校教育の完全分離という現状に強い疑問を投げかけた。次に、「現今我邦に於ける神仏道の布教者は、其数実に拾五万有余あり。豈におびただしき数にあらずや。（中略）願はくは是等の人々が、他諸宗の人々と共に、現今我邦の精神界に向って、異常の尽力を致さんことを。（中略）又耶蘇教は果してよく我邦の国情に適応するの途を講じて、余地なきに至りしや否や」と、キリスト者を含む宗教者を信念教育に当たらせる構想を示した。[18] このような考えを持った床次は、西園寺内閣の原敬内相のもとで内務次官を務めていた一九一二年二月についに三教会同を実現させ、国内外に大きなインパクトを与えた。また、同年六月に結成された帰一協会にも加担している。

三教会同の際に床次の相談役を務め、帰一協会発足から一九四二年解散までの運営に関わった姉崎によれば、「この会合のした仕事のうちで今でも有益であったと思うのは、宗教と教育の問題であって、この会で委員会をつくって討議をしたが、これが一番大事だというので、文部大臣はじめその他に対して、今の様な宗教排斥の教育はよくないという事を勧説した。それまでの日本の教育というものは、教育と宗教とを混同してはいけないというので、師範学校系統には宗教排斥の傾向が多くて困ったので、それに対しての挑戦である。これは直きに効果は現れなかったが、だんだん時勢の変化とともに逆に効果を現し、所謂文部次官通牒となり、宗派教育はいれないが、宗教情操の教育はいい、という事を各学校に通知した。この頃、日本の文化の運動についても多少結論を得て運動したが、兎に角今の宗教々育の問題は一番効果の上った方面である」と。[19]

学校における宗教情操教育の是非問題の決着は、成瀬と阪谷も参加した一九一七年の臨時教育会議から一九三五年の「宗教的情操ノ涵養ニ関スル」文部次官通牒まで、約二〇年の歳月を要したが、その背景に内務省と文部省との確執があった。すなわち「日露戦後より大正終わり頃から昭和初頭までの神社や宗教をめぐる事情としては、社会政策、社会教化に関わって三教利用主義や神社中心主義の方針をとってきた内務省を中心とするあり方がまず一方にあった。そして他方には、社会教育行政において内務省の社会教化事業に方針、態度において重なるところをもちながらも、学校教育では宗教を排して教育勅語や世俗的国民道徳による教育をあくまで貫こうとする文部省のあり方とがあった」と。[20] 当該問題に関するコンセンサスの形成は、帰一協会会員でもある帝国教育会会長澤柳政太郎を含む多くの有識者による持続的努力に負うところが大きかったが、残念ながら、文部次官通牒が出された一九三五年の内外情勢はもはやそのような教育の実行を許さなかった。たとえば、同年七月「新教育協会」が主催する初の国際会議である汎太平洋教育会議が東京帝国大学で開催された。この会議は世界の教育家に多大の感銘を与えたが、個性尊重教育の実践は文部省に批判され、協会の機関誌における啓蒙的論文も非難された。[21] そして、翌八月と一〇月に、美濃部達吉の天皇機関説に対する軍部や右翼の批判の圧力により、岡田内閣は二度にわたり「国体明徴に関する政府声明」を出した。

このような宗教情操教育に関する有識者グループの努力の詳細をデューイは知らなかったかもしれないが、近代日本の精神教育の根本的な問題点を的確に把握している。一九一九年の中国訪問中に書かれた「日本におけるリベラリズム」において、デューイは明治憲法と翌年の教育勅語が公布されてから、すでに「一世代以上の人々が国家宗教と天皇崇拝の教育を受けていたため、日本の新たな道徳的・知的な流れは五十年前（の明治維新時）のように新しい方法や機構に対して熱望で開放的になれないはずである」と指摘していた。一方、吉野作造が主張した「民本主義」については次のように紹介している。この新しいリベラルグループの一翼が取った賢い戦術は、「天皇制の思想を批判せず、そのような批判は彼ら自身をプリズンに投げ込みかねないで、しかも憎まれてその自らの主張を正当化することができなくなるからである。彼らは、従来の天皇は民衆の父であり、民衆の福祉に甚大な関心を払っている。政府は民衆のためにあるという意味において日本は従来民本主義的国家であると説く。その代わりに、藩閥が日本をそのような伝統から離れさせ、その自身の権力拡大のために天皇と民衆の間に居座り続けていると批判している」と。[22]

教育哲学者としてのデューイの所論のユニークさは、日本人の小学生が受けた歴史・修身教育と西洋の少年が受けた神学の教化との類似性への次のような言及によく現れているように思われる。「西洋人は当然のことであるが、いまだに政治的道具としての神道主義、神政思想の影響の深刻さを認識していない。（中略）当然ながら、日本の教養ある人々はこのような政治的神話を文字通りに信じてはいないことは確かだ。しかし一方、このような神政的価値観があらゆる問題に関する判断基準となっていることや、この価値観とつながっている『日本はユニークな国であり、その目的と手段はどんな外国人にも不可解だ』というような感情がこれほどまで濃密に遍在していることもまた確かだ。おそらく日本の初等教育、とくに歴史と修身の教科書を研究する外国人のみが天皇崇拝を形成させるための教育がいかに系統的に行われ、その崇拝はいかに完全にすべての生徒の意識下の精神器官の一部となっていることを認識できる。日本人が成長してそれを捨て去ることは、西洋人が子ども時代に受けた神学の教化を成長後に捨て去ることと同じであろう。その情動的な後遺症を捨去ることはほとんど不可能なのである」[23]と。すなわち、デューイから見れば、歴代天皇の名前の暗誦、「教育勅語」の暗記および御真影への拝礼などが日本の子供たちに骨髄に徹するほど天皇崇拝の感情と国粋主義的価値観を植え付けていた。そのような教化の様式と効果は、西洋の子供たちが受けた神学の教化と本質的に一致している。

四　日米親善と「日支提携」について

帰一協会は創設二年後に勃発した第一次世界大戦の現状に鑑み、一九一六年（大正五）二月に「吾人は大正革新の精神を振起し、東洋文明の代表者たる実を挙げ、外は国際正義の擁護者となり、大に世界文化の進展に寄与せんことを要す」という宣言を発表した。翌年一〇月、成瀬はアメリカの参戦を機に『世界統御の力』を公表し、ドイツの権力意志ではなく、北米合衆国、英国および仏国の道徳意志がこれからの世界の主潮となること、同盟諸国に高揚しつつある民本主義の思想が我が国体と背反するものではないこと、帝国今日の方針は唯大義に於て挙国一致、以て世界帰一の先導を為すべきで、東西の文明を調和して、人類の帰一向上を図ることなどを訴えた。このパンフレットは二ヶ月後に新人社より「帰一協会員有志の意見」を添えて『世界統御の力は権力か将た道徳か』という書名で出版され、世間に広く読まれるようになった。そこに推薦者として名を連ねているのは、渋沢栄一、阪谷芳郎、森村市左衛門、荘田平五郎、床次竹二郎、姉崎正治、中島力造、早川千吉郎、高田早苗、井上哲次郎、浮田和民、鎌田栄吉および服部宇之吉などの諸氏であった。[24]

このような日米親善・国際協調の方針による活動の代表例は、一九二〇年一〇月東京で開催された第八回世界日曜学校大会である。同大会は米国、カナダ、アルゼンチン、ギリシア、ニュージーランド、オランダ、インド、中国、シャムなどの国々から来日した一二一二名を含め、全部で二五九〇名の参加者を得たが、開会直前に東京駅前に建てられた会場が火災で全焼するという不幸に見舞われた。しかし、大会後援会副会長をつとめる渋沢栄一、時の原敬首相、澤柳政太郎帝国教育会会長代理および両院（貴族院、衆議院）議長の様々な配慮により、盛況裡に開かれることができたのである。[25]

前述した通り、デューイの一九一九年来訪自体も日米親善事業の一環として実現されたのであった。その結果、デューイは日本への理解を深め、リベラルな有識者たちと親交を結ぶことができた。一九二四年七月一日に施行された「排日移民法」について、デューイは翌年の春、次のような深い懸念を表明した。「我々の上院はその日本のプライドに対する荒々しい平手打ちにより、年間二、三千人の日本人が移民として我が国に入って来ることを阻止した。その結果、米国の実業界が日本での契約において多大な損失を被っただけでなく、より深刻なのは、日本における民主主義的思想の成長が食い止められた。これはつまり、米国の日本における威信を高め得るであろうと考えられていた唯一のものが著しく頓挫し、その代わりに帝国主義的・官僚主義的な反米勢力の影響力が増強されたということである」と。(26)

確かに、「排日移民法」は大正リベラリストたちに深い挫折感を与えた。たとえば、来日中のデューイを自宅に宿泊させたことのある新渡戸稲造は、これは「私にとって青天の霹靂にひとしく、肺腑をえぐる痛撃でした。つねにアメリカ国家の正義感と善意によせてきた全幅の信頼を、私は失ってしまったのです。（中略）私の心は深く傷つきました。わが民族が、尊敬される座から突然、世界の賤民の身分へと突き落とされたかのような、屈辱を覚えたのです」と憤慨した。それまで三度の米国訪問を通じて日米親善事業に大きく貢献した渋沢栄一も、この「問題の解決を見ざる間は瞑目し兼ぬるが如き感じ」だと嘆いた。(27)デューイの右記論評は、まさに新渡戸や渋沢の残念極まる気持ちに共感した発言だったと言えよう。

一方、当時国家主義のスポークスマンであった徳富蘇峰は、「排日移民法」が施行された七月一日を「国恥の日」と命名し、大正デモクラシーの思想家たちを「米人の手先となり、日本自身を米化せんとするもの」だと糾弾していた。(28)しかし、よく考えてみれば、徳富の命名は、中国民衆が袁世凱による「二十一ヵ条要求」受諾が決定された一九一五年五月九日を「国恥の日」と名付けたことの真似に過ぎなかった。ここに、一等国入りを果たした日本のエリート層の国際秩序観と諸国民の地位に関する階級意識がはっきり表れているように思われる。すなわち彼らが「天祐」を得て努力も重ねてきた日本は米国と対等に渡り合えると思い込んでいたが故に、「排日移民法」の施行を「選民」

から「賤民」へと突き落されたように恥じたが、一方、最後通牒化による「二十一ヵ条要求」の押しつけで中国の人々に莫大な屈辱感を与えたと全然思わなかったのである。

この問題を考える際に注目すべきは、一九一九年春からの二年間にわたる中国滞在を通じて形成されたデューイの中国観および日中関係論である。デューイの中国到着は四月三〇日で、それはパリ講和会議における山東権益移譲問題をめぐる日中の確執により引き起こされた五・四運動の四日前のことであった。二ヶ月後の『ニュー・レパブリック』（七月八日付）への寄稿において、デューイは日本のアジア・モンロー主義と秘密外交について次のように批判している。「細かな点をひとつひとつ見ていくと、日本は西洋列強がとる秘密外交という方法の優秀な生徒であったと言えるかもしれない。（中略）その目標とはアジア（少なくとも東アジア）を外国、つまりヨーロッパの支配から解放することであるとされてきた。アジア・モンロー主義、アジア人のためのアジア——このようなドクトリンは、公然にしかも大々的に提唱されている。日本人がその『中国の領土保全を護る』という大義名分を『ヨーロッパの侵略者から』という文脈以外で受け取られた場合は、それはそのような「誤解」を犯した外国人の愚鈍に帰することができる。（中略）二十一ヶ条要求及び日本の中国とのすべての交渉において、次のような喧しくて明確な暗示がある——日本による完全なる保護の下に入れば、日本のように国際的威信を持ち、領土の分割、租界地の割譲、勢力圏や経済的な隷属関係などといった企てから逃れることができる。これ以外で領土的保全、自由及び尊厳を確保する方法はない」と。[29]

そして、中国滞在を終えた直後のデューイは、雑誌『改造』の「主幹よりの切なる依頼にて」、三ヶ月先に開催される予定のワシントン会議、特に会議で調整が予想される日中関係について率直な意見を開陳している。「私は茲二箇年間、支那に在住し、其十一省を跋渉しているから、支那人の輿論並に意向に就いて、研究する機会は十分あったことを、断言して憚らないのである」と述べた上で、「東洋の平和は米国の干渉を加えざる日支提携によってのみ保障される」という日本の主張に賛同しないデューイの姿勢に対する「或る日本の思想家」の批難について、次のような反論を展開している。「勿論私は、太平洋に於ける将来の平和と繁栄との鍵鑰《カギ》は米国と云わず、将た日英同盟と云わず、総て他の干渉を加えざる日支提携にあることを衷心より信ずる。併し其提携なるものは、正直で且つ、誠意あるものでなければならぬ。即ち両国の利益の為めには、真に共同的の歩調を取るのでなければならない」。しかし現実の問題としては、「支那に於て一般に信ぜられているが、日本の目的とするは、支那の政治的並に軍事的征服であった。此信念を生んだ、主なる理由が三つある。一は、二十一箇条の要求、二は昨年の夏没落する安福倶楽部一派（すなわち段祺瑞政府と時の国会の主要メンバー）に対する後援並に之に伴う不生産目的のために起された多大な借款」、「第三は彼の秘密軍事協約であるが、之は支那が戦争（第一次世界大戦を指す）に参加したる後、日本と当時北京を支配したる安福倶楽部の代表者との間に締結せられたものである」。「かくした三の事実の総合的結果は沢山の小事実と相俟って日本の目的は支那を保護国の地位に陥入れ而して間接か、さもなければ直接に日本の意志が支那の政事並に軍事を支配することとならしむるにありとの一般的信念を生ぜしめたのである」と。[30] ここには、五・四運動前後の日中関係の裏事情に対するデューイの的確な把握がよく示されていると言える。

デューイの日中関係論および中国観は、弱者への同情と歴史への洞察に裏打ちされていたと思われる。北京大学での講義において、デューイは近代化に遅れた中国の現状について次のように弁護している。「私はかつて、多くの外国人や中国人が、中国人は愛国心がなく、共同生活の習慣がなく、ために共和政治をなそうとしてもなし得ないというのを聞いたが、実はこの言は一つの重要な事実を忘れている。すなわち世界各国も、百年前は、みなこのごとくであったのである。教育の普及はなく、国家の観念ある民族もなく、書を読み新聞をみることももとより不可能であって、意見の交換はただ口で話す言葉によらねばならなかった。共同生活の習慣などはとても望まれなかった。ただ教育が行き渡り、各地の人がすべてよく書を読み新聞を見ることができて、過去将来の利害や本国各部と外国との関係を知りうれば、しぜんに共同生活の民族を養成することができる」[31]と。

同じ時期に書かれた評論において、次のような日中比較も行われている。「今日の中国は、確かに遅れていて混乱や弱点を露呈しているが、現代的西洋思想の浸透度では日本より上である。ウィルソン大統領の戦時中の演説が日本において発禁処分を受けていたのに対し、中国では過去二年間のベストセラーとなっていたということは、少なからぬ意味がある。多くの人は、日本の強さの秘訣が中国文明の最盛期に取りいれたその思想を維持し守ったことにあり、中国の衰退の理由が外来の有害な思想や理想の侵入を許したことにあると言うが、これは正しいかもしれないし、私はここでそれを否定するつもりはない。いずれにせよ、それは我々の仮説と合致する――中国は必ずや日本と大いに異なる道を歩むことになるだろう」と。[32]

五　デューイの自由平等観と文明間対話への展望

本文の冒頭で、デューイの反権威主義は一九二九年の大恐慌まで存在した「アメリカは永久に栄える」という楽観主義に関係していることや、日本は天皇制のもとで制限が強く、教育勅語を根本的に改正しない限り、真の自由主義は成長し得ないとデューイは見ていたことなどに関する鶴見和子の見解を紹介した。その鶴見は実は、デューイの日本来訪が実現した一九一九年の前年に生まれていた。鶴見より三五歳年上でイギリス留学経験を有する教育評論家の藤原喜代蔵（一八八三～一九五九）は一九一九年当時、雑誌『帝国教育』の編集者を務めていた。デューイの慶応大学における講演は「実業とデモクラシー」、早稲田大学における講演は「デモクラシーの哲学的基礎」を題として行われたが、藤原は後者について「デゥーイのデモクラシーは、あくまで米国流の自由平等観であり、アメリカニズムの哲学であり、世界人類の名に於て、世界をアメリカ化せんとする底意をもつものであったが、しかし当時の滔々たる世界思潮としてのデモクラシーの全盛期にあっては、彼の哲学が、あたかも全人類の福音のやうな響きを持って喧伝せられたのである」と指摘し、同時代の聴講者が受けたデューイの影響をリアルに伝えている。[33]

事実、デューイは日本だけでなく、中国においても米国流の自由平等観を力説していた。たとえば、北京大学での講義の中で次のような倫理観が公然として述べられたのであった。「西方の倫理は個性に根拠し東方の倫理は家庭に根拠する」、「西方の人は人倫にたとえば君臣などのような確定的関係のあることは認めない。彼らはただ我のあること、個人のあること、のみを知っている、そこで尊卑の分別はない」、「アメリカの独立宣言の文の中に、開宗明義して、すなわち人々は生命財産をもち、また自ら多福を求める利権を説いている。道徳方面から説けば、個人は他人の利権を侵犯してはならない、そこで政治の方面から説けば、政府はまさに人民の利権を保護すべきであるということになる。これはすなわち個人主義の真表現である。人々はみな多種の利権の中心である、そして社会はいっさい平等である。父が利権をもてば子もまた利権をもつ、君臣も同にこの種の利権をもつ。君が民権を尊重しないことと民が君権を尊重しないこととは、一様に不道徳である」と。[34]

しかし考えてみれば、同じ米国流の自由平等観の紹介とはいえ、すでに王朝国家から共和制国家に変身していた中国よりも、天皇制国家の国体を維持強化しようとしていた日本にもたらした衝撃のほうがより大きかったであろう。それだけでなく、デューイは日本滞在中に己の自由平等観を示す行動も起こしていた。すなわち天皇がデューイに「旭日賞」を授与する計画があり、政府の公式発表によると、それは一学者としてのデューイを讃えると同時に、日米の友好親善関係を深めるために行われるものだそうである。しかし、デューイはその栄誉を辞退したのである。それは、彼にとって本意ではないひとつの非民主的な内容をもつことであったからである。[35]

デューイは異なる文明や文化および異なる人種や民族の間の相互理解の難しさをよく知っていた。日本・中国訪問を終えて五年後の一九二六年の春、彼は次のような重要な見解を表明した。「私は国家が理解し合い、お互いの文化を尊重するという事の重要性についてよく言われていることは知っているし、その有用性も認める。これは全て事実である。しかし、このような理解や尊重はすぐに形成できるものではなく、それが国際関係を規制し得るまでに成長するにはとても長い時間を要する。同じ国、同じ文化や伝統、同じ家族内の者でさえ、お互いをちゃんと理解するためには多くの努力が必要である。我々はお互いを理解するにはまだ文明の程度が足りないし、また理解を構築するための科学的な方法論も不十分である。私は、アメリカ人の大部分が近い将来の内に東洋人を自分自身と同じように見るようになるということはないと思うし、また東洋人の大部分が我々を、自身の行動を見るような立場で評価するようになるということもないと思う(36)」と。

このように、成瀬の働きかけにより組成され、一年余りで解散された米国帰一協会の発起幹事デューイが、その日本と中国での知人と弟子たちを頼りに、パリ講和会議前後からワシントン会議の前夜まで東アジアに約二年三か月滞在し、情熱をもって日中の歴史と現状を真摯に理解しようとした。しかし最後は、「異国・異種族・異文化間の相互理解が難しい、帰一の境地の実現は文明と科学が高度に発達する将来を待つしかない」という結論にたどり着いた。

このデューイの展望が行われた一九二六年より数えて九〇年後の現在の世界状況から見れば、その予言は確かに一理があった。例えば、最近二十年来の情報通信技術の空前の発達は世界の国々と人々の相互間の意思疎通やコンセンサス形成に大きく寄与した。しかし一方、二〇一一年「京都議定書」や二〇一五年「パリ協定」が象徴しているように、世界規模の商業化と産業化の潮流がもたらした地球温暖化の現実と海面上昇の危険という、人類自身の生存基盤を崩しかねない深刻な危機が世界中の人々によりリアルな「運命共同体」としての一体感を持たせはじめた。この意味において、これから帰一の境地の形成をめざす動機付けは、科学技術の革新が「世界のフラット化」や「全球化」（グローバリゼーション）を促進できるという「進歩主義」的信念と地球環境の完全破壊を未然に防止しようとする「保守主義」的危機意識との調和から生まれるだろうと言えるかもしれない。

註

（1）　高橋昌郎執筆項目「帰一協会」『国史大辞典』吉川弘文館。本書で用いる「有識者グループ」は本文執筆者の用語である。

（2）　高橋原「帰一協会の理念とその行方——昭和初期の活動」『東京大学宗教学年報』第二〇号、二〇〇二年。

(3) 森章博「日本におけるジョン・デューイ研究の歴史」日本デューイ学会編『デューイ研究──デューイ来日五十周年記念論文集』玉川大学出版部、一九六九年、一三四〜一三五頁。
(4) 同前、九九頁、一二一〜一二七頁。
(5) 前掲、高橋「帰一協会の理念とその行方」。
(6) 前掲、森「日本におけるジョン・デューイ研究の歴史」一二四〜一二五頁。
(7) 三浦典郎「一九一九年当時の日本におけるデューイの記録」前掲書、日本デューイ学会編『デューイ研究』九一頁。
(8) 同前、九二頁。
(9) G・ダイキューゼン／三浦典郎、石田理訳『ジョン・デューイの生涯と思想』清水弘文堂、一九七七年、二八七頁。
(10) 同前書、二八七〜二九一頁。
(11) 麻田貞雄「第七章　桜の花びらと黄禍の戦慄──一九二〇年代におけるアメリカ人の対日イメージ」『両大戦間の日米関係──海軍と政策決定過程』東京大学出版会、一九九三年、三五〇頁。
(12) 前掲書、ダイキューゼン『ジョン・デューイの生涯と思想』二九七頁。
(13) デューイ「自然科学に於ける理想主義」前掲書、日本デューイ学会編『デューイ研究』二六頁。
(14) デューイ「東洋文明は精神的にして西洋文明は物質的なりや」前掲書、日本デューイ学会編『デューイ研究』一三頁。
(15) 姜克実『浮田和民の思想史的研究──倫理的帝国主義の形成』不二出版、二〇〇三年、五〇五頁。
(16) 同前書、五〇七頁。
(17) 床次竹次郎述・国府種徳編『欧米小感』一九一〇年、至誠堂書店、二八、一〜二、六七、三三頁。
(18) 同前書、五五頁、五三〜五四頁。
(19) 姉崎正治「会合と雑誌」姉崎正治先生生誕百年記念会編『新版　わが生涯　姉崎正治先生の業績』大空社、一九九三年、一一七頁。
(20) 前川理子『近代日本の宗教論と国家──宗教学の思想と国民教育の交錯』東京大学出版会、二〇一五年、三六四頁。
(21) 森章博『日本におけるジョン・デューイ思想研究の整理』秋桜社、一九九二年、六九頁。
(22) "Liberalism in Japan", *The Middle Works*, Vol. 2, 1918–1919, pp. 170–171.
(23) Ibid., p. 171. この一節の訳文の最後部分は、北村三子「一九一九年のデューイと日本」『駒澤大學教育学研究論集』第二六号、二〇一〇年三月の関連訳文を参照した。
(24) 成瀬自身が発行したパンフレットと新人社による出版物は、いずれも国会図書館所蔵本による。

(25)　海老沢有道、大内三郎共著『日本キリスト教史』日本基督教団出版局、一九七〇年、四八〇〜四八一頁。
(26)　"Highly Colored White Lies," *The Later Works*, Vol. 2, 1925-1927, p. 179.
(27)　麻田貞雄「第六章　人種と文化の相克——移民問題と日米関係」前掲書『両大戦間の日米関係』三〇八〜三〇九頁。
(28)　同前書、三一〇頁。
(29)　"The International Duel Inn China," *The Middle Works*, Vol. 2, 1918-1919, p. 193.
(30)　「太平洋会議」前掲書、日本デューイ学会編『デューイ研究』五九〜六三頁。
(31)　デューイ、ジョン／永野芳夫訳・大浦猛編『倫理・社会・教育——北京大学哲学講義』飯塚書房、一九七五年、三二五頁。
(32)　"Transforming The Mind of China," *The Middle Works*, Vol. 2, 1918-1919, p. 207.
(33)　三浦典郎「一九一九年当時の日本におけるデューイの記録」前掲書、日本デューイ学会編『デューイ研究』、九〇頁。
(34)　前掲書、デューイ『倫理・社会・教育』八二〜八三頁。
(35)　前掲書、ダイキューゼン『ジョン・デューイの生涯と思想』二八七頁。
(36)　"We Should Deal With China as Nation to Nation," *The Later Works*, Vol. 2, p. 186.

後記　本稿を完成した後、日本デューイ学会編『日本のデューイ研究と21世紀の課題—日本デューイ学会設立50周年記念論集』（世界思想社、二〇一〇年）の存在に気づいた。同論集の所収の早坂忠博・笠松幸一・早川操諸氏の論考は本稿の論述と論旨とに深い関連性を有するので、あわせてのご参照をお薦めしたいと思う。

第一〇章　「帰一」というグローバル化と「信仰問題」

――姉崎正治を中心に――

山口　輝臣

一　グローバル化の異名としての「帰一」

(1)「帰一」と「信仰問題」のあいだ

帰一協会といえば宗教――そうしたイメージには根強いものがある。そもそも先行研究がそうなっている。帰一協会の発足直前に開かれた三教会同――一九一二年（明治四五）二月、第二次西園寺内閣の床次竹二郎内務次官が中心となって計画した会合で、神道・仏教・キリスト教の三教の関係者が、原敬内務大臣をはじめとする閣僚らと一堂に会し、翌日に決議を行った――との関わりから捉えるのが、現在に至る通説的見解である。(1)

しかし帰一協会への検討を進めていくと、こうした像が必ずしも正確でないことが分かる。たとえば、帰一協会の「趣旨」や「意見書」（「付録」参照）。それらが参加を呼びかけているのは、政治家・実業家・学者などであって、宗教家は対象になっていない。また「規約」に掲げられた会の目的（「付録」参照）。「精神界帰一の大勢」などとはあるものの、宗教という文字はない。帰一協会は、精神界についての会であっても、宗教について何事かをなすために結成された会ではなかった。それどころか、「研究問題要目」（「付録」参照）という会の研究課題を列挙したもののなかには、信仰問題のみならず、社会問題・経済問題・政治問題・国際問題・人道問題などが並んでいる。信仰や宗教などにとどまらない広い領域での活動を目指して、帰一協会は誕生した。

以上を前提にした上で、しかしながら、帰一協会は、右に掲げた諸問題のうち、「信仰問題」から着手した。そのため、考えるべき問いは少々屈曲し、次のようになる。帰一協会は、「帰一」に関する広範な課題のうち、なぜ「信仰問題」から手をつけたのか。

以下では、いわば更新されたこの問いを導きの糸としながら、帰一協会の軌跡を考察していく。はじめに、「帰一」という言葉が、世界は一体化しつつあるという当時の認識、今日風に言えばグローバル化に関わるものであったことを確認する。次に、そうした言葉を冠した帰一協会が、まずは「信仰問題」から着手することになる理由を明らかにする。つづいて帰一協会における「信仰問題」の推移を検討する。その際には、宗教学という「信仰問題」にもっとも深く関わる学問の専門家で、会の運営を担った姉崎正治を鏡としつつ、姉崎以外の創設会員たち――成瀬仁蔵・渋沢栄一・森村市左衛門・浮田和民・井上哲次郎――の主張を見ていく。姉崎はこの点で他の創設会員とはいささか異なる立場をとり、ひいてはそのことが会の帰趨を左右したからである。そして最後に、帰一協会以後についても触れながら、この会の「遺産」について考えてみたい。

（2）帰一協会の発端

帰一協会が成立したのは一九一二年六月二〇日。その前年の九月から、すでに渋沢栄一をはじめとする創設会員たちが討論をしていたと、姉崎正治は回顧している[2]。それが正しければ、帰一協会は三教会同の開催以前から準備をしていたことになるが、史料的な裏付けは乏しい。より確実なところでは、発足から四ヶ月ほど前、二月二四日の渋沢栄一日記がある。成瀬仁蔵が来訪し宗教教育のことを談話したとの記載である[3]。なお、その翌日から三教会同がはじまる。

このように「いつ」については若干曖昧な点が残るものの、「だれ」が言い出したかは明確だ。渋沢の日記にもあったように、成瀬仁蔵である[4]。日本女子大学校の創立者である成瀬仁蔵が、その賛助者であった渋沢栄一と森村市左衛門という二人の実業家を説き、賛同した渋沢が学者らに会合を呼びかけたことで、事態は動き出した。四月一一日・五月一三日・同月三〇日の準備会合を経て、六月二〇日の会議で「趣旨」・「意見書」および「規約」を決定、帰一協会は発足する。

最初の会合の案内状には、「現代思潮界改善之方法」を協議するとあった。[5] 特に信仰とか宗教が全面に押し出されているわけではない。にもかかわらず、帰一協会は「信仰問題」から着手していく。

こうした方向へ誘導する効果を持ったのが、最初の会合における渋沢栄一の趣旨演説である。渋沢はこう切り出した。現在の日本では諸種の宗教信仰・道徳思想が雑然として、どれに帰すべきなのか迷うことが多い。われわれはこうした状態に甘んずるべきなのか。解決策はないのか、と。参加者はこの渋沢の話に共感を示し、次々と宗教についての持論を開陳していった。[6] 「信仰問題」から着手するというレールは、こうやって敷かれていく。

渋沢のこの演説は、成瀬との打ち合わせを経てなされた。それを渋沢は「宗教統一の事」などと日記に書いた。ついで準備会や発足会議も「宗教統一の事」と記すようになる。[7] 成瀬の意図するところはなによりも「宗教」にあり、しかもそれを「統一」することであると、少なくとも渋沢には見えていた。そして成瀬の醸し出し、渋沢の感受したそうした雰囲気が会員へも伝わり、「信仰問題」からはじめるという帰一協会の方針へとなっていったと、ひとまずは解することができよう。[8]

だが帰一協会は会員組織であるから、会員たちがそうした方針を受け入れる用意がなければなるまい。渋沢は先の演説の続きで、これまでのやり方では対応できない新たな時代が到来しているとの認識を示した。そして近年の日本国内における「社会思想の状態」を見ていると、憂慮はますます加わるばかりであると述べ、このたびの企画におよんだ理由を明かしている。[9] 社会主義の出現であるとか、個人主義の流行であるとか、「社会思想の状態」として何を思い浮かべるかには違いがあるものの、この時期のエリートにおける典型的な同時代理解であり、三教会同が前提としていたものでもある。こうした見方が会員に共有されていたことは間違いない。

しかしだからといって、それだけでは、帰一協会の場合、まずは「信仰問題」からはじめようということにはならない。三教会同とは違い、帰一協会は宗教者の会ではなく、主として実業家と学者とからなる会であり、「信仰問題」は自明の前提ではないからである。そこには、国内の状況認識から導かれる指針を「信仰問題」へと収斂させていく別の回路が必要となってくる。

(3) 眼前に起こりつつある「帰一」と時間意識の変容

帰一協会の「意見書」には次のような文言がある。「二十世紀の文明は、全世界を打って一団となし、通商交通の上は勿論、精神上の問題に於ても、人種及び国家の差別を打破せんとする勢を示せり」。そして「人類の文明は、今後或る点に於て(中略)帰一の進路を執るに至るべし」。二十世紀の新たな文明は、経済面のみならず、精神面においても、これまで存在した種々の差異を解消し「帰一」しつつあるという見方である。「帰一」とは、会員たちが目の前で起きていると考えた世界規模の現象に与えた言葉だった。そこに「帰一」の趨勢を見てとったことに基づく命名である。世界が一体化していくという感覚が「帰一」だったのであり、今日風の言い方を使えば、「帰一」とは、第一次世界大戦直前におけるグローバル化のことである。理念とか目標である前に、まずは何よりも眼前に起きていると見えた現象であった。そしてその「帰一」は文明全体に関わるものにほかならない。帰一協会は、そうした「帰一」を丸ごと対象にしようとしたのである。経済問題や政治問題が議論されるのは、当然のことだった。

そしてそれはまさに渋沢が演説で述べた、これまでのやり方では対応できない新たな時代の到来を意味した。別の箇所にはこうある。「世界の諸国民は、各々其の歴史と特色とを有するに拘わらず、現代文明の波及と共に、何れも皆共通の問題に逢着し、同一の難関に遭遇せるを見る」。現代文明の波及は、日本にこれまでにない困難をもたらすことになる。なぜなら、「意見書」にもあるように、解決策が発見されていない難問に日本も挑まなくてはならないからである。逆に言えば、これまではそうでなかったと、彼らは考えていた。西洋は日本の先を走っていて、そこで発生した問題とその解決策を習得していけば、日本での対処は可能だったというのだ。しかしそうした時間意識は過去のものとなり、日本も世界と同じ時代を生きているという意識へと転換しつつあった。グローバル化によって世界は同じ時代を生きはじめ、もはや日本も先行例を参照するだけでは済まなくなったということである。帰一協会に集った第一次世界大戦直前の日本のエリートたちは、こうした感覚を共有していた。

（4）日本の得意分野としての「信仰問題」

こうした新たな時代には、それに相応しい新たな対処法が必要になってくる。もう一度「意見書」によれば、まずは、特徴に応じて日本自らが最善の努力をすること。そしてそれとともに世界規模、とりわけ東洋と西洋の協同を図ること。要するに日本は得意な分野で貢献するとともに、西洋諸国とも協同して解決に当たり、それを通じて世界の文明に寄与すべしということである。そして日本の貢献が可能な分野として「信仰問題」に焦点が集まっていく。

成瀬仁蔵は、渋沢の趣旨演説を受けて、「日本国民の特別の天職」を語った。[10]このあたりを成瀬本人がより詳細に論じた文章によると、[11]天職とは、日本が世界的宗教の調和者となることであるという。日本は、宗教が多様である上に偏見が少なく寛容であり、しかも世界の長所を調和・統一する品性をもっている。各宗教が平和的に共存していることがなによりの証拠であるという。しかもこれは日本人が勝手に思っているだけではない。すでに世界中の識者たちがそうした日本に着目し、世界的宗教が実現されるなら日本であると期待している、と。

いうなれば宗教は、日本の得意分野と考えられていた。それは文明全体からすれば限定された領域かもしれない。しかしそこで成果を出すことで世界に寄与できる分野と見なされていた。こうした見方自体は、のちに岸本能武太で見るように、以前から存在した。そのためより正確にいえば、グローバル化のなか、日本が世界に貢献できることを模索していった結果、そうした見方があらためて注目されるに至ったというべきであろう。「帰一」という現象に向かって日本の活かすべき長所が「信仰問題」だったのである。国際派が多く名を列ねる帰一協会が、まずは「信仰問題」から検討をはじめたのも、国内における「社会思想の状態」への危惧だけでなく、こうした要因が大きかった。戦間期の特徴としてしばしば指摘される世界の趨勢に依拠した議論の構築は、すでに第一次大戦以前からなされ、少なからぬ説得力を有していた。

なお、国際的な協同は、口先だけでなく実際に試みられた。成瀬仁蔵が米欧を巡歴して尽力した結果、帰一協会の支部がアメリカとイギリスに置かれたのがその代表であろう（第七章参照）。支部の設置に至らなかったフランスについては、成瀬の帰国後も、インターナショナル・コンシリエーションの創設者で、一九〇九年のノーベル平和賞受賞者であるエストゥールネル・ド・コンスタンと連絡をとっている。[12] 日本語と英語で季刊の機関誌を発刊しようという計画もあった。[13] 帰一協会は、本気で世界規模の問題を思考し、その解決策を求めて世界規模の運動を展開しようとしていたのである。ただし、ほどなく第一次世界大戦が勃発したこともあり、それらは所期の成果を上げずに止む。

(5) 帰一協会最大の成果とその位相

以上で見てきたように、「帰一」に関わる諸問題のうち、「信仰問題」を最初に取り組むに値する課題であると考える点で、会員の意見はおおむね一致していた。この点は帰一協会の特色を形作っていく。そうした色合いを如実に現したのが、学校教育と宗教的信念との関係についての決議文である。

発会からしばらく、帰一協会は、おおよそ「研究問題要目」に沿いながら、「信仰問題」に関する講演を中心とする例会を開催していった。ところがそれに物足りなさを感じる会員が出てくる。そうした声に応え、一九一三年（大正二）五月二日の例会において、開会前に祈祷をしてはどうかという提案が出された。しかし宗教的儀式を強いる嫌いがあるとの反対もあったことから、かわりに「古賢先聖の格言」などの朗読をはじめることにした。[14] もっともこの行事はやがて有耶無耶になる。

翌年に入ると成瀬と森村が、自助団という新たな組織を創設し、より実践的な運動を展開しようと試みた。しかし渋沢が草案を検討したところで立ち消えとなり、帰一協会は動かなかった。そのため成瀬は日本女子大学校でそれにかかわる天心団をつくり、そこで活動を行っていった。成瀬と森村は、帰一協会ではできない活動を、それ以外の場で実行しはじめたのである。さらに同年一一月になると、浮田和民が成瀬に宛てた書簡のなかで、社交クラブにとどまる帰一協会など解散してしまってはどうかと述べるに至る。[15] 成瀬・森村・浮田といった主要な創設会員の気持ちは、次第に会から離れつつあった。

それでも例会は続けられた。そして会の活性化のため、講演の内容を限定することで、会の目的を再定義していこうという動きが出てくる。まずは渋沢栄一が試みた。[16] ついで一九一四年六月の例会で、学校教育と宗教的信念との関係というテーマが掲げられる。[17] 以後はこれについて、様々な見地に立つ人々による連続講演と討議が積み重ねられた。翌年一月、大体の結論を得たとしてひとまず研究は終わるが、[18] 決議文を作成して当局の参考に供することとなり、[19] 六月に印刷され、大臣・貴衆両院議員・枢密顧問官・教育調査会委員等に送付された。[20] 決議文は次の通り。

　被教育者の心裡に自然に発現する宗教心の萌芽は、教育者に於て之を無視し、若くは蔑視し、因て信念の発達を阻碍することなからんことを要す。

持って回った言い方だが、要するところ、教育する側はされる側の宗教心を大切に扱えということである。理由書には、思想の根底は宗教心に託するのが急務であると、もう少し踏み込んだ表現もある。「宗教心」という、人間なら誰もが有するとともに個別の宗教・宗派を超えたものを想定し、教育におけるその重要性を説く。そしてそれにより、教育と宗教を厳格に分離し、学校内における宗教教育を排除してきた明治以来の施策を批判しているのである。

これに対し、教育行政の当事者はほとんどが従来の方針に疑義を抱いていなかった。教育学者もほとんどがそれを支持していた。[21] 実際に当時の一木喜徳郎文部大臣は、帰一協会の決議文に触れながら、従来の施策のままで問題ないとの談話を発表している。[22] そうした教育界を横に置いたとき、帰一協会は、あきらかに宗教の側に寄っていた。財界と学界のトップクラスの人々からなる会がそうした声をあげたことは、広く世間一般に宗教の重要性を喚起する上で少なからぬ効果があり、その際には帰一協会が宗教者の会でないことが、かえって大きな意味を持った。ただしそれだけに、その意見は当局者には容易に受け入れられなかった。文部省が、宗教心や宗教的信念という概念の後継ともいうべき宗教的情操の涵養を、学校教育で容認するようになるのは、ようやく一九三五年（昭和一〇）のことである。

二　「信仰問題」における「帰一」

研究会を重ね、会としての決議を発表し、世論の誘導を図る。学校教育と宗教的信念に関する決議は、その点で、帰一協会における成功例となった。しかし姉崎がこの決議を帰一協会で「一番効果の上がった方面」と回想しているように、[23] このあとこれ以上の成果を生み出すことはできなかった。最初の検討課題となった「信仰問題」に関して、会員相互の考えの違いが明らかになり、中軸会員の気持ちが会から離れていったことによる。それほどに、「信仰問題」をめぐる会員間の考えには超えられぬ差があった。その差はいかなるものだったのか。以下では、設立会議で幹事に互選された成瀬仁蔵・森村市左衛門・渋沢栄一・浮田和民・姉崎正治に井上哲次郎を加えた六名を対象に、検討していくことにしよう。

(1) 成瀬仁蔵

成瀬仁蔵は、キリスト教を起点としながら、次第にそれを超えた信仰を模索するようになっていた。そして本人によれば、一九一一年の末に大きなインスピレーションを受け、自分の信ずるところを友人に告白すべき時が到来したと考えたという。渋沢や森村がその告白の対象となり、帰一協会が誕生したわけである。

こうした感覚に支配されていた成瀬は、この時期、切迫感を汪溢させていた。年明けの一月には日本女子大学校の同窓生に向け、次のように語りかけている。

従来仏教、基督教、哲学、文学、美術、音楽、社会学、心理学等、各方面から広く材料を求めて、それに依つて一つの完全なものを組立てようといふ方針でやつて居たのであるが、もはやそのやうな廻り遠い方法では間に合はなくなつた。どうしても一つの纏まりをつけ、具体的の形式に統一してみる必要に迫つて来た。（中略）今年になつて、私は従来考へてゐる信仰に一つの形式を与へ、その形式に依つて宗教生活に入る必要を感じ、五六日前であつたか、それをきめたのである。

フリーメイソンに言及し、神智学の用語が乱舞する演説であるが、そこに見える成瀬の言葉と実践を支えていたのは、すべての宗教は根源を同じくする以上、一致することができるという、宗教の「帰一」への確信であった。「個性が千差万別であるやうに、宗教にも各々特色がある。決して同じものではない。併し吾々が別つべからざる一つの力によつて支配されてゐるのと同じく、宗教に在つて根源は一つものである。One and many 即ち差別裏の平等である。そこに総ての信仰を一つにすることのできる要点があるのである」。そしてそれを実行するのは今である。「昔は仏教、儒教、基督教などと分かれて立つてゐたけれども、今日はそんな地方宗などを立てる時ではない。（中略）今日は総てが帰一するところのもの丶、生れるべき時である。それが今日の要求である」。

そう考えた成瀬にとって、誕生した帰一協会は「精神界の統一点」であった。これによって、少年時代からから奮闘し、命をかけて望んできたものが達せられると考えると、その心は感謝の気持ちに満ちあふれてくるという(24)。成瀬にとって、帰一協会は、自らの宿願である宗教の「帰一」を実行する場にほかならなかった。

（2）森村市左衛門

森村市左衛門（六代目）は、現在のノリタケの創業者として知られる実業家であるが、すでに経営の一線を退き、慈善事業に軸足を移していた。もともとは熱心な仏教徒で、とくに戒律の復興で知られる真言宗の釈雲照に傾倒し、寄進などもしていた[25]。ところが、一九〇九年に釈雲照が亡くなり、跡目争いが起こると、森村は嫌気がさし、そこから離れていく[26]。しかし宗教者が堕落しているからといって、宗教そのものが駄目ということにはならず、無宗教などと称するのは言語道断であると、森村は考えていた。そのため森村は、これまでとは別の道を求め葛藤していた。

成瀬からの提案を受けたのは、まさにそうした最中のことだった。宗教の「帰一」を力強く説く成瀬の言葉は、信仰に迷っていた森村に響いたようだ。帰一協会の挙に賛同し、渋沢栄一と同額の寄附金を負担し続けた背景には、こうした個人的な事情が伏在していた。「仏も耶蘇も人生をして向上せしめ、理想的社会を建設せしむるためのものであり、終局の目的は仏も耶蘇も一つで、其の間に一貫せる精神がある」。森村はこう述べており[27]、宗教の「帰一」という発想に共感するところは確かにあった。

もっとも帰一協会発足の翌年、森村はキリスト教に入信する[28]。そもそも幹事でありながらも、趣旨書等の起草には預かっておらず、また会合への出席もそう多くないなど、森村は帰一協会の運営に深く関わっていたとは言い難い。市左衛門の次男の開作は、「クリスチャンになってからは成瀬仁蔵さんを信用して、その説に従つたようだ」とする[29]。信仰の詳細はともかく、帰一協会に関しては、自助団創設計画などでも成瀬と行動をともにしており、頷ける。キリスト教という別の道を見出して以降、帰一協会へは、成瀬との関係で財政的支援を継続するにとどまったものと考えられる。

（3）浮田和民

同志社出身の浮田和民は、早稲田大学教授を務めながら論壇で活躍していた人物であり、その学識を買われて声を掛けられた一人である。実際に趣意書の起草にも携わっている。[30]帰一協会に関わる浮田の思想については、本書第三章に詳しいが、ここで注意しておきたいのは、浮田が宗教の「帰一」について成瀬に近い構成の議論を展開していたことと、しかしながら、成瀬のようには実践運動を指向していなかったことである。

浮田は次のような見通しをあっさりと導き出す。「仏教とか儒教とか基督教とか云ふ現在の宗教が、互に接近し融和して、結局統一契合せる新たな宗教が自然に出来るであらうと思ふ[31]」。キリスト教の優位性をはっきりと認めている点[32]、および「帰一」の可能性をかなり遠い将来に想定している点に差はあるが、ほかは基本的に成瀬と同じ構図である。だが帰一協会は寺院や教会ではないことを強調し、「直接の目的は研究である、少なくとも比較研究の会合である」との立場を堅持する。[33]「帰一」という発想に共感しながらも、それに向けた実践には抑制的であった。これは教育事業家と評論家との差なのかもしれない。

（4）井上哲次郎

こうした浮田の立場は、実のところ、かれの論敵でもあった東京帝国大学教授の哲学者・井上哲次郎とも重なるところが多い。幹事でこそなかったものの、要所における発言で会に影響力を持った井上は、第二章にあるように、個別の宗教はそれぞれの特殊性を払拭するとともに、道徳面を強める方向へと進化し、その結果としてすべての宗教は単一なる倫理教へと行き着くという説を唱えていた。二〇年ほど前の教育と宗教の衝突事件でキリスト教を激しく攻撃していた井上が、帰一協会に参加したのは、井上が宗教を無用と思っていない上に、まさに自説と響き合うものを、そこに見出したからであった。[34]

（5）渋沢栄一

以上が宗教の「帰一」への信頼の高い人々であるのに対し、必ずしもそうでない者も幹事のなかにはいた。まずは渋沢栄一である。

渋沢は、論語を基本とする儒教だけで十分であるとして、宗教への疑念を隠さず、無宗教の側にいると自認していた。しかしそうした渋沢も、自分以外もそれでよいのかについては、ずっと疑いをもっていた[35]。そして前述した現状への危惧と、おそらくは成瀬からの勧説もあって、この時期には、道徳のみならず宗教をも積極的に視野に入れるようになる。士族なら道徳を維持するのに儒教だけで十分だが、それ以外には宗教が必要という考え方は、福沢諭吉をはじめ、明治期の知識人のなかで一定の拡がりをもっていた[36]。これを甦らせたかのような渋沢の考えは、自分と同じ規範を要求することの難しい人々をどうするかという関心に基づき、そこから「信仰問題」へと接近していったものである。自らの道を模索してそこへとたどり着いた成瀬などとは、その行き方が異なる。

しかも帰一協会の創立直前の二月に行った談話では、世界政府やエスペラントを引きながら、宗教も「一色」となり、何人も信仰を持ち得る時代が来ることを望むと明言した[37]。渋沢は、自らと同等の規範を望み得ない人々は、いわば惑える存在であり、彼らが迷わぬよう、宗教は「帰一」しているのが望ましいと考えていた。趣旨演説の冒頭も思い出しておこう。渋沢のなかにあった「帰一」への期待は、こうした発想と結びついていた。

ただし、第五章で見城が指摘しているように、渋沢におけるこうした宗教への「接近」は、帰一協会を経験して後退していく。逆に言えば、帰一協会創設の頃は、渋沢が生涯でもっとも宗教に近づいた時期である。たとえば自宅で聖書講読会を開始したのは一九一〇年一〇月であり、帰一協会発足時にも続いていた[38]。そうした「幸運」が帰一協会の船出に寄与したと言えよう。

(6)　姉崎正治

渋沢以上に宗教の「帰一」に冷淡だったのは、宗教学者で東京帝国大学教授の姉崎正治である。姉崎は、渋沢ですら少しは期待していた宗教の「帰一」なるものに、ほとんど何らの価値も見出していない。むしろ逆に、宗教は多様であることに意味があると考えていた。

死後に渋沢を回顧した文章のなかで、姉崎は、自らの見解についてこう述べている。諸宗教が異を立てるのは、理にかなわぬことがあるにしても、その特殊の主張にこそ力があるのであり、たとえ外から見て無意義なようでも、それらは信仰の生命として不可欠なものである。よって、単に異を捨てて同を取ったところで、感化の力は生じない、と。[39]あえて言えば、「帰一」は宗教にとっての死であるという主張である。よって帰一協会の「帰一」といっても、姉崎にとっては、「同じ目的に向つては一つとなり、違つた目的の方は、各々その独立を保つてゆくという意味」だという。[40]こうした考えを、姉崎は早くから表明している。たとえば一九〇六年には、「特別に共通点を取つて新たに宗教を起さんなど、は出来得べからざること、思ふ」と語っている。[41]すると、そこから導かれてくるのは、統一のために何らかの活動をすることではなく、個々の宗教の差異を認めた上で、その対話の場を整備することぐらいとなってこよう。

渋沢の趣旨演説に見られた認識、すなわち現在の日本では諸種の宗教信仰・道徳思想が雑然として、帰着に迷うことの多いことが問題であるというものを、かりに帰一協会の出発点とすれば、姉崎は、その出発点をそもそも問題と見なしていない。帰一協会には、発足以前から異分子が混入していた。しかもその異分子は、宗教学者という宗教の専門家であることにより、会の幹事となり、趣意書などの起草で中心的役割を占め、さらには会の事務所が姉崎の自宅に置かれたように、その実務を取り仕切っていく。姉崎が渡米した際には、服部宇之吉がその代わりを務めたが、姉崎が帰国をするとまた元の通り姉崎が会務万端を担うようになる（第四章参照）。

（7）「帰一」への期待と宗教学

以上、主要な創設会員の見解に一通り考察を加えた。これらは二つの軸に沿って整理すると、見通しが良くなる。ひとつは宗教の「帰一」への評価、もうひとつは実践への態度である。

前者は、成瀬から姉崎へと、ほぼ本節で取り上げた順に期待が薄らいでいく。それに対し後者は、積極的な成瀬・森村と、そうでない浮田・井上・姉崎とのあいだに明確な差がある。渋沢は両方の軸に関して、一時的に期待を抱いたり積極的になったりしたものの、やがて冷めていったといえるだろう。「帰一」への期待が高ければ高いほど実践にも動きやすいという関係があるため、両者は独立した変数ではない。しかしだからこそ、そこでの対立は、両者が絡み合って容易に解消することはなく、会の運営にまで影響を及ぼす。いずれにしろ、もっとも大きな差は成瀬と姉崎のあいだにあった。

では、その差はなにによるのだろうか。創設会員のなかで姉崎がいわば孤立していた様子を見ると、どうしても彼の専門である宗教学との関わりで説明したくなる。それは必ずしも誤りではあるまい。ただしその差は、宗教学をくぐったものとそうでないものとの違いではない。

たとえば成瀬は、ウィリアム・ジェームズの『宗教的経験の諸相』を精読している。日本でもっともはやくジェームズの宗教心理学を受容した一人であるとする研究もある(42)。なお、井上哲次郎も、ちょうど帰一協会発足直前の時期に、同書を読んでいる(43)。また浮田は持論の根拠として、比較宗教学に言及することがある(44)。井上哲次郎に至っては、姉崎の就任以前は東京帝国大学で比較宗教の講義を担当していた(45)。彼らも宗教学を十分に学んでいた。ただその宗教学の内容とそれへの態度が、姉崎と彼らとでは異なっていた。

姉崎は自らの宗教学を形成するに当たって、井上円了や井上哲次郎といった上の世代とはもちろん、岸本能武太や加藤玄智など同世代の研究者とも、意図的に差異化を図っていった。その中心的論点が、理想的宗教への態度である。たとえば岸本能武太は、日本は宗教が多様でしかも寛容であることから、比較研究に最も適した場所であり、日本人が将来の世界文明に向かって寄与すべきは、完全なる宗教の樹立にある、と説いていた(46)。理想的な宗教の希求を、岸本の宗教学は内蔵していた。現状の宗教をそのままでは良しとせず、宗教は理想的な宗教へと進化していくべきであるとし、その方向を指し示す。この点は、倫理教の出現を予言する井上哲次郎のような上の世代から受け継いだものであり、彼らの宗教学は規範的な学問だった。しかし姉崎は違う。かれはまず現状の宗教から議論をはじめる。そして理想的宗教の探求という目的を宗教学から放逐した。そしてこれにより、宗教学を説明的科学として自立させようとした。理想的宗教を宗教学の応用として語ることまでは否定しない。だがそれを宗教学の目的とすることを否定した。彼の宗教学の新しさはそこにあった[47]。

このように見てくると、姉崎の理解と比べ、井上はもちろん、成瀬も浮田も、宗教学を、理想的宗教の探求と不可分な規範的学問と捉えていたことが分かる。浮田は比較宗教学を、世界宗教の統一の準備をなしつつあるものと理解していた[48]。成瀬は、宗教的経験を集めたジェームズの著書を、経験の形は異なっていても、それは知的発達の程度によるもので、「その真髄は同一に帰する」と読み取った[49]。このようにかれらは宗教学から、自らが期待する宗教の「帰一」を導き出す。これには世代的な要因も関係していよう。主要創設会員のなかでは、一八七三年生まれの姉崎だけが若く、その一五歳ほど上に井上・成瀬・浮田が並び、さらにその一五歳と少し上に森村と渋沢がいた。もちろん世代ですべて説明できるわけではない。ただし帰一に強い期待を寄せた面々が同世代であり、姉崎の見方と相容れなかったことは事実である。

ではそうした姉崎は、何を期待して帰一協会に参加したのだろうか。姉崎はこう記している。「帰一」には、その根拠となり、それを指導する理想が必要である。それがなんであるかはまだ分からない。だが、それが根本的意味において宗教的なものであることだけは確かであり、それを発見したい、と[50]。姉崎は、宗教の「帰一」などではなく、「帰一」というグローバル化の根底にあるはずの宗教的な何かを求め、この企てに加わったのだった。

三　「帰一」の先に

(1)「時局問題」とその後

一九一五年一月、渋沢栄一が中島力造とともに、新たな研究課題「時局に対する国民の覚悟」を例会に提出した。前年にはじまった世界大戦をきっかけに、新たな時局への対応が求められているという提案である。これ以後、会は「時局問題」を軸に進んでいく。『帰一協会会報』のほか、『時局論叢』の刊行も開始された(51)。そしてこの「時局問題」についても、「信仰問題」と同じく、会としての意見を表明することに決まった。米国から帰国した姉崎の努力もあって、翌年の二月に「宣言」としてまとめられ、はじめて開かれた公開講演会において発表された(〔付録〕参照)。

研究課題が「信仰問題」から「時局問題」に移行したことは、会そのものに少なからぬ影響を及ぼした。「時局問題」への対応は、問題の性質上、どうしても広大な領域にわたるものとなる。「宣言」のなかに、道徳や科学の奨励から立憲政治や国際平和の擁護まで列挙されていることは、その点をよく示していよう。そして「宣言」は確かに一定の反響を呼んだ。しかし一方でメディアでは、まさか帰一協会は「宣言」のみを事業とする団体ではあるまいと、その実行を求めてくる(52)。しかし、かくも広い対象に向けて、帰一協会はいったい何ができるのだろうか。道徳の奨励と国際平和の擁護は、そもそも同じひとつの組織がすべき課題なのだろうか。また大日本平和協会など、他の組織との棲み分けも問題となってくる。なぜなら、帰一協会の主要会員の多くは、同時にそうした組織の会員でもあったからである。「時局問題」について「宣言」をしたことは、かえってその実行をめぐり、会内に無力感を拡げていく。そしてこれが帰一協会の世に問うた最後の「宣言」となる。

この間、「信仰問題」で帰一協会が実践的でないと不満を持った創設会員たちは、会の運営から次第に遠ざかっていく。しかも一九一九年三月に成瀬仁蔵が、同年九月には森村市左衛門が亡くなる。だが会務を担う幹事が補充されることもなく、帰一協会は、姉崎正治のもと、彼が主宰する東京帝国大学宗教学研究室のメンバーが実質的に運営する体制へと縮小していく。そしてそのもとで、帰一協会は、中心人物の意向に沿って実践から距離を置き、もはや何事かを決議するようなこともなく、ひたすら例会で講師の話を拝聴する研究サロンとして、慎ましやかに存続していく。

その結果、かえって帰一協会が、姉崎や宗教学研究室のもっとも得意とする「信仰問題」を正面から取り上げることがあった。たとえば、姉崎の提案によって一九一六年一二月に刊行のはじまった『帰一協会叢書』の第六輯は、『現代青年の宗教心』と題されている（一九一八年一二月発行）。西沢頼応が東京帝国大学文科大学に提出した卒業論文を増訂したもので、質問票を用いた宗教心理学的研究の報告書である。この書の「序言」で姉崎は、本書が、帰一協会の発表した宗教教育に関する決議を、どのように実施していくかを指示する海図の役割を果たし得るだろうと述べている。決議から三年を経て、それへの学術的なフォローがなされたわけである。また『会報』の第一二号（一九二四年九月発行）は、一般に向けて宗教的信仰に対する注意を喚起することを目的に、姉崎が書き下ろした「人生の権威と理想信仰」で一冊とした。次の第一三号（一九二五年九月発行）は、原田敏明と鷹谷俊之がまとめた「震災に関する宗教道徳的観察」。こちらは宗教学研究室による受託研究の成果報告書である。

一九二八年（昭和三）には日本宗教大会を支援した。日本宗教大会は、一九二五年に結成された日本宗教懇話会が主催したもので、六月五日より四日間にわたり、神道・仏教・キリスト教の宗教者一〇〇〇名以上が参加、平和・教育・社会・思想の四部会に分かれて討議が行われた。大会の趣旨書によれば、日本の宗教史は世界に類い稀なる諸宗教の提携と寛容の歴史であり、そうした日本の宗教界は世界が渇望する新文化の創造に貢献すべき大使命を有している。よってその実現の第一歩としてこの大会を開催する、とある(53)。

帰一協会はその主旨に賛同して参加するとともに、大会の収入の約四分の一にあたる三五〇〇円の寄附金を集めて交付した。大会を主催した宗教懇話会の代表今岡信一良は、姉崎のもとで研究室の副手を務めるとともに、帰一協会の書記を兼務していたことがあり[54]、支援に至った経緯がうかがわれる。なお、姉崎自身は日本宗教大会で思想部会会長を務めた。

日本宗教大会が開かれたこの年の一月、渋沢栄一は帰一協会について次のように語っている。いったん組織したものを止めるわけにもいかないが、幸いに姉崎正治氏が種々世話をしてくれていて、私は滅多に顔を出さない[55]。

帰一協会は、もはやほとんど姉崎の個人的な組織へとなっていた。

(2) 帰一協会の終焉

それゆえに、姉崎の去就は会に甚大な影響を来す。一九二三年一一月、姉崎は東京帝国大学図書館の館長に就任、関東大震災で被災した同館の復興に邁進し、多忙を極める。この頃から会務は滞り気味となり、渋沢と森村からの寄附金も使い切れずに残るのが常態化した。そうしたなか、一九二九年には、姉崎の門下生である矢吹慶輝を幹事に登用するなど、運営体制の改革を試みた。だが、一九三一年一一月に渋沢栄一が亡くなる。そしてその追憶談話会を最後に、帰一協会は休眠状態へと入る。一九四二年、正式に解散[56]。

このように帰一協会は、最後まで主に学者と実業家とから構成され、宗教者を主要会員とすることはなかった。しかしながら、世界が「帰一」というグローバル化の趨勢にあるとし、そうしたなかで日本が世界に貢献するには「信仰問題」こそ相応しいという認識のもと、宗教というものに重きを置いた点で、他とは違う明確な特色を持つ組織だった。そして設立からの数年間は、決議や宣言を発表し、世間からも反響を呼ぶなど、参加者の社会的地位に相応しい影響力を有していた。

しかしやがてその活動は精彩を失っていく。「帰一」の最初の課題とされた宗教のそれについて、一番の専門家と目されていた宗教学者の姉崎正治が、他の創立会員とは異なってそれにさして意味を見出さず、意見の一致ができなかったこと。しかもその姉崎が会務を主導し、研究中心の運営をしたため、不満を持った他の主要会員が離れ、姉崎と彼の主宰する東京帝国大学宗教学研究室の外郭組織のようなものへと収縮していったことなどによる。帰一協会発足前後以上にグローバル化が進展したようにも見える戦間期に、この会が目に見える形での成果をほとんど残せなかったのは、こうしたことが要因であろう。

もっとも姉崎からすれば、宗教の「帰一」などという不可能で無意味なことを目指すのではなく、「帰一」を根拠づける宗教的ななにものかを追求したまでのことだろう。それは姉崎が切り開いた新たな宗教学という学知に導かれたものだった。だがその時、他の創設者の関心は会から離れ、「帰一」への期待も萎んでいった。「信仰問題」に関する最新の学知は、それに関心を持つ社会の要請に応えられなかったと見ることもできるし、あるいは姉崎は、帰一協会において「帰一」の不可能性を明らかにしていくことを通じて、最新の宗教学の知見が正しいことを非専門家たちに示していった、と言うことができるかもしれない。

(3) 帰一協会の「遺産」

帰一協会の解散から六年後の一九四八年一〇月、東京帰一教会が発足した。このいささか紛らわしい名称の教会を立ち上げたのは、今岡信一良。キリスト教から出発し、ユニテリアン、さらには個別の宗教・宗派を超えた自由宗教運動へと進んでいった今岡は、「帰一」という言葉を選んだ理由として、ユニテリアンの和訳としての意味と同時に、学問上の師である姉崎正治が創立し、今岡自身も書記を務め、さらに日本宗教大会では多大な支援をしてくれた帰一協会の継承であったとする。そしてときに、帰一協会と帰一教会は実質的に大差ないとすら述べる。

宗教学講座の姉崎の後継者で、その女婿でもある岸本英夫は、今岡に向かい、あなたは姉崎の実践的活動面の後継者だと言ったことがある。[57] 帰一協会を継承したと称する今岡にこの言葉が与えられること自体、ある感興を催すが、もう少し話を続けよう。その岸本は、ガンで余命宣告を受けたことを境に、これまで自らがしてきた宗教研究が死の前では何の役にも立たないことを知り、生死観を模索していく。『死を見つめる心』で広く知られる独自の世界にたどり着いたきっかけは、成瀬仁蔵がその死の直前に日本女子大学校で行った告別講演の内容にあらためて触れたことだった。[58] 実際にこの講演がなされたとき、岸本は中学生であったが、ユニテリアンである父の能武太――帰一協会の会員でもあった――が同校で教鞭を執っていたため、詳しい話を聞いた記憶があるという。[59] なお、同校最大の支援者でもあった渋沢栄一は、この講演を直に聴いている。[60] そしてその成瀬は、今岡によれば、自由宗教運動の先駆者である。[61] もうひとつ付け加えれば、岸本英夫も、若い頃、帰一協会の書記を務めていた。[62]

つまりユニテリアンという補助線を引くと、帰一協会の影響は存外に長くあり、しかもその系譜が宗教学と不可分の関係にあったことが見えてくる。もっとも、ユニテリアンと帰一協会とでは、キリスト教との距離の取り方に大きな違いがある（第八章参照）。それに姉崎は、帰一協会がユニテリアンのお先棒を担いでいるとの嫌疑を受けないよう、成瀬に注意を促すなど、[63] 両者の区別をはっきりつけるべしとの立場であった。その意味で、この補助線によって浮かび上がってくる回路は、当然のことながら、帰一協会のあくまでも一断面に過ぎない。だが、単一の見解を成員が共有するといった類いの組織でなかった帰一協会について、あえてその「遺産」を考えようとするならば、それに関わった人々に何を残したか、個別に検討していくほかに、どんな方法があるのだろうか。

註

（1）　主なものに、比屋根安定『日本宗教全史』第五巻、教文館、一九四二年、鈴木範久『明治宗教思潮の研究――宗教学事始』東京大学出版会、一九七九年、中嶌邦『成瀬仁蔵研究――教育の革新と平和を求めて』ドメス出版、二〇一五年、高橋原「帰一協会とその行方――昭和初期の活動」『東京大学宗教学年報』第二〇号、二〇〇二年などがある。
（2）　「姉崎正治談話筆記」一九三八年五月七日（『伝記資料』、四一五頁）。
（3）　「渋沢栄一日記」一九一二年二月二四日条（『伝記資料』別巻第一、七二五頁）。
（4）　「渋沢栄一日記」一九一二年三月二三日条（『伝記資料』四〇六頁）。
（5）　一九一二年四月四日付渋沢栄一書翰案『帰一協会記事一』（『伝記資料』、四〇六頁）。

（6）「現代思想界講究に関する集会」『帰一協会会報』第壱（『伝記資料』、四〇七～四〇八頁）。
（7）「渋沢栄一日記」一九一二年四月二九日条、五月一七日条、六月一四日条（『伝記資料』、四〇六、四二五、四二七頁）。
（8）それゆえに会から距離を置く人々もいた。成瀬と渋沢は、日本女子大学校の創立委員長でもあった大隈重信のところ赴いて「宗教統一論」をした（「渋沢栄一日記」一九一二年六月一四日条、『伝記資料』、四二七頁）。だが大隈は帰一協会に参加しなかった。大隈は「信仰は必要ない」と公言しており（林有隣編『修養訓話・名士の信仰』キング書房出版部、一九一四年など）、この点と関係があるだろう。
（9）注（6）に同じ。
（10）注（6）に同じ。
（11）成瀬仁蔵「吾人の使命」『進歩と教育』実業之日本社、一九一一年、二五五～二六七頁など。
（12）Letter Naruse to Estournelles de Constant, May 15, 1913, 12J106, Archives Departementales de la Sarte, France. 本資料に関しては、伊東かおり氏の格別なる配慮を得た。
（13）「米国帰一協会の設立」『帰一協会会報』第弐（『伝記資料』、四七八頁）。
（14）「第九回例会」『帰一協会記事二』（『伝記資料』、四七九頁）。
（15）中嶌邦『成瀬仁蔵研究』ドメス出版、二〇一五年、三二二～三二八頁、三二九頁。
（16）「三月例会」『帰一協会記事二』（『伝記資料』、四九八頁）。
（17）「六月例会」『帰一協会会報』第六（『伝記資料』、五二三頁）。
（18）「大正四年一月二〇日例会」『帰一協会会報』第七（『伝記資料』、五七八頁）。
（19）「信念問題研究委員会」『帰一協会録事第二』（『伝記資料』、五九〇～五九一頁）。
（20）「帰一協会の決議」『竜門雑誌』第三二六号（『伝記資料』、五九二～五九四頁）。
（21）山口輝臣「明治末年の宗教と教育——三教会同をめぐって」『東京大学史紀要』第一四号、一九九六年。
（22）「宗教と教育　一木文相談」『東京朝日新聞』一九一五年六月三〇日など。
（23）姉崎正治『わが生涯』養徳社、一九五一年、一六五頁。
（24）仁科節編『成瀬先生伝』桜楓会出版部、一九三七年再版、三八〇頁、三五二～三六三頁、三七八～三八二頁。
（25）大森一宏『森村市左衛門——通称立国日本の担い手』日本経済評論社、二〇〇八年、一八三～一八四頁。
（26）森村市左衛門（七代目＝開作）「正直と人の繋りで日米貿易百ケ年」嘉治隆一編『第一人者の言葉——同時代人と次代人とに語る』

亜東倶楽部、一九六一年、一九〇〜一頁。
(27) 若宮卯之助『森村翁言行録』大倉書店、一九二九年、二四六〜二四七頁、二八六頁。
(28) 森村市左衛門「余が基督教徒となりし理由告白」『実業之日本』第一七巻第二四号、一九一四年。
(29) 前掲、森村「正直と人の繋りで日米貿易百ケ年」一九一頁。
(30) 注（6）に同じ。
(31) 浮田和民「将来の宗教」『社会と人生』北文館、一九一五年、二七九頁。初出は一九〇三年。
(32) 浮田和民「二十世紀の基督教」前掲書『社会と人生』など。初出は一九〇九年。
(33) 浮田和民「帰一の理想」前掲書『社会と人生』、一九八〜九頁。初出は一九一二年。
(34) 注（6）に同じ。および井上哲次郎「渋沢子爵追憶談」一九四一年一〇月九日（『伝記資料』、四〇八頁、四一六〜四一九頁）。
(35) 注（6）に同じ。
(36) 山口輝臣『明治国家と宗教』東京大学出版会、一九九九年、第一部第一章。
(37) 「竜門社春季総集会に於て」『竜門雑誌』第二八九号（『伝記資料』第四二巻、四〇六頁）。「統一的大宗教」『青淵百話』（『伝記資料』第四六巻、四二三頁）。
(38) 「渋沢栄一日記」一九一〇年一〇月一三日条以下（『伝記資料』五七、一六二頁以下）。
(39) 姉崎正治「青淵翁と宗教問題」『竜門雑誌』第五四二号（『伝記資料』、七二八〜七三〇頁）。
(40) 前掲書、姉崎『わが生涯』一六四頁。
(41) 「姉崎博士の信仰説」『基督教世界』一一八〇、一九〇六年。
(42) 高橋原「初期宗教心理学と成瀬仁蔵」『日本女子大学総合研究所紀要』第六号、二〇〇三年、大森秀子『多元的宗教教育の成立過程——アメリカ教育と成瀬仁蔵の「帰一」の教育』東信堂、二〇〇九年。
(43) 村上こずえ、森本祥子「井上哲次郎『巽軒日記—明治四五年—』」、『東京大学史紀要』第三五号、二〇一七年三月。本資料に関しては、村上・森本両氏の格別なる配慮を得た。
(44) 前掲、浮田「将来の宗教」二八九頁など。
(45) 井上哲次郎「宗教学講座創設以前の宗教関係の講義」『哲学雑誌』第五二一号、一九三〇年、九七頁。
(46) 岸本能武太「宗教の比較研究と日本」『比較宗教一斑』警醒社、一九〇二年、八七〜九五頁。
(47) 前掲書、山口『明治国家と宗教』第二部第一章。

(48) 注（44）に同じ。
(49) 『軽井沢山上の生活』『成瀬仁蔵著作集』第三巻、日本女子大学、一九八一年、五〇七頁。
(50) 「帰一の大勢」『六合雑誌』第三二巻第八号、一九一二年。
(51) 第一輯（一九一五年四月）、第二輯（一九一六年一月）、第三輯（同年五月）。いずれも発行所は帰一協会事務所。
(52) 「精神的事業」『東京日日新聞』一九一四年二月六日など。
(53) 『御大典記念日本宗教大会概要報告』（『伝記資料』、六九八～七一三頁）。
(54) 今岡信一良『わが自由宗教の百年――人生大学に卒業なし』大蔵出版、一九八二年、四二～三頁など。
(55) 「帰一協会の成立に就て」『雨夜譚会談話筆記』一九二八年一月一七日（『伝記資料』、四一三頁）。
(56) 高橋原「帰一協会とその行方」五一頁。
(57) 前掲書、今岡『わが自由宗教の百年』四六頁・一二六頁、四三頁、一五六頁。
(58) 岸本英夫『死を見つめる心――ガンとたたかった十年間』講談社、一九六四年参照。岸本晩年の生死観については、中村みどり「〈生命〉の発見――岸本英夫晩年の『宗教』」『宗教研究』第八七巻第一輯、二〇一三年が詳しい。
(59) 岸本英夫「成瀬先生の宗教観」『岸本英夫集』第六巻、渓声社、一九七六年、一二一頁。
(60) 「渋沢栄一日記」一九一九年一月二九日条（『伝記資料』第四四巻、六〇九頁）。
(61) 前掲書、今岡『わが自由宗教の百年』一三四頁。
(62) 磯前順一、深沢英隆編『近代日本における知識人と宗教――姉崎正治の軌跡』東京堂出版、二〇〇二年、三七三頁。
(63) 前掲書、中嶌『成瀬仁蔵研究』三一九～三二〇頁。

コラム3

帰一協会に賛同した欧米の人士たち

岡本佳子

成瀬仁蔵の欧米での呼びかけ

成瀬仁蔵は、帰一協会設立から間もない一九一二年八月から翌年三月にかけて、教育視察の目的で訪問した欧米諸国で多くの知識人に面会し、帰一協会の趣旨を宣伝した。成瀬がめぐったのは主として米国、英国、フランス、ドイツであったが、ブリュッセル、ウィーン、ローマ在住の人々とも面会ないし通信したようである。成瀬が発したアピールには、学問、教育、宗教、ジャーナリズム、社会改良運動、平和運動などの第一線で活躍する一七〇名前後の人々から賛同の言葉と署名が寄せられ、それらは帰一協会会報の和文版と英文版に収録されている(『会報』第三号/*First Report of the Association Concordia of Japan*)。成瀬の熱心な呼びかけに応えて、賛同者のなかから米国と英国における帰一協会設立に尽力する人々も現れた。米国では成瀬の外遊中の一九一二年一一月一〇日に米国帰一協会が発足し、英国では同協会の結成に向けて一六名の学者が評議員就任の約束を交わした。

旅の途中で成瀬は、一九〇八年にノーベル文学賞を受賞したドイツの哲学者ルドルフ・オイケン(Rudolf Christoph Eucken 1846-1926)、後に一九二七年に同賞を受賞することになるフランスの哲学者アンリ・ベルクソン(Henri-Louis Bergson 1859-1941)、進化論の研究で知られたドイツの生物学者エルンスト・ヘッケル(Ernst Heinrich Philipp August Haeckel 1834-1919)など、世界的に著名な学者たちに意見を聴くという貴重な機会を持った。

その一方で、英米では急進的な問題意識と実験精神のある人々に多く面会し、成瀬の欧米旅行は実り多きものとなった。成瀬が様々な伝手によって訪ねたこうした人々に共通しているのは、各分野の改革に意欲的な、比較的リベラルな志向の男女であったということである。本コラムではこのうち数名を取り上げたい。

フェリックス・アドラーと英米の倫理研究者たち

会報掲載の賛同者のリストに最初に記載されているのは、「A」で姓が始まるフェリックス・アドラー(Felix Adler 1851-1933)である。アドラーは、ニューヨークを本拠にするユダヤ教改革派の社会改良運動家であり、成瀬や姉崎正治も注目していたことがある人物である。姉崎は、帰一協会設立前から自身が運営していた丁酉倫理会について、アドラーが始めた倫理運動（The Ethical Culture Movement）に近いものを想定していたと自伝のなかで回想しているのである（姉崎正治『わが生涯──新版』）。自由宗教協会（FRA、第八章参照）のメンバーとして開かれた宗教思想を抱いていたアドラーは、一八七六年にニューヨーク倫理協会（The New York Society for Ethical Culture）を設立し、都市部で深刻化する労働者層の貧困問題の改善に向けた社会事業に着手していった。児童教育、医療福祉、職業訓練等の人道的な事業を次々と展開した倫理運動は、シカゴ、フィラデルフィア、セントルイスで同じ趣旨の協会設立につながり、やがて国際的な広がりを見せた。帰一協会や丁酉倫理会がエリートたちの学びの場であったのに対し、アドラーの倫理運動はより具体的な社会改良を実践するものであった。

帰一協会に賛意を表した米国コロンビア大学のジョン・デューイ（John Dewey 1859–1952）、英国カーディフ大学のJ・S・マッケンジー（John Stuart Mackenzie 1860–1935）、バーミンガム大学のJ・H・ミュアーヘッド（John Henry Muirhead 1855–1940）らは、アドラーとともに国際的な倫理研究雑誌『インターナショナル・ジャーナル・オヴ・エシックス』の編集委員であり、英米に跨る倫理研究のネットワークによってつながっていた。著名な哲学者であったデューイは米国帰一協会評議員の一人となり（第九章参照）、マッケンジーとミュアーヘッドは英国における帰一協会設立時に評議員になることを成瀬に約束している。上記の雑誌の書評ページでは、帰一協会の会報英文版第二号が好意的に紹介されたことがある（*International Journal of Ethics* 25(3), April 1915）。このように、協会の賛同者たちのなかに、英米をつなぐ知的人脈をたどることもできるのである。

ユニテリアン知識人たち

次に、成瀬の呼びかけに応じて英米両国の帰一協会設立に積極的に関わった知識人に、正統派のキリスト教徒ではない人々が含まれていたことを指摘しておきたい。ハーヴァード大学で長期に亘って学長を務め、米国帰一協会の会長となったチャールズ・W・エリオット（Charles William Eliot 1834–1926）、そして幹事ではないが彼とともに来日して帰一協会で講演した同大学名誉教授F・G・ピーボディ（Francis Greenwood Peabody 1847–1936）はユニテリアンである。なお、エリオットの息子で成瀬に賛同の署名もしているサミュエル・エリオット（Samuel Atkins Eliot II 1862–1950）は米国ユニテリアン協会会長である。米国のユニテリアンにも様々な立場があるが、トランセンデンタリズム（超絶主義）のような革新的な思想を育み得たユニテリアンの側面と、右の三人が帰一協会の趣旨に共鳴するような開かれた精神を持っていたこととは無関係ではなかろう。

英国帰一協会の評議員候補者のなかにも、ユニテリアンが含まれていた。宗教・哲学に関する有名な雑誌『ヒバート・ジャーナル』(*The Hibbert Journal*) の編集者であり、自身も多彩な執筆活動をしていた思想家L・P・ジャックス (Lawrence Pearsall Jacks 1860–1955) と、オックスフォードのマンチェスター・カレッジの宗教学者J・E・カーペンター (Joseph Estlin Carpenter 1844–1927) もユニテリアンである。カーペンターは英国ユニテリアン協会の幹部として米国のユニテリアンと頻繁に交流し、一八七〇年代から勃興した比較宗教学の研究に従事していた。彼は東洋学の泰斗マックス・ミュラー (Friedrich Max Müller 1823–1900) とならんで欧米の知識層に向けて仏教を紹介する研究に功績があり、姉崎とも交流を持っていた。あくまでキリスト教の立場からであったものの、カーペンターは、すべての宗教がひとつの真理を共有しているという信条のもと、比較宗教学の研究を精力的に発表した。近代の宗教交流の画期となった一八九三年のシカゴ世界宗教会議では、彼はミュラーらとともに宗教の比較研究の重要性を訴える声明を送り、キリスト教以外の宗教を「異教」と見下す欧米人の偏見がもはや前時代的な発想であることを主張した。

英国での出会い

ジャックスが編集する『ヒバート・ジャーナル』には、先述のJ・S・マッケンジーと、バーミンガム大学学長のオリヴァー・J・ロッジ (Oliver Joseph Lodge 1851–1940) が寄稿していた。この二人は、英国帰一協会の評議員候補者のなかでとりわけ熱意があったと成瀬が証言している学者たちであるが、マッケンジーは後年、神智学や人智学にも接近した社会哲学者であり、ロッジは物理学者であると同時に著名な心霊学者でもあるという、ユニークな思想の持ち主たちであった。英国帰一協会の臨時幹事長として貢献するマッケンジーには、日本の協会幹部から激励と友好の手紙が送られ、マッケンジーから成瀬には、英国での協会立ち上げの会合が一九一四年一月一七日に開かれたとの報告の手紙が寄せられた (*Second Report of the Association Concordia of Japan*)。成瀬はロッジにも協会設立の主導的役割を担ってくれることを期待し、彼との面会後にあらためてその旨の依頼の手紙を送っている (四五九〇、一九一二年一月五日付、日本女子大学成瀬記念館所蔵)。

成瀬が英国を訪問した頃、ロンドンの心霊・オカルト系週刊誌『ライト』に帰一協会と成瀬についての紹介記事が掲載された (*Light: A Journal of Psychical, Occult, and Mystical Research* 32 (1663), November 23, 1912)。これは、霊性を重視する成瀬に共鳴したロッジの手によるものと推測される。日本での協会設立から間もない頃に成瀬が書いた文章に、ロンドンで類似の趣旨を掲げる「アソシエーション・コンコーディア」(The Association Concordia) と称した団体が発足したことが言及されているが (「東西の握手　帰一協会の成立と世界的関係」一九一二年七月）、この『ライト』の記事でも英国と日本で同時期に同名の団体が設立されていたことに触れている。右の英国の団体と、成瀬の呼びかけによって結成された英国帰一協会は別個の団体であるが、人脈上の関連があるかどうかは未詳である。

　そして最後に、イスラーム教から派生したバハーイー教の指導者アブドゥル・バハー（ʻAbduʼl-Bahá 1844-1921）がロンドンで成瀬の訪問を受け、協会への賛同者となったことを紹介しておきたい。バハーイー教は一九世紀半ばにイラン出身の預言者バハー・ウッラー（Baháʼuʼlláh 1817-1892）が万教帰一を説いて創始した宗教である。成瀬が会ったアブドゥル・バハーはバハー・ウッラーの長男として教団の指導を引き継いでいた人物である。帰一協会への賛同者の大多数が欧米人であったなか、アブドゥル・バハーの存在は貴重である。ロンドンで彼と成瀬が結んだ縁は、一九一六年に来日した彼の弟子が日本女子大学校を訪問するというかたちで再び生かされた。

　帰一協会に賛同を寄せた知識人たちは様々な領域で活躍していたが、協会が目指した国家間・人種間の相互理解、信仰の違いを超えた宗教間の融和、そして成瀬が抱いた普遍的な人間精神の一致に共鳴する方向性を持っていた人々であったと言えるだろう。

参考文献

姉崎正治『わが生涯――新版』復刻版、大空社、一九九三年。
成瀬仁蔵「東西の握手　帰一協会の成立と世界的関係」『成瀬仁蔵著作集』第三巻、日本女子大学、一九八一年。
『帰一協会会報』第三号（一九一三年）、第四号（一九一四年）。
Alexander, Agnes Baldwin, *History of the Baháʼí Faith in Japan 1914-1938*, Tokyo: Bahaʼi Publishing Trust of Japan, 1977. (Baháʼí Library Online https://bahai-library.com/alexander_history_bahai_japan& chapter= all) accessed December 15, 2016.
Jackson, Carl T., *The Oriental Religions and American Thought: Nineteenth-Century Explorations*, Westport, Conn.: Greenwood Press, 1981.
First Report of the Association Concordia of Japan, June 1913.
Second Report of the Association Concordia of Japan, July 1914.

コラム4

帰一協会例会で講演した人士たち

見城悌治

例会で最も多く登壇した人は？

帰一協会の歴史的役割を考えようとする際には、創設メンバーの個性、また外部に向けた華々しい「宣言」などに眼が向きがちである。しかし、一年間に七回から一〇回程度開かれていた例会で、どのような知識人が演題に立ち、何を発信したのかを確認することは、協会の興味関心がどこにあったのかを知るための重要な課題となるだろう。本コラムでは、それを整理してみることとする。

帰一協会の第一回例会は、協会創設直後の一九一二年七月一〇日、阪谷芳郎（二日後に東京市長就任。渋沢栄一女婿）を講師として開催された。一方、記録に残る最後の回は一九三三年四月二六日となる（帰一協会自体の「解散」は一九四二年一二月）。この二一年間に行われた例会数は、総計一五七回（予定されながら「中止」になった四回を含む）で、報告者の実数は九〇名に上る（巻末史料「帰一協会例会　講演者一覧」を参照のこと）。このなかで、最も数多く登壇した人は姉崎正治であった。姉崎は、第二回例会（一九一二年一〇月）で、「宗教信仰之性質、特ニ人生ノ他ノ活動トノ関係」のタイトルで講演したのを皮切りに計一六回も報告している。創設メンバーであった上、後には自身が教授を務める東京帝大宗教学研究室が帰一協会の事務局を引き受けたこと等から、数が多くなったと思われる。

二番目の登壇数となる七回を記録したのは、矢吹慶輝である。一九〇九年に東京帝大哲学科を卒業し、翌年から宗教大学（現・大正大学）教授に就いた矢吹は、一九一三年に、姉崎正治の助手として渡米する。その後、欧州各国で学び、一九一七年帰国。一九一九年には東京帝大の講師に就くなど、姉崎を支える立場にあった。矢吹は、浄土宗の僧侶であったが、特定寺院の住職に就かず、社会問題解決を図った人物としても知られる。

登壇数が六回で三位になったのは渋沢栄一である。渋沢は、姉崎等とともに協会創設メンバーであり、さらに協会で取り組むべき課題を提起するなど、発言の機会が多かったためである。

以下では、例会で披歴された講演のテーマや講演者の特色から、帰一協会が何を問題にしようとしたのか、その一端を探っていきたい。

「宗教」「道徳」に関わる議論

帰一協会は「宗教」に関心を持つ会員が多く集ったこともあり、それをめぐる講演はやはり多かった。たとえば、神道（筧克彦など）、仏教（釈宗演、本多日生、加藤精神など）、キリスト教（田村直臣、宣教師のウィリアム・アキスリングなど）の関係者が演題に立っている。また、宗教学者としては、姉崎正治のほか、加藤玄智なども講演している。一九一三年に講演しているE・S・スティーヴンソンは神智学徒だった。神智学（当時は「霊智学」と呼ぶことが多かった）は、神秘的直観や瞑想などを重んずる宗教思想で成瀬仁蔵が影響を受けていたとされる。

さらに注目されるのは、同時代で影響力を持ちつつあった民衆宗教に関する演題である。天理教について、廣池千九郎（一九一三年）および山口宏沢（一九二五年）が論じたほか、姉崎（一九二一年）が大本教・天道教を、石橋智信（一九二七年）が一尊教（如来教）を取り上げた。姉崎の論題は「社会不安と人心発酵の状態現象」だったが、ここからは、姉崎や帰一協会の関心がどの辺りにあったかを確認できるだろう。

倫理学・哲学をめぐる講話も多く、協会幹事の井上哲次郎と服部宇之吉もそれぞれ複数回の登壇を果たした。また、一九一四年の三月例会で、渋沢栄一が、「一、経済と道徳とは一致するや。二、道徳現象のみは何故に是進歩遅れたるや。三、教育は果して何程迄人の性格を改善し得るや」を議論すべきと提案した後の例会は、五回にわたり、「教育と宗教的信念との関係」について、七名の学識者がそれぞれの見解を開陳している。

様々な海外情報の提供

帰一協会例会では、海外の問題についても盛んに議論されている。まず、当該期の最大懸案であったアメリカの日本人移民排斥問題は当然扱われ、一九一三年一〇月で添田寿一「加州排日問題並に時勢に対する所感」が、一九一五年一月例会で綱島佳吉「加洲に於ける排日問題」が、次の例会では、上田万年「日米国交親善の方法」が報告されている。この問題に関わって、一九二二年五月例会で「日本国民の世界的適応性に関する考察」を講じた千葉豊治の経歴は、協会会員の関心を呼んだと思われる。すなわち、早稲田入学後、島田三郎や海老名弾正に影響を受けた千葉は、一九〇六年カリフォルニア州立大へ入学し、在米日本人向けの新聞編集などに関わった後、一九一六年、日系農民の組織化を目指すカリフォルニア州中央農会の専務理事に就き、一八年には理事長に推された。しかし、排日運動に失望し、一九二一年、「満州」に活路を求めた人物とされる。例会の発言要旨には、「満蒙視察」の結果、「環境順応てふ事を忘るるが為」、排斥される状態は米国と同じで、「日本人の欠点が世界的に改められぬ限りは、排日の気勢は、世界中至る処に蔓延」するだろうとの警世が発せられている（『伝記資料』第四六巻、六六四頁）。

一方、南米移民については、ブラジルに移住し、移民事業を促進する役目を担った山口宏沢が演題に立ったほか、山口らと協力し、南米移民を奨励する「海外興業会社」を一九二四年に設立した井上雅二も二度にわたり、講演を行っている。

近隣アジアについては、中国関係で、渋沢栄一「中国旅行に関する談話」（一九一四年七月）、アイ・メーソン「日支親善に付きて」（一九一五年三月）が談じられている。

また朝鮮関係では、朝鮮総督府通訳・塩川一太郎が「朝鮮談」を講じている（一九一九年五月）。三一独立運動をめぐるこの内容に関し、列席者中、「阪谷、八代（八代六郎海軍中将―筆者注）・矢野恒太・片山国嘉（医学者）ノ諸氏、各総督政治ノ欠点ヲ指摘」したのを承け、協会として内閣首脳部に「忠言」することが決議され、八代が田中義一陸相を、渋沢が、原敬首相・床次竹二郎内相をそれぞれ訪問し、会員の意を伝えたとされる（『伝記資料』第四六巻、六四〇頁）。また、関東大震災の翌年に、浜名寛祐が「鮮人《ママ》の帝国に対する心理的離背」（一九二四年一二月）という題で報告している点にも注目される（浜名は元陸軍主計少将で、この時は予備役であった）。

インドについては、一九二六年一〇月に「タゴールとガンヂー」と題する講演をケンネス・サンダースが行ったほか、一九三〇年四月には、インド滞在歴二八年の木村龍寛が、「聖雄ガンヂーの運動並びにそれを中心としたインド現今の思想」を講じている。また、一九一六年七月にタゴールが来日した際、渋沢が帰一協会幹事の立場で、面談したほか、一九二九年六月の例会が、再度の訪日を果たしたタゴールの歓迎茶話会に充てられた。

その他では、内ケ崎作三郎が「戦後の欧米・支那・朝鮮の眼に映ずる日本」（一九二一年七月）と銘打ち、他者の眼をもって、日本を問い直そうとした事、一九三〇年九月段階で、宇野円空が「植民地の宗教事情」と題する講演を行っていた事も興味深い。

「マルクス主義」への関心と法曹人

一九二〇年代末になると、「マルクス主義」に関する講演が増加していく。一九二八年の共産党弾圧事件（三・一五事件）の影響が大きかった事は明白だが、一九二八年五月例会で、姉崎正治が「マルクス主義学生の発生と現代教育の欠陥」を講じたのを皮切りに、関連報告が続いた。すなわち、翌月には内ケ崎作三郎「治安維持法改正について」、一一月例会では早川三郎「共産党事件の顛末」、一二月は、纐纈弥三「日本共産党事件に就て」の講演が行われている。早川、纐纈はともに警察官僚であったが、その後も、二木保幾（早稲田大学経済学部教授）による「仏教とマルキシズム」（一九三〇年）、河合栄治郎（東京帝大経済学部教授）「マルキシズム批判」（一九三一年）などが行われ、会員の関心がこの問題に寄せられていた状況がうかがえる。

そうしたなか、一九三一年一月の例会に招かれ、「思想に基く犯罪（主として京都学生事件）」を講じた今村力三郎には、注目される。すなわち、彼は大逆事件（幸徳事件）のほか、一九二三年の第一次共産党事件、虎ノ門事件、一九三二年の五・一五事件など、近代史上の大事件の弁護を担当し、「これらの事件で今村は、捜査当局の行き過ぎと事実の歪曲に対し、被告の人権擁護に終始し、大逆事件の処理と当局の弾圧的態度を非難した」（『二〇世紀日本人名事典』）との評価を与えられている人物であった。

講演をした法曹人には、他にも興味深い経歴を持つ人がいる。一九一六年二月に「人類と連帯責任」を講じた鵜沢総明は、日比谷焼き討ち事件や大逆事件などの弁護人で、一九〇七年以降、衆院議員に五回当選。一九二七年に大東文化学院総長、一九三四年からは明治大学総長を四期務めた。敗戦後は、東京裁判の日本側弁護団長として無罪論を展開した。

一方、一九二五年九月例会で「国民外交と太平洋会議」を講演した高柳賢三（東京帝大法学部教授）も、東京裁判で日本側弁護団のリーダー格として活躍した人物である。晩年には、岸信介内閣下の「憲法調査会」会長に就いたものの、「改憲論の委員多数の中で、改憲ムードに歯止めをかけた」（『二〇世紀日本人名事典』）とされる。

多彩な専門家による講演

軍人も複数名が講演者になっている。海軍軍医総監として「脚気」対策を講じたことで知られる高木兼寛が、退役後の一九一五年七月に「国家と神社との関係」を講じたほか、浜名寛裕が、「帝国日本と朝鮮人」の関係を論じたことは既述した通りである。また、海軍軍令部次長斎藤七五郎が、一九二五年「第二軍縮会議について」という報告を現職の立場から論じている。

医学者では、片山国嘉が禁酒運動について（一九二一年一月）を、また生物学者の山内繁雄が「遺伝」（一九一四年四月）、「生物学上より見たる人類と連帯責任」（一九一六年四月）、「遺伝学上から見たる産児制限の批判」（一九二九年一〇月）を、心理学者の松本亦太郎が、「日本人の美術的趣味」（一九一五年四月）と題する講演をそれぞれ行っている。

ジャーナリストでは、下村宏などが登壇した。三度も報告している頭本元貞は、伊藤博文の援助で英字紙「ジャパン・タイムズ」を創刊し、一九一一年には社長に就いた人物である。「実業之日本社」を創設した増田義一も講演をしている。

一方、教育（学）関係者の登壇は少ない感が残る。協会の創設メンバーであった成瀬仁蔵はたった一度の講演にとどまった。成瀬死後の一九一九年に日本女子大学校校長に就いた麻生正蔵も一回講話しただけである。澤柳政太郎の三回、林博太郎（東京帝大教授、帝国教育会長）

の一回、「天理教」を講じた廣池千九郎を加えても、多いとは言えない。

帰一協会例会における渋沢栄一の役割

例会での講演者の顔ぶれを顧みると、実業家がほとんどいないことに気づく。渋沢は別格だが、他では大倉邦彦と井上雅二くらいだろうか。創設メンバーの一人で、資金面での貢献度も高かった森村市左衛門も演壇に立っていない。実業家にとって、帰一協会例会は、他分野の知識人に接し、現在未来を考える糧を求める場であったようである（一九一六年現在の会員名簿には一三三名が掲載され、「実業家」の範疇と考えられる人士は、全体の二五％にあたる三三名であった）。

このような意味も併せ考えるに、帰一協会における渋沢栄一の役割はやはり大きなものがあった事は間違いない。例会出席者の名前が資料上で確認できるのは、（第一回から、一九二八年一月例会まで）五七回分あるが、そのうち、渋沢が欠席したのは、四回に過ぎず、うち三回は、海外視察と重なったためである。こうした積極性を見るにつけても、渋沢が帰一協会に託した想いを改めてうかがい知ることができるだろう。

参考文献
『朝日　日本歴史人物事典』朝日新聞社、一九九四年。

『二〇世紀日本人名事典』日外アソシエーツ、二〇〇四年。

『渋沢栄一伝記資料』第四六巻。

高橋原「帰一協会の理念とその行方」『宗教学年報（東京大学）』二〇巻、二〇〇三年。

付 録 帰一協会関係資料

一　趣旨、決議、宣言など

（一）「帰一協会　趣旨・意見書・規約」　一九一二年（明治四五）六月二〇日

出典『竜門雑誌』第二九〇号、明治四五年七月号、『渋沢栄一伝記資料』第四六巻　四三〇～四三二頁に所収。

趣旨

明治維新の始め開国進取の方針定まりて以来、我が国運は諸種の方面に於て、駸々として隆昌の実を擧ぐると雖も、而かも、社会万般の問題に関して、紛糾せる難問題続出し、解釈の前途未だ容易に楽観し難しきものあり。その原因が諸種の方面に亘りて錯雑したるものあるはあるは勿論なるも、之を内にしては、国民の道徳信念が安住を得ず。之を外にしては、西洋の新文明に接して応接に遑なきために、新旧の思想文物が未だ円熟の調和を得ざるは、その主要なる原因たらずんばあらず。約して之を言へば、開国進取の形先づ成りてその精神の確立せざるは実に今日の難関に遭遇する所以なりと信ず。

果して然らば、今日国家の中堅たるべき人士にとりての急務は、一方、殖産致富の努力によりて、国力の充実を図ると共に、他方にて一国文明の基本を確定するために、道徳・教育・文学・宗教等の精神的問題に関して、堅実なる努力と、真摯なる研究とを勉むるにあるべし。此の目的のためには、我が国民性の特色を維持し、国体の精華を発揮すると共に、又博く世界の思潮に接して之を包容し同化し、以て開国進取の実を、精神的方面にも発揚せざるべからず。此の如きは、容易の事業ならざると共に、又実に前途多望の天職たらずんばあらず。

今日社会の実況を見るに、政治家・軍人・実業家・教育家・思想家の別なく、道徳信念の問題につきては、各々思慮考究する所あるも未だ社会全般を支配すべき統一の勢力を得ず、諸種の思想信念は、この国民の天職を中心として、多少帰一の傾向を呈し来れるも、尚ほ未だ明晰なる帰着に到達せず。此の際、国民の中堅として、指導誘掖の位置にある者は、公明なる精神を以て、社会万般の問題を研究し、特にその基礎を明瞭確実にするの任務を負はざるべからず。人々各々その信ずる所に拠り、又各々その職務に尽力すべきは勿論なるも、是と共に、共同の精神を発揮し、摯実なる研鑽によりて、一は以て各自の信念を鞏固にし、一は以て国運の基礎を盤石の安きに置かざるべからず。

是を以て、本会は先づ社会の各方面に亘りて、憂を共にし志を同ふせる人士の糾合によりて、研究と修養とに勉め、進んで世界万国と共に、将来の文明に対する共同の精神を発揮し得んことを期す。

上来記載の趣旨によりて、本会は、先づ国内の精神的統一を図り、更に別紙の意見書の如く、漸次外国の同志をも合同せんことを企図す。その方法に至りては、先づ会合集議の中心を作り、研鑽討論の機関を設け、出版講演の方面にも、一着一歩を占め、終には国際的運動に資せむとす。依って左の規約を定め、有志の賛同加入を請ふ。

意見書

二十世紀の文明は、全世界を打つて一団となし、通商交通の上は勿論、精神上の問題に於ても、人種及び国家の差別を打破せんとする勢を示せり。特に基督教の世界的布教と、宗教・道徳・文学等の比較研究と、其の他、一般に科学の進歩とは、世界の思想界に遍通する波動を及ぼし、思想感情の上に於ける関係交渉は、日日に頻繁なるに至れり。然れども、現今世界の主動者たる西洋の文明に、希臘羅馬以来の遺伝あるが如く、東洋の思想にも亦、印度・支那等数千年来の素習ありて、特質俄に変化し能はざるものあり。之に加ふるに、商工業の利害より生ずる国際の競争、移住民より起る人種感情の紛糾等、亦共の勢を加へ、為めに、往々にして人類の平和を破り、融和を害することなきにあらず。此の時に当りて、国民相互の友誼を増進し、国際の道義を擁護するには、世界諸国民、特に東西両洋人民間の同情を増進せざるべからず。同情を増進するためには今や世界の交通は、益〻、自由に、学術の研究は、愈〻、弘く思想界を動かしつゝあるも、その根柢に横はれる、信仰理想の大本に至りては、東西相互の理会に於て、尚ほ遺憾とする者少なからず。国際の利害及び政策の上に於ける関係の調摂は、今日の急務たるに相違なきも、尚ほ其の蘊奥に入りて、信仰理想の上に於て、東西相理会し、同情と尊敬とを以て、相交るの気運を促進するは、永遠に世界人類の平和を増進する為めに、欠くべからざる要務たらずんばあらず。思ふに、近世の学術は、天然万有の秘奥を探り、利用厚生に資する上に於て、長足の進歩を遂げたるのみならず、又情神的及び社会的理想に於て、人心の根柢、人情の契合を明かにしたるもの少しとせず。独り自ら信ずること篤きが為めに、世界の活問題に参与せずして、自ら孤立するが如きは、国民としても、宗教としても、共の発展を遂ぐる所以にあらざるべく、人類の文明は、今後或る点に於て帰一の針路を執るに至るべし。故に、諸の国民、諸の宗教は各〻に其の特質を発揮し、之に依りて世界の人文をにすへきは、勿論なるも、其の主張と抱負とは、皆人類理想の大合奏に対して孤立すべからざるは、明白の事なり。

且つ、世界の諸国民は、各〻其の歴史と特色とを有するに拘らず、現代文明の波及と共に、何れも皆共通の問題に逢着し、同一の難関に遭遇せるを見る。近代的活動の結果として起り来れる、個人主義と国家的団結との関係如何。商工業の革命より生じ来れる、社会組織の変動、即ち諸種の経済問題、社会政策等の問題と、従来の思想信仰との交渉如何。科学研究の為めに起り来れる実証主義の気風と宗教的理想主義とは、終に相背かざるを得ざるべきか。又社会の現実に応ずべき教育と道徳とは、如何にして形而上の信仰と相和し得べきか。数へ来れば、此等の問題は、実に多々にして、東西両洋共に同一の難関に処して、未だ解釈の出路を発見したりと云ひ難きもの少からず。果して然らば、諸の国民は各〻に共の特質主張に応じて之が解釈に向て、最善の努力をなすべきと共に、又東西両洋は、多くの点に於て、協力同心の態度を以て、此間に処するの必要少なしとせず。蓋し世界的文明の難関は、世界的の解釈を経るにあらざれば、満足の結果を獲る能はざるべし。思ふて此に至れば、我等は将に、精神上の問題を基礎として、世界文明の将来に寄与すべき団結を結ぶの切要なるを認む。此の団体たるや、自己の主張を他に強ひ、其の教旨を外に宣伝するが為めにあらずして、其の目的は、偏に公明正大なる態度を以て、古今の東西の思想を研究し、以て相互の理会を増進し、又相互の同情尊敬を深くするに在り。是を以て、此の団体の各員は自ら最良と信ずる所を提説して不可なきと同時に、亦他の特長を容るゝに吝ならざるを要す。

此の目的を達する為めに着手すべき事業の如きは漸を以て定むべきも、先づ思想交通の機関として、毎年数回、精神問題を主とする雑誌を発行し、宗教・哲学・道徳・社会・教育・文学等の方面に亘りて、或は歴史に溯りて之を研究し、或は現在に就て評論し、又は将来を指導すべき論文・報導等掲載すべく、次に講演及び出版の方面に於ても、本会の発展に伴ひ各国学者の往来、其他、国際的会合、会議、講演等の事を画策し、又は観察旅行に就て相互に便宜を計る等、東西相互の理会に資すべき事業は着々之に参与し、又は自ら之を実行せんことを期す。

要するに、此の団結は、諸の国民の間に、精神的問題に関する共同の運動を起し、以て世界文明の将来に資せんことを目的とす。依て此の趣意に賛成の人士は、思想家・教育家・政治家・実業家の別なく、各ゝ其の従事する方面より賛助協力せられんことを望む。

（二）「帰一協会研究問題要目案」　一九一二年（明治四五）六月二〇日

出典『竜門雑誌』第二九〇号、明治四五年七月号、『渋沢栄一伝記資料』第四六巻　四三三〜四三四頁に所収。

帰一協会研究問題要目案

（便宜撰択して着手すべきもの）

（一）信仰問題

一、宗教信仰の性質、宗教と宗派との関係
二、神道各派の特質、その伝播区域
三、仏教各派の特質、その伝播区域
四、キリスト教各派の特質、その伝播区域
五、儒教倫理の特質並にその実状
六、現在諸宗教の相互関係
七、現代の社会的生活と宗教信仰との関係
八、内外精神界の趨勢と宗教信念

（二）風教問題

一、従来の徳教と現在並に将来の道徳問題
二、現代社会の思潮と社会生活との関係
三、教育と国民道徳との関係
四、科学本位の教育と徳育との関係
五、実業教育と道徳観念との関係
六、大学教育と道徳問題
七、女子教育の諸問題

八、通俗教育並に一般の社会的教化
九、軍事思想と社会気風との関係
(三) 社会・経済・政治問題(精神的方面より観たる)
一、実業並に交通の発達と道徳問題
二、都会と地方との関係
三、社会の変遷と生活問題
四、資本と労働との関係
五、感化救済事業並に諸種の共済組織
六、公民教育並に政治思想と道徳観念
七、地方自治体と民風道徳との関係
八、現行法律と道徳との関係
九、監獄教誨、工場教誨等の問題
(四) 国際並に人道問題
一、国際関係と国民間の精神交通
二、国際関係と経済問題並に国際道徳問題
三、人道の観念と国民道徳
四、平和運動とその道徳的意義

(三)「帰一協会　信念問題をめぐる決議」一九一五年(大正四)六月

出典『帰一協会　趣旨、意見書、決議、宣言並規約、会員名簿並出版目録』『渋沢栄一伝記資料』第四六巻　五九二～五九三頁に所収。

決　議

被教育者ノ心裡ニ自然ニ発現スル宗教心ノ萌芽ハ、教育者ニ於テ之ヲ無視シ、若クハ蔑視シ、因テ信念ノ発達ヲ阻礙スルコトナカランコトヲ要ス

理　由

吾人ノ此処ニ宗教心ト称スルモノハ、今日世界ニ成立シ居ル幾多ノ宗教其物ヲ言フニアラズシテ、凡ソ人類ガ個人ヲ超越スル偉大ナル或物ノ存在ヲ信ジ、此ニ対シテ生ズル敬虔ノ念ヲ言フモノナリ、或ハ之ヲ天ト称シ、或ハ神ト称シ、或ハ仏ト称シ、其他名称各々同ジカラザルト同時ニ、之ニ伴フ信仰ノ形式ヲ異ニスルニヨリテ宗教ノ別生ズト雖モ、吾人ハ此等特殊ノ形式ヲモ併セ取リテ之ヲ宗教心ト称スルニアラズ、即チ吾人ガ此処ニ宗教心ト称スルモノハ、実ニ人性ニ本具ナル宗教心其物ノ発現ニ外ナラザルナリ、或ハ単ニ信念ト称スルモ亦可ナリ何トナレバ、凡ソ信念ハ畢竟スルニ偉大ナル或物ニ対スルモノナレバナリ抑々宗教ト教育トヲ劃然相分ケ互ニ相侵スコトナカラシムルコトハ、我ガ国ガ明治初年学制制定以降執リ来リタル大方針ナリト雖モ、宗教ト教育トノ分立トハ学校ニ於テ現存宗教ヲ授クベカラズトイフニ止マリ、宗教其物ヲ一概ニ不必要ナリト為スニアラザルコトハ、多言ヲ須ヰズシテ明ナリ、況ヤ宗教心又信念ヲヤ、蓋シ宗教心又信念ハ人格ノ根柢ヲ成ス所以ノモノニシテ、人格ヲ確立シ之ヲ徹底セシメンニハ、個人ヲ超越スル偉大ナル或物ニ対スル信念ニ待タザルベカラザルハ疑議ヲ容レザルトコロナリ、近時

我ガ国青年ノ志操軽佻浮薄ニ流レ、動モスレバ自己ノ便宜ヲ求ムルヲ知リテ国家ノ利害ヲ顧ミズ、或ハ危険ナル思想ニ惑ハサレ易キハ識者ノ夙ニ憂フル所ナリ、而シテソノ然ル所以ヲ討ヌルニ、教育者ガ概ネ物質的知識ニ重キヲ置キ、形而上界ニ何等敬虔ノ対象ヲ認メズ、人間相互ノ関係以上ニ何等ノ貴キ意義ヲ認メザルコトハ少クモ其ノ主要ナル原因ノ一ト為サザルベカラズ、此ノ如クニシテ堅実ナル国風民俗ヲ維持シ国家百年ノ長計ヲ樹立セントスルハ、到底不可能ノ事ニアラズヤ、吾人窃ニ国家ノ将来ヲ慮リ、今ニ於テ人心ヲ未ダ甚ダ壊レザルニ維持セントスルニハ、思想ノ根柢ヲ宗教心又ハ信念ニ托スルニ至ラシムルヲ以テ当務ノ急ト信ズ、然リト雖モ、所謂宗教其物ヲ直チニ学校ニ導キ入ルルノ弊ヲ思フ事亦切ナリ、此ニ於テ、宗教教育分立ノ大方針ニ乖カズシテ能ク此ノ目的ヲ達スベキ妥当ノ方法ヲ討議スルコト再三、先ヅ信念ノ発達ニ対スル阻力ヲ去ルヲ以テ最モ切実ニシテ行フベキモノト認メタリ、此レ前文ノ決議ヲ為ス所以ナリ

大正四年六月

(四)「帰一協会　時局問題にかかる宣言」　一九一六年(大正五)二月

出典『帰一協会　趣旨、意見書、決議、宣言並規約、会員名簿並出版目録』『渋沢栄一伝記資料』第四六巻　六一三頁に所収。

宣　言

開国進取ハ建国以来ノ宏謨ニシテ、明治維新ノ鴻業実ニ此ニ淵源ス。此宏謨ヲ拡充シ、国家ノ実力ヲ養ヒ、国運ノ伸張ヲ図ルハ吾人ガ国家ニ対スル本分ニシテ、世界ノ進運ニ参与スルノ道、亦茲ニ存ス。吾人ハ大正革新ノ精神ヲ振起シ、内ハ国家成立ノ本義ヲ発揮シ、東洋文明ノ代表者タル実ヲ挙ゲ、外ハ国際正義ノ擁護者トナリ、大ニ世界文明ノ進展ニ寄与センコトヲ要ス。

此目的ヲ成就センガ為ニハ、国民挙ツテ、内外ノ形勢実ニ重大ナル時機ニ際会セルヲ自覚シ、同心協力、奮ツテ此国是ヲ遂行スルノ覚悟ナカルベカラズ。本会ハ爰ニ左ノ要項ヲ決議シテ、之ヲ世ニ発表ス。若シ夫レソノ細目ニ至リテハ、著々研究ヲ遂ゲ、世ニ問フ所アルベシ。

一、自他ノ人格ヲ尊重シ、国民道徳ノ基礎ヲ鞏固ニスベシ。
二、公共ノ精神ヲ涵養シ、以テ立憲ノ本旨ヲ貫徹スベシ。
三、自発的活動ヲ振作スルト同時ニ、組織的共同ノ発達ヲ期スベシ。
四、学風ヲ刷新シ、教育ノ効果ヲ挙ゲ、各般ノ才能ヲ発揮セシムベシ。
五、科学ノ根本的研究ヲ奨励シ、其応用ヲ盛ニスルト共ニ、堅実ナル信念ヲ基礎トシ、精神的文化ノ向上ヲ図ルベシ。
六、国際ノ道徳ヲ尊重シ、世界ノ平和ヲ擁護シ、以テ立国ノ大義ヲ宣揚スベシ。

大正五年二月

二 帰一協会例会での講演者一覧

	例会（実施日）	講演者「論題」	参加者数（★印は渋沢栄一の参加した回）
1	第一例会（一九一二年七月一〇日）	阪谷芳郎「宗教と教育並に家族に関する談話」	一三名★
2	第二例会（一九一二年一〇月一〇日）	姉崎正治「宗教信仰之性質、特ニ人生ノ他ノ活動トノ関係」	一一名★
3	第三例会（一九一二年一一月一日）	浮田和民「内外思想界ノ趨勢ト宗教信念」	一七名★
4	第四例会（一九一二年一二月六日）	ギューリック「宗教之活力的要素」	
5	第五例会（一九一三年一月一〇日）	床次竹二郎「都会ト地方トノ関係」 新渡戸稲造「米国ノ宗教的視察」	二七名★
6	第六例会（一九一三年二月六日）	服部宇之吉「儒教の特質」	二六名★
7	第七例会（一九一三年三月七日）	服部宇之吉「儒教の特質」 成瀬仁蔵「欧米旅行報告」	二一名★
8	第八例会（一九一三年四月一一日）	塩沢昌貞「経済上に於ける道徳思想」	
9	第九例会（一九一三年五月二日）	筧克彦「古神道ノ神々及神社ノ性質」	一七名★
10	第一〇回例会（一九一三年六月六日）	本多日生「法華経ヨリ見タル仏教」	一八名★

11	第一一回例会（一九一三年七月四日）	姉崎正治「仏教トキリスト教トノ異同」（姉崎の渡米送別会を兼ねる）	四六名★（うち、非会員一一名）
12	九月例会（一九一三年九月一七日）	井上哲次郎「原始儒教ノ倫理」（其一）	二五名★
13	一〇月例会（一九一三年一〇月一日）	廣池千九郎「天理教の教理及び実際に就きて」 添田寿一「（米国）加州排日問題並に時勢に対する所感」	三二名★
14	一一月例会（一九一三年一一月一九日）	井上哲次郎「原始儒教ノ倫理」（其二）	一三名★
15	一二月例会（一九一三年一二月二〇日）	加藤玄智「神道の神観に就きて」 E・S・スティーヴンソン「霊智学に就きて」	二四名★
16	一月例会（一九一四年一月二一日）	海老名弾正「プロテスタント教の要義」	
17	二月例会（一九一四年二月二四日）	釈宗演「拈華微笑」	二七名★
18	三月例会（一九一四年三月二一日）	渋沢栄一による三つの質問「一、経済と道徳とは一致するや。二、道徳現象のみは何故に是進歩遅れたるや。三、教育は果して何程迄人の性格を改善し得るや」 鎌田栄吉による講演「西洋諸国の漫遊中に於ける見聞を基礎として、諸宗教は終に一に帰すべき者ならん乎」	二七名★
19	四月例会（一九一四年四月一七日）	山内繁雄「遺伝」	二七名★
20	五月例会（一九一四年五月六日）	新渡戸稲造「経済、道徳及び教育の問題に就きて」 添田寿一「経済、道徳及び教育の問題に就きて」（三月例会での渋沢の提題に関わって—筆者注）	二〇名
21	六月例会（一九一四年六月一七日）	本多日生「教育と宗教的信念との関係」 吉田静致「教育と宗教的信念との関係」	三二名★

22	七月例会（一九一四年七月三日）	高木壬太郎「教育と宗教的信念との関係」 渋沢栄一「中国旅行に関する談話」	三六名★
23	九月例会（一九一四年九月一六日）	姉崎正治「基督教思想の動揺」	四二名★
24	一〇月例会（一九一四年一〇月七日）	菊地大麓「教育と宗教的信念との関係」	二六名★
25	一一月例会（一九一四年一一月七日）	澤柳政太郎「教育と宗教的信念との関係」 嘉納治五郎「教育と宗教的信念との関係」	二七名★
26	一二月例会（一九一四年一二月一六日）	成瀬仁蔵「児童及青年に於ける信念の創生及涵養方法」 高田早苗「欧米に於ける宗教状態の観察」	二六名★
27	一月例会（一九一五年一月二〇日）	綱島佳吉「加洲に於ける排日問題」 渋沢栄一・中島力造による研究課題提起「時局に対する国民の覚悟」	二五名★
28	三月例会（一九一五年三月一〇日）	上田万年「日米国交親善の方法」 アイ・メーソン（米国宣教師）「日支親善に付きて」 渋沢栄一「時局に対する国民の覚悟」	二五名★
29	四月例会（一九一五年四月二一日）	松本亦太郎「日本人の美術的趣味」	一九名★
30	五月例会（一九一五年五月一九日）	松村介石「基督教徒の見地より見たる欧米事情より、殊に米国青年間之宗教之傾向、次で支那人ニ対する所感」 下村宏「宗教素人観」	二三名★
31	六月例会	中止（「時局問題研究委員会」における「国民の覚悟に関する宣言草案」をめぐる議論のためか―筆者注）	
32	大正四年度大会（一九一五年七月七日）	水野錬太郎「国宝としての神社（行政上からみたる神社）」 高木兼寛「国家と神社の関係」	三六名★
33	九月例会（一九一五年九月二九日）	姉崎正治「現在の大戦に対する道徳的論評」	

34	一〇月例会（一九一五年一一月四日）	講演者なし（帰一協会宣言案をめぐる討議）（なお、渋沢は一〇月二三日から翌年一月四日まで、渡米）	二三名
35	一一月例会（一九一五年一一月二九日）	講演者なし（帰一協会宣言案をめぐる討議）	一九名
36	一二月例会（一九一五年一二月一五日）	スコット「講演タイトル不明」	
37	一月例会（一九一六年一月二一日）	講演者なし（時局問題研究委員会で審議した宣言案の検討と可決）	三六名★
38	二月例会（一九一六年二月二八日）	鵜沢総明「人類と連帯責任」	一八名★
39	三月例会（一九一六年三月二四日）	姉崎正治「仏教に於ける与同罪の観念と発眼修行の道徳」	
40	四月例会（一九一六年四月二七日）	ウィリアム・アキスリング（米国宣教師・神学博士）「米国における基督教の現情」 山内繁雄「生物学上より見たる人類と連帯責任」	一九名★
41	六月例会（一九一六年六月二七日）	頭本元貞「国体と宗教」 服部宇之吉「米国感想談」	三三名★
42	大正五年度大会（一九一六年七月一九日）	水野錬太郎「神社神道と宗教神道」	二〇名★
43	九月例会（一九一六年九月二〇日）	筧克彦「神社と信教の自由」	二三名
44	一月例会（一九一七年一月二二日）	開催記録残るも、講演者などの詳細不明。	
45	四月例会（一九一七年四月）	浮田和民「戦後の国際平和問題」	
46	五月例会（一九一七年五月二五日）	開催記録残るも、講演者などの詳細不明	
47	六月例会（一九一七年六月）	澤柳政太郎「亜細亜主義」	
51〜48	一九一七年九月例会〜一二月例会	九月二八日、一〇月二六日、一一月一六日、一二月二四日にも、それぞれ例会が開かれた記録が残るが、講演者等の詳細は不明。	

52	一月例会（一九一八年一月二六日）	開催記録残るも、講演者などの詳細不明。	
53	二月例会（一九一八年二月二六日）	姉崎正治「渡米送別会にかかる演説」	
57〜54	三月例会〜一一月例会	三月二七日、九月二〇日、一一月一日、一一月二二日に、それぞれ例会が開かれた記録が残るが、講演者等の詳細は不明。	
58	一月例会（一九一九年一月三一日）	添田寿一「渡欧送別会にかかる演説」	
59	五月例会（一九一九年五月二六日）	塩川一太郎（朝鮮総督府通訳）「朝鮮談」	
64〜60	六月例会〜一二月例会	六月二七日、七月一五日、九月二五日、一一月二九日、一二月二二日にも、それぞれ例会が開かれた記録が残るが、講演者等の詳細は不明。	
65	一一月例会（一九二〇年一一月二四日）	穂積重遠「民法改正問題について」	一七名★
66	一月例会（一九二一年一月二一日）	片山国嘉「酒害予防に関する国民の覚悟」	一七名★
67	三月例会（一九二一年三月二六日）	姉崎正治「人心の趨勢と思想の自由」	二三名★
68	四月例会（一九二一年三月二六日）	浮田和民「外遊感想談」	二六名★
69	六月例会（一九二一年六月九日）	姉崎正治「社会不安と人心醗酵の（状態）現象（特に大本教と天道教の実例について）」	三三名★
70	七月例会（一九二一年七月六日）	内ケ崎作三郎「戦後の欧米・支那・朝鮮の眼に映ずる日本」	二九名★
71	九月臨時会（一九二一年九月六日）	ハリ・イー・フォスデック（ニューヨーク神学校教授）「人種平等に対するクリスト教徒の態度」	七一名★（うち、非会員二五名）
72	九月例会（一九二一年九月二一日）	石橋智信「旧約に表はれたるメシヤに就いて」（渋沢栄一の渡米送別会を兼ねる）	三九名★

73	三月例会（一九二二年三月一七日）	添田寿一「ワシントン会議雑感」 渋沢栄一「日米関係其の他について」（帰国報告会）	三五名★
74	四月例会（一九二二年四月二八日）	ウィリアム・アキスリング「日米関係の新紀元」	二四名★（うち、非会員四名）
75	五月例会（一九二二年五月二四日）	千葉豊治「日本国民の世界的適応性に関する考察」 オットー・ハイム（独チウビンゲン大学教授）「西欧の没落」	二二名★
76	七月例会（一九二二年七月一七日）	矢吹慶輝「我国労働者の宗教調査」	四〇名★
77	九月臨時会（一九二二年九月八日）	ジー・エス・エディ（アメリカ基督教青年会主事）「社会宗教問題について」	二五名★
78	一月例会（一九二三年一月三〇日）	シルヴン・レヂ（仏教研究者、コレッジ・ド・フランス教授）「フランスの宗教問題」	二六名★（うち、非会員四名）
79	三月例会（一九二三年三月二一日）	姉崎正治「我国目下の危機に関する一観察」	二四名★
80	一月例会（一九二四年一月二八日）	姉崎正治「震災後の精神状態に関する報告並協議」	二一名★
81	二月例会（一九二四年二月二一日）	ジエー・コールター（シカゴ大学植物学教授）「新精神」	二二名★
82	三月例会（一九二四年三月）	矢吹慶輝「社会思想と新道徳の誕生」	
83	四月例会（一九二四年四月二五日）	今岡信一良「公共教団の主義と事業」	
84	五月例会（一九二四年五月三〇日）	島岡愛之助「道徳律の社会的改造の実際的方法への転回」	
85	六月例会（一九二四年六月三〇日）	田中晴川「孔老釈　三教の一致」	二七名★
86	九月例会（一九二四年九月二九日）	増田義一「政治の革新に対する精神的基礎」	
87	一〇月例会（一九二四年一〇月二八日）	姉崎正治「『人生の構造』に就て」	
88	一一月例会（一九二四年一一月）	姉崎正治　講演（タイトル不明）	

89	一二月例会（一九二四年一二月一八日）	浜名寛裕「鮮人の帝国に対する心理的離背」	
90	一月例会（一九二五年一月一九日）	新渡戸稲造「談話」	
91	二月例会（一九二五年二月一九日）	ハリー・ワード（ニューヨーク・ユニオン神学校倫理学教授・社会学者）「社会改造における宗教の位置」	
92	三月例会（一九二五年三月二四日）	井上雅二「海外移民と我邦の立場」	
93	四月例会（一九二五年四月一八日）	姉崎正治「太平洋問題会議と宗教及文化の接触」	
94	五月例会（一九二五年五月二九日）	穂積重遠「親族法の改正について」	
95	六月例会（一九二五年六月）	齋藤七五郎「第二軍縮会議について」	
96	九月例会（一九二五年九月）	高柳賢三「国民外交と太平洋会議」	
97	一〇月例会（一九二五年一〇月二七日）	山口宏沢「天理教について」	
98	一一月例会（一九二五年一一月二七日）	澤柳政太郎「職業の道徳について」	
99	一二月例会（一九二五年一二月一七日）	ウィリアム・アキスリング「帰一主義と国際問題」	
100	一月例会（一九二六年一月二九日）	矢吹慶輝「三階教と現代思想」	
101	二月例会（一九二六年二月一九日）	及川智雄「世界宗教大会の計画に就て」	
102	三月例会（一九二六年三月一九日）	矢吹慶輝「東京市の社会事業」	
103	四月例会（一九二六年四月二九日）	嶋原逸三「世界宗教大会開催の主旨に就て」	
104	五月例会（一九二六年五月二一日）	井上雅二「移民問題と日本の国情」	
105	六月例会（一九二六年六月二九日）	諸井六郎「欧米視察談」	
106	九月例会（一九二六年九月二九日）	ケンネス・サンダースの予定ながら中止	

107	一〇月例会（一九二六年一〇月六日）	ケンネス・サンダース「タゴールとガンヂー」	
108	一二月例会（一九二六年一一月一七日）	中止（大正天皇死去のため）	
109	一月例会（一九二七年一月二九日）	穂積重遠「相続法の改正について」	
110	二月例会（一九二七年二月二一日）	石橋智信「日本の一民間信仰「一尊教」に就て」	
111	三月例会（一九二七年三月二五日）	水野錬太郎「宗教法案について」	
112	四月例会（一九二七年四月一九日）	下村宏「新聞と社会生活」	
113	五月例会（一九二七年五月二七日）	松井茂「防火事業の精神と国民精神」	
114	六月例会（一九二七年六月一七日）	D・スカッダー（米国宣教師）「人類同胞の福音」	
115	九月例会（一九二七年九月二三日）	水野錬太郎「教育の改善について」	二六名★
116	一〇月例会（一九二七年一〇月二六日）	頭本元貞「東洋に於ける宣教師の功罪批判」	一七名★
117	一一月例会（一九二七年一一月二八日）	麻生正蔵「我国教育の重要問題」	
118	一月例会（一九二八年一月二四日）	渋沢栄一「帰一協会の目的に就ての所感」	二一名★
119	二月例会（一九二八年二月二四日）	今岡信一良「日本宗教大会開催の趣旨」	
120	三月例会（一九二八年三月二三日）	田村直臣「宗教教育の原理」	
121	四月例会（一九二八年四月二五日）	関寛之「児童の宗教教育について」	
122	五月例会（一九二八年五月二五日）	姉崎正治「マルクス主義学生の発生と現代教育の欠陥」	

123	六月例会（一九二八年六月二九日）	内ケ崎作三郎「治安維持法改正について」	
124	九月例会（一九二八年九月二七日）	頭本元貞「渡米雑感」	
125	一〇月例会（一九二八年一〇月二九日）	本多日生「仏教より見たる思想問題」	
126	一一月例会（一九二八年一一月）	早川三郎「共産党事件の顚末」	
127	一二月例会（一九二八年一二月一八日）	纐纈弥三「日本共産党事件に就て」	
128	一月例会（一九二九年一月）	井染禄郎「ソヴィエット露西亜の東洋に於ける革命指導の実情」	
129	二月例会（一九二九年二月二二日）	友枝高彦「世界宗教会議と国際文化交換について」	
130	三月例会（一九二九年三月二二日）	大内兵衛「経済学における現時の傾向」	
131	四月例会（一九二九年四月一九日）	加藤咄堂「所謂教化運動の諸々相」	
132	五月例会（一九二九年五月一七日）	大倉邦彦「教化運動についての余の体験」	
133	六月例会（一九二九年六月三日）	タゴール歓迎茶話会	
134	七月例会（一九二九年七月八日）	加藤精神「思想問題に関する私見」	
135	一〇月例会（一九二九年一〇月一八日）	山内繁雄「遺伝学上から見たる産児制限の批判」	
136	一一月例会（一九二九年一一月四日）	原田助「米国魂とは何ぞや」	
137	一二月例会（一九三〇年一月一七日）	牧野英一「行刑の改良とその思想的意義」	
138	一月例会（一九三〇年一月一七日）	矢吹慶輝「新日本の思想問題（1）」	

139	二月例会（一九三〇年二月二一日）	矢吹慶輝「新日本の思想問題（2）」	
140	三月例会（一九三〇年三月二八日）	二木保幾「仏教とマルキシズム」	
141	四月例会（一九三〇年四月二五日）	木村龍寛「聖雄ガンヂーの運動並びにそれを中心としたインド現今の思想」	
142	五月例会（一九三〇年五月三〇日）	林博太郎「最近欧米の教育思潮」	
143	六月例会（一九三〇年六月二七日）	酒田秀一「ソヴィエットロシアの社会事情」	
144	九月例会（一九三〇年九月二九日）	宇野円空「植民地の宗教事情」	
145	一〇月例会（一九三〇年一〇月二四日）	下村宏「我が国における現代政治経済事情」	
146	一一月例会（一九三〇年一一月一三日）	伝道問題調査懇談会（1）	
147	一二月例会（一九三〇年一一月二七日）	伝道問題調査懇談会（2）	
148	一月例会（一九三一年一月二二日）	姉崎正治「現代的と宗教的」	
149	二月例会（一九三一年二月二七日）	今村力三郎「思想に基く犯罪（主として京都学生事件の話）」	
150	三月例会（一九三一年三月一九日）	河合栄次郎「学生思想問題について」	
151	四月例会（一九三一年四月二四日）	平田勲「日本共産党の誤謬」	
152	五月例会（一九三一年五月二九日）	河合栄次郎「マルキシズム批判」	
153	六月例会（一九三一年六月二九日）	矢吹慶輝「反宗教運動について」	
154	九月例会（一九三一年九月一五日）	宇野円空「マルキシズムの宗教史観批判」	

155	一〇月例会（一九三一年一〇月二七日）	姉崎正治「仏教の社会観と社会案」	
156	一九三一年一一月二四日	故渋沢子爵追憶座談会	
157	一九三三年四月二六日	今岡信一良「キリスト教伝道の転向——米国伝道調査団の報告について」	

【付記】本表は、『渋沢栄一伝記資料』第四六巻の「帰一協会」関連資料、および高橋原「帰一協会の理念とその行方」『宗教学年報（東京大学）』二〇巻、をベースとし、欠落部を、松田義男『浮田和民研究』一九九八年、非買品、中嶌邦『成瀬仁蔵研究』ドメス出版、二〇一五年、から補って作成した。

人名索引

※「渋沢栄一」は頻出するため省略した。

さ　行

た　行

な　行

は　行

ま　行

や・ら・わ行

事項索引

※「帰一協会」は頻出するため省略した。

さ 行

た 行

な 行

は　行

ま　行

や・ら・わ行

アルファベット

陶　徳民（とう・とくみん）　第九章
1951年　生まれ。
1990年　大阪大学大学院文学研究科博士課程修了。文学博士。
現　在　関西大学文学部教授。
著　作　『懐徳堂朱子学の研究』大阪大学出版会，1994年。
『明治の漢学者と中国——安繹・天囚・湖南の外交論策』関西大学出版部，2007年。
『日本における近代中国学の始まり——漢学の革新と同時代文化交渉』関西大学出版部，2017年。

山口　輝臣（やまぐち・てるおみ）　第一〇章
1970年　生まれ。
1998年　東京大学大学院人文社会系研究科博士課程修了。博士（文学）。
現　在　東京大学大学院総合文化研究科准教授。
著　作　『明治国家と宗教』東京大学出版会，1999年。
『明治神宮の出現』吉川弘文館，2005年。
『島地黙雷——「政教分離」をもたらした僧侶』山川出版社，2013年。

是澤　博昭（これさわ・ひろあき）　コラム1
1959年　生まれ。
1998年　東洋大学大学院文学研究科教育学専攻修士課程修了。博士（学術）。
現　在　大妻女子大学博物館准教授。
著　作　『教育玩具の近代――教育対象としての子ども誕生』世織書房，2009年。
『青い目の人形と近代日本――渋沢栄一とL. ギューリックの夢の行方』世織書房，2010年。
『子供を祝う　端午の節句と雛祭』淡交社，2015年。
『軍国少年少女の誕生とメディア――子どもによる日満親善交流』世織書房，2018年。

木村　昌人（きむら・まさと）　コラム2
1952年　生まれ。
1989年　慶應義塾大学大学院法学研究科（政治学専攻）博士課程修了。法学博士。
現　在　公益財団法人 渋沢栄一記念財団 研究主幹。
著　作　『日米民間経済外交――1905～1911』慶應通信，1989年。
Tumultuous Decade: Empire, Society, and Diplomacy in 1930s Japan, edited by Masato Kimura and Tosh Minohara, University of Toronto Press, 2012.

酒井　一臣（さかい・かずおみ）　第六章
1973年　生まれ。
2003年　大阪大学大学院文学研究科文化形態論専攻修了。博士（文学）。
現　在　九州産業大学国際文化学部准教授。
著　作　『近代日本外交とアジア太平洋秩序』昭和堂，2009年。
『はじめて学ぶ日本外交史』昭和堂，2013年。

辻　　直人（つじ・なおと）　第七章
1970年　生まれ。
2006年　東京大学大学院教育学研究科博士課程修了。博士（教育学）。
現　在　北陸学院大学人間総合学部教授。
著　作　『道徳教育の研究』ヴェリタス書房，2008年。
『近代日本海外留学の目的変容――文部省留学生の派遣実態について』東信堂，2010年。
『キリスト教学校教育同盟百年史』編著，教文館，2012年。
『戦時下のキリスト教主義学校』共著，教文館，2017年。
『学び合う教室　金森学級と日本の世界教育遺産』共著，KADOKAWA，2017年。

岡本　佳子（おかもと・よしこ）　第八章，コラム3
1971年　生まれ。
2004年　国際基督教大学大学院比較文化研究科博士後期課程単位取得退学。博士（学術）。
現　在　国際基督教大学アジア文化研究所研究員。
著　作　『岡倉天心――思想と行動』共著，吉川弘文館，2013年。

執筆者紹介（執筆順，＊は編者）

＊見城　悌治（けんじょう・ていじ）　はしがき，序章，第五章，コラム 4，付録
編著者紹介欄参照。

桐原　健真（きりはら・けんしん）　第一章
1975年　生まれ。
2004年　東北大学大学院文学研究科博士課程後期修了。博士（文学）。
現　在　金城学院大学文学部教授。
著　作　『吉田松陰の思想と行動——幕末日本における自他認識の転回』東北大学出版会，2009年。
『吉田松陰——「日本」を発見した思想家』ちくま新書，2014年。
『松陰の本棚——幕末志士たちの読書ネットワーク』吉川弘文館，2016年。

沖田　行司（おきた・ゆくじ）　第二章
1948年　生まれ。
1979年　同志社大学大学院文学研究科博士後期課程修了。博士（文化史学）。
現　在　同志社大学大学院社会学研究科教授。
ハワイ大学客員教授，中国人民大学客座教授。
著　作　『新訂版　日本近代教育の思想史研究——国際化の思想系譜』学術出版会，2007年。
『藩校・私塾の思想と教育』日本武道館，2011年。
『人物で見る日本の教育【第 2 版】』編著，ミネルヴァ書房，2015年。
『日本国民をつくった教育 寺子屋から GHQ の占領教育政策まで』ミネルヴァ書房，2017年。

姜　　克實（ジャン・クーシー）　第三章
1953年　生まれ。
1991年　早稲田大学大学院文学研究科博士課程修了。文学博士。
現　在　岡山大学大学院社会文化科学研究科教授。
著　作　『石橋湛山の思想史的研究』早稲田大学出版部，1992年。
『浮田和民の思想史的研究——倫理的帝国主義の形成』不二出版，2003年。
『近代日本の社会事業思想——国家の「公益」と宗教の「愛」』ミネルヴァ書房，2011年。

町　泉寿郎（まち・せんじゅろう）　第四章
1969年　生まれ。
1999年　二松学舎大学大学院文学研究科博士後期課程修了。博士（文学）。
現　在　二松学舎大学文学部教授。
著　作　『三島中洲の学芸とその生涯』共著，雄山閣出版，1999年。
『渋沢栄一は漢学とどう関わったか——「論語と算盤」が出会う東アジアの近代』編著，ミネルヴァ書房，2017年。
『（近代日本漢学資料叢書 2 ）柿村重松『松南雑草』（解題）』研文出版，2017年。

責任編集者紹介

見城　悌治（けんじょう・ていじ）

編著者紹介欄参照。

飯森　明子（いいもり・あきこ）

1957年　生まれ。
2000年　常磐大学大学院人間科学研究科博士後期課程修了。博士（人間科学）。
現　在　常磐大学総合政策学部非常勤講師。
著　作　『関東大震災と日本外交』共著，草思社，1999年。
『太平洋問題調査会とその時代』共著，春風社，2010年。
日米協会編，五百旗頭真他監修『もう一つの日米交流史——日米協会資料で読む20世紀』第1章1917-1931，第2章1931-1941　簑原俊洋と共同担当，中央公論新社，2012年。

井上　　潤（いのうえ・じゅん）

1959年　生まれ。

1984年　明治大学文学部史学地理学科日本史学専攻卒業。

現　在　公益財団法人渋沢栄一記念財団事業部長・渋沢史料館館長。他に企業史料協議会監事，国際常民文化研究機構（神奈川大学）運営委員，（公財）北区文化振興財団評議員，（公財）埼玉学生誘掖会評議員等を兼任。

著　作　『渋沢栄一——近代日本社会の創造者』山川出版社，2012年。

『村落生活の史的研究』共著，八木書店，1994年。

『公益の追求者・渋沢栄一——新時代の創造』共著，山川出版社，1999年。

『地域開発と村落景観の歴史的展開——多摩川中流域を中心に』共著，思文閣出版，2011年。

『記憶と記録のなかの渋沢栄一』共著，法政大学出版局，2014年。

『渋沢栄一記念財団の挑戦』共著，不二出版，2015年。

『渋沢栄一に学ぶ「論語と算盤」の経営』共著，同友館，2016年。

《編著者紹介》

見城　悌治（けんじょう・ていじ）

1961年　生まれ。

1990年　立命館大学大学院文学研究科博士後期課程単位取得退学。博士（文学）。

現　在　千葉大学国際教養学部准教授。

著　作　『渋沢栄一――「道徳」と経済のあいだ』日本経済評論社，2008年。

『近代の千葉と中国留学生たち』千葉日報社，2009年。

『近代東アジアの経済倫理とその実践――渋沢栄一と張謇を中心に』共編，日本経済評論社，2009年。

『近代報徳思想と日本社会』ぺりかん社，2009年。

『日華学報（復刻版）』共編，ゆまに書房，2013年。

「渋沢栄一」趙景達ほか編『講座　東アジアの知識人　第２巻』有志舎，2013年。

他論文多数。

渋沢栄一と「フィランソロピー」②
帰一協会の挑戦と渋沢栄一
――グローバル時代の「普遍」をめざして――

2018年２月20日　初版第１刷発行　〈検印省略〉

定価はカバーに
表示しています

編著者　見城悌治
発行者　杉田啓三
印刷者　藤森英夫

発行所　株式会社　ミネルヴァ書房
607-8494　京都市山科区日ノ岡堤谷町１
電話代表　(075)581－5191
振替口座　01020－0－8076

亜細亜印刷

ISBN978-4-623-08285-8
Printed in Japan